MW01697863

HET GROTE BOEK MET

VIS & ZEEVRUCHTEN

HET GROTE BOEK MET

VIS & ZEEVRUCHTEN

de Lantaarn

Een uitgave van DE LANTAARN
Oorspronkelijke titel: The Essential Seafood Cookbook

Ontwerp: Wing Ping Tong
Fotografie: Chris Jones, Lyndsay Ross, Howard Shooter
Vakredactie: Jody Vassallo

© 2000 Murdoch Books, GPO Box 1203, NSW 1045 Sydney, Australië

© 2003 De Lantaarn b.v., Soest
Tweede Nederlandse druk, 2004

Druk- en bindwerk: Leefung Asco Printers Ltd.
Printed in China

ISBN 90 5426 291 5
NUR 440

Niets uit deze uitgave mag worden gereproduceerd door middel van elektronische of andere middelen, met inbegrip van geautomatiseerde systemen, zonder voorafgaande schriftelijke toestemming van de uitgever.

* simpel gerecht; snel te bereiden - perfect voor beginners

** iets moeilijker te bereiden gerecht; kost waarschijnlijk iets meer tijd.

*** bijzondere gerechten die vrij veel tijd, zorg en geduld vereisen - maar het resultaat is er dan ook naar! Ook beginners kunnen deze gerechten bereiden, als ze de recepten maar zorgvuldig volgen.

VIS EN ZEEVRUCHTEN

Van crab cakes in een New Yorks restaurant tot moules marinière in een Franse bistro, of een heerlijk lekkerbekje bij een viskraampje aan zee, vis is altijd lekker. Kaviaar is tegenwoordig het duurste voedsel dat er te krijgen is en vis wordt bereid in restaurants die er niet over zouden peinzen om hamburgers te serveren. Het is dan ook moeilijk voor te stellen dat tot de 19de eeuw vis iets was voor de armen. Kreeft en oesters waren goedkoop en op vrijdag was het eten van vis in plaats van vlees een oefening in religieuze nederigheid. Onze waarden zijn echter veranderd en verse vis en zeevruchten genieten nu over de hele wereld het respect en de populariteit die ze verdienen.

INHOUD

Alles over vis en zeevruchten Waar u op moet letten als u vis koopt en hoe u vis moet bewaren en bereiden 8–11

Glossarium Een geïllustreerd overzicht van verschillende soorten vis, met hun gangbare en minder gangbare namen, beschrijving van het soort vlees, hun smaak en bereidingswijzen 12

Voorbereiding Stap-voor-stapfoto's laten zien hoe u verschillende soorten vis, kreeft, krab, garnalen, oesters en mosselen schoonmaakt en hele vis moet serveren 24

Soepen 32

Hapjes & snacks 56

Salades 98

Bakken, frituren & roerbakken 118

Pocheren & stomen 168

Grillen & barbecuen	192
Vis met pasta, rijst & noedels	228
Stoof- & ovenschotels	254
Register	296

SPECIALE ONDERWERPEN

COURT-BOUILLON & VISBOUILLON	34
SUSHI & SASHIMI	72–75
OESTERS	88
VIS CONSERVEREN	108
SAUZEN	128
COATINGS & BESLAG	144
VISSCHOTELS	158
DIM SUM	180
MARINEREN & BEDRUIPEN	204
VIS & MOSSELEN ROKEN	220

ALLES OVER VIS EN ZEEVRUCHTEN

Dit boek is een gids voor het bereiden van allerlei soorten vis en zeebanket. Vis heeft de reputatie een bewerkelijk gerecht te zijn, niet in de laatste plaats omdat sommige soorten eerst moeten worden schoongemaakt. Toch is het bereiden van vis niet moeilijk. De bereidingsmethoden zijn dezelfde als voor vlees, maar vis heeft bijvoorbeeld veel minder bindvezels en is dus veel eerder gaar. Sommige mensen laten zich ook afschrikken door het feit dat de naamgeving van veel soorten vis wel eens tot verwarring leidt. Wij proberen met dit boek de genoemde problemen op te lossen en hopen u te inspireren tot vele culinaire experimenten met het rijke aanbod aan vis op markten en in winkels.

In dit boek is een geïllustreerd overzicht van vissoorten opgenomen. Het is natuurlijk niet mogelijk om alle soorten af te beelden, en we hebben gekozen voor soorten uit heel de wereld; we vermelden de gebruikelijke en waar dit toepasselijk is de minder gebruikelijke namen. In het overzicht vermelden we verder de beste bereidingsmethoden voor iedere soort. In sommige gevallen zijn deze legio – visfilet bijvoorbeeld kan worden gebakken, gefrituurd, gepocheerd, gestoomd en verwerkt in paté, terrines en viskoekjes. Bij sommige vissoorten zijn de mogelijkheden beperkter vanwege de smaak en de textuur van de vis.

Op bladzijde 22–29 laten we zien hoe vis moet worden schoongemaakt en hoe u hele vis het beste kunt serveren. U kunt het fileren van vis of het snijden van inktvis natuurlijk ook aan uw vishandelaar overlaten. In de meeste gevallen doen ze dit graag en ze kunnen u vaak ook advies geven, bijvoorbeeld over het gebruik van een andere vissoort voor uw recept.

Bij de recepten zelf noemen we mogelijke alternatieven als de vis die u hebt gekozen niet verkrijgbaar is.

STEVIG OF ZACHT? VET OF DROOG?

Laat u niet afschrikken door de beschrijvingen die worden gebruikt voor vis. Er zijn talloze manieren om vissoorten van elkaar te onderscheiden – zout- en zoetwater, koud en warm water, platvis en rondvis. Als het gaat om de bereiding van vis, spreekt men echter meestal over stevig, zacht, vet en droog.

STEVIG VLEES Vis met relatief stevig vlees en een goede structuur is geschikt voor de meeste bereidingsmethoden.

KLEUR EN SMAAK Licht gekleurd vlees duidt over het algemeen op een fijnere smaak. Zoetwatervis is meestal zoetig, hoewel sommige soorten een sterke, soms enigszins modderige smaak hebben.

VET Bij vettige vis is het vet door het lichaam verspreid; de meeste witte vis is droger omdat het vet in de lever is opgeslagen.

VERSE VIS KOPEN

We weten allemaal dat vis bij aankoop zeer vers moet zijn. Als de betreffende vis echter niet ruikt, hoe weten we dan hoe vers hij precies is? Vis, schelp- en schaaldieren hebben elk hun eigen karakteristieken die vertellen of ze vers zijn of niet:

HELE VIS:

- De ogen moeten glanzen en bol zijn (neem geen vis met doffe, ingevallen ogen)
- De huid en het vlees moeten er glanzend uitzien en stevig aanvoelen. Als de vis zover gebogen kan worden dat de bek de staart raakt, is hij waarschijnlijk over zijn hoogtepunt heen
- De staart van de vis moet vochtig en buigzaam zijn, niet uitgedroogd
- Bij geschubde vis moeten de schubben gelijkmatig verdeeld zijn; de schubben moeten stevig zijn en intact
- De kieuwen moeten helder- tot donkerrrood zijn, zonder sporen van slijm

VISFILET OF VISMOTEN:

- Het vlees moet glanzen en vochtig zijn, zonder tekenen van verkleuring. De filets of de moten mogen niet in het vocht drijven
- De stukken vis mogen aan de randen niet zijn uitgedroogd

SCHAALDIEREN / CRUSTACEA (garnalen, krab, kreeft, langoest, rivierkreeft):

- Geen verkleuringen, in het bijzonder bij de poten, scharen, kop enzovoort

- De schaaldieren moeten heel zijn, dus er mag geen poot of een schaar missen
- De dieren mogen geen water bevatten en moeten zwaar zijn in verhouding tot het formaat

LEVENDE SCHAALDIEREN (blauw, zwart of groen):
- Dienen actief te zijn en vrij te bewegen. Scharen en poten moeten heel zijn, niet gebroken of los
- Mangrovekrabben moeten bijeengebonden blijven tot ze zijn gekookt

Schaaldieren moeten zwaar aanvoelen in verhouding tot hun formaat. Schaaldieren wisselen van schaal als ze groter worden en doen er ongeveer 4 maanden over om een nieuwe schaal te krijgen. Als ze nog niet volgroeid zijn is het vlees waterig.

WEEKDIEREN / MOLLUSCA (ongewervelde dieren met week lichaam en vaak een schelp): *eenkleppigen,* zoals alikruiken, wulken en zeeoor; *tweekleppigen,* zoals mosselen, oesters en sint-jakobsschelpen:
- De schelpen moeten goed gesloten zijn of na een tikje snel sluiten; ze moeten heel zijn en glanzen. Het vlees moet stevig aanvoelen;

koppotigen, zoals octopus, pijlinktvis en inktvis:
- Het vlees moet stevig en veerkrachtig zijn en terugspringen als het wordt aangeraakt
- Kop, tentakels en lichaam moeten heel zijn

HET BEWAREN VAN VIS

IN DE KOELKAST

VISFILET EN VISMOTEN: Maak de hele vis schoon door de schubben en ingewanden te verwijderen en spoel hem af met koud water. Dep de vis droog tot alle sporen van schubben en ingewanden verwijderd zijn (of vraag uw vishandelaar om de vis schoon te maken). Bewaar de vis in een afgesloten schaal (of in een vrieszak op een bord) in het koudste deel van de koelkast en gebruik hem binnen 2-3 dagen na aankoop.

SCHAAL- EN WEEKDIEREN: Wikkel grote schaaldieren als zeekreeft, kreeft en krab in folie, leg ze dan in een schaal of op een bord. Alle andere schaaldieren kunnen in een afgesloten schaal of op een bord in een vrieszak worden bewaard. Bewaar in het koudste deel van de koelkast en gebruik binnen 2-3 dagen. Gebruik rauwe schaal- en weekdieren (garnalen, krab, kreef, oesters) binnen 1-2 dagen na aankoop. Verse mosselen, zaagjes en rivierkreeft bewaart u in een emmer met water in het koudste deel van het huis, losjes bedekt met een vochtige doek en uit het directe zonlicht. Bij warm weer kunnen ze 3 dagen in de koelkast worden bewaard.

INVRIEZEN

Alleen verse vis kan worden ingevroren. Als u vis koopt om zelf in te vriezen, moet u er zeker van zijn dat deze niet reeds is ingevroren geweest. Plak er een sticker op met datum van invriezen. Laat de vis in de koelkast ontdooien. Sommige vis, zoals visfilet, inktvis en garnalen, kan in bevroren toestand worden gekookt. Reeds ingevroren en ontdooide vis niet opnieuw invriezen omdat dit de smaak van de vis aantast.

HELE VIS EN VISFILET: Verwijder schubben en ingewanden, spoel de vis af onder koud water, dep droog met keukenpapier en vries in in een luchtdichte zak. Een hele vis kan maximaal 6 maanden worden ingevroren (vette vis, zoals tonijn, mul, zalm en sardines, maximaal 3 maanden). Visfilet kunt u in kleine porties in plastic zakken maximaal 3 maanden invriezen.

GARNALEN: Niet pellen. Doe ze in een plastic bakje en vul dat met water – dit vormt een groot ijsblok dat de garnalen helemaal omvat. Maximaal 3 maanden invriezen; in de koelkast laten ontdooien.

ANDERE SCHAAL- EN WEEKDIEREN: Maximaal 3 maanden invriezen. Grote schaaldieren voor het gemak eerst in folie wikkelen en dan in een diepvrieszak doen. Inktvis voor het invriezen van ingewanden ontdoen; maximaal 3 maanden invriezen. Oesters bij voorkeur niet invriezen, want dit tast de smaak aan.

BOVEN: Krab met strepen (blz. 95)

OVER HET BEREIDEN VAN VIS

Vis mag nooit te lang worden verhit, want dan wordt hij droog. Vis moet op het juiste moment van het vuur worden gehaald, nog voor hij helemaal gaar is; vervolgens laat men hem nagaren. Hoe weten we echter wat het juiste moment is? De meeste vis is gaar als het vlees niet meer doorschijnend is en mat wordt. Het vlees wordt vlokkerig en laat gemakkelijk los van de graat. Sommige vissoorten, zoals tonijn en Atlantische zalm, kunnen het beste nog enigszins rauw van binnen worden gegeten, zoals een goede biefstuk.

Omdat het zo gemakkelijk en veelzijdig is, wordt in dit boek veel gebruikgemaakt van visfilet. Visfilets moeten kort na het schoonmaken worden bereid om uitdrogen te voorkomen.

Schelpdieren kunnen kort worden gekookt of rauw worden gegeten. De schelpen kunnen open worden gewrikt – u moet misschien de spier doorsnijden die de schelpen bijelkaar houdt – of gestoomd. Kook de schelpdieren niet te lang anders worden ze taai.

Kleine inktvis kan worden gefrituurd, gebarbecued of gegrild; grotere inktvissen moeten eerst zacht worden geslagen (vraag aan de visboer) en dan vrij lang worden gekookt.

Zeekat en pijlinktvis is ideaal om te frituren en te vullen. Grotere exemplaren moeten vrij lang worden gekookt.

BEREIDINGSMETHODEN VAN VIS

POCHEREN Door vis of schaaldieren zachtjes in vocht te pocheren blijven ze mals. Deze methode is het geschiktst voor vis met stevig vlees. U kunt water met zout gebruiken of, voor extra smaak, court-bouillon of visbouillon. Het vocht mag niet koken, alleen heel licht borrelen aan de oppervlakte. Vis met zacht vlees, delicate textuur en milde smaak, zoals wijting, kan het

best worden gepocheerd in bouillon. Voor grotere vissen hebt u een speciale vispan nodig. Ook inktvis en schaaldieren zoals kreeft en krab kunnen worden gepocheerd.

STOMEN is ook een verfijnde bereidingsmethode en geschikt voor bijna alle soorten vis (visfilet, moten vis en kleine hele vis) en schelp- en schaaldieren (sint-jakobsschelpen, krab, garnalen), maar is ideaal voor delicate vis en schelpdieren, met name mosselen. Mosselen kunnen ook in een goed gesloten pan met een beetje wijn op hoog vuur worden gekookt.

Andere zeevruchten moet boven het kokende water worden gestoomd. Als vocht kunt u water, bouillon of witte wijn gebruiken. Stomen gebeurt zonder vet, waardoor het eten gemakkelijk te verteren is. U kunt voor het stomen eventueel wat specerijen of verse kruiden toevoegen. De vissen moet vrij liggen anders worden ze niet gelijkmatig gaar.

IN DE OVEN Het bakken van vis in de oven is een van de eenvoudigste bereidingsmethoden. Vis kan in of boven vocht worden bereid; de oventemperatuur is gemiddeld 180°C. U kunt

de vis op groente met een hoog vochtgehalte leggen, zodat hij sappig blijft. Vooral schelvis, zeebaars, brasem en snapper zijn geschikt om in de oven te bereiden.

GRILLEN EN BARBECUEN In beide gevallen werkt men met intense hitte. Een van de belangrijkste elementen is voorverwarmen. Moten van grote, vettige vis, zoals zalm of makreel, of kleine hele vis, zoals rode mul, zijn het meest geschikt; elke stevige vis kan echter gebruikt worden. De vis mag niet dikker zijn dan 5 cm, anders wordt hij niet gaar. Zorg dat de vis op kamertemperatuur is voordat u hem op de grill legt. Magere vis zoals brasem kunt u het beste eerste marineren, of tijdens het grillen met olie of boter bedruipen,

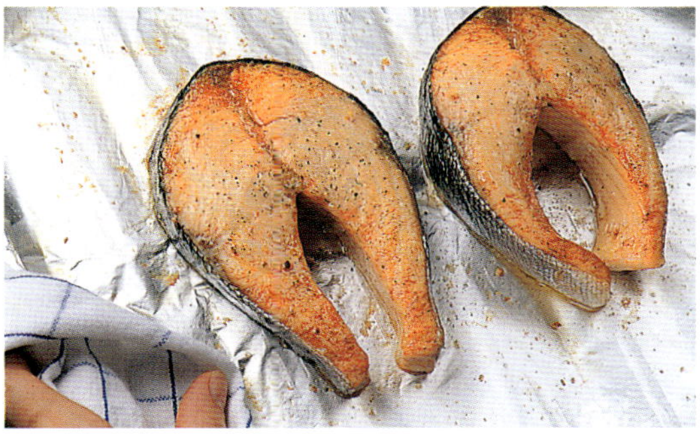

om uitdrogen te voorkomen. U kunt de vis ook in aluminiumfolie wikkelen en hem in zijn eigen sappen laten gaar worden.

STOVEN Grote stukken vis en andere zeevruchten worden korte tijd gekookt in ruim vocht. De meeste vis is geschikt om te stoven, vooral fijne vissoorten als zonnevis, wijting en rode mul, en de steviger brasem en zeebaars. Gebruik in stoofgerechten met verschillende vissoorten geen

sterk smakende vis als makreel en haring, omdat hun krachtige smaak andere zeevruchten overheerst. Mosselen, garnalen en kreeft smaken heerlijk in combinatie met andere vissoorten.

FRITUREN Vis kan gefrituurd worden in een diepe pan die voor tweederde is gevuld met olie (arachide- of maïsolie); deze wordt verhit tot

180°-190°C. Omdat de vis wordt blootgesteld aan temperaturen die bijna twee keer zo hoog zijn als kokend water, wordt hij voor het frituren eerst gepaneerd of door een beslag gehaald. Het beschermlaagje wordt krokant en goudgeel van kleur terwijl de vis sappig en mals blijft. Zonder beschermlaagje droogt de vis uit. Kleine, hele vis, zoals sardines, dunne filets en stevige schelp- en schaaldieren lenen zich het best voor frituren. Grotere vissoorten drogen uit nog voordat ze van binnen gaar zijn.

BAKKEN Een van de gebruikelijkste bakmethode is de visfilets door wat bloem te halen en ze te bakken in een laag hete olie of boter. De bloem vormt een goudgeel laagje en de vis blijft sappig en kleeft niet aan de pan. Deze methode is

geschikt voor stevige vis, met name ontvelde platvis zoals tong. Ook middelgrote hele vis en vismoten lenen zich voor bakken. Dikkere visfilets bakt u op hoog vuur tot er aan beide kanten een goudgele korst zit; dan gaart u de vis op laag vuur verder.

ROERBAKKEN is een snelle en eenvoudige methode om eten te bereiden. De olie wordt op hoog vuur in een wok of grote koekenpan verhit. Het voedsel wordt meestal in kleine porties gebakken zodat de temperatuur van de

olie niet te snel daalt. Aan het eind wordt het hele gerecht in de wok doorgewarmd. Stevige vis, garnalen en inktvis zijn heel geschikt om te roerbakken.

GLOSSARIUM

Hier worden enkele veelvoorkomende vissoorten afgebeeld, gekozen uit de vele honderden die wereldwijd worden gevangen. We geven een indicatie van het vleestype en geschikte bereidingsmethoden. De afmetingen zijn een richtsnoer.

ANSJOVIS (8–15 cm)
BEREIDEN bakken (oven, pan), barbecuen, grillen
VLEES zacht, vettig; sterke smaak

BARRAMUNDA (60–120 cm)
BEREIDEN bakken (oven en pan), barbecuen, grillen, pocheren, stomen
VLEES stevig, wit, sappig; milde smaak

TREVALLA (55–90 cm)
BEREIDEN bakken (oven, pan), barbecuen, pocheren, stomen
VLEES stevig, wit, sappig; milde smaak

BONITER (35–60 cm)
BEREIDEN bakken, barbecuen, grillen
VLEES stevig; milde smaak

ZEEKARPER (20–40 cm)
BEREIDEN bakken (oven, pan), barbecuen, grillen, pocheren
VLEES zacht, wit, sappig; milde smaak

KARPER (35–60 cm)
BEREIDEN bakken (oven en pan), pocheren, stomen
VLEES stevig; zoete smaak, kan modderig zijn

KABELJAUW (40–90 cm)
BEREIDEN bakken (oven, pan), barbecuen, grillen, pocheren, stomen
VLEES stevig, wit; zoetige smaak

MURRAY KABELJAUW (40–60 cm)
BEREIDEN bakken (oven, pan), barbecuen, grillen, pocheren, stomen
VLEES stevig, wit, sappig; milde smaak

GEDROOGDE KABELJAUW (30–40 cm)
OOK BEKEND ALS klipvis, stokvis
BEREIDEN laten weken, dan stoven
VLEES stevig; kenmerkende, zoutige smaak

GEROOKTE KABELJAUW (25–30 cm)
BEREIDEN bakken (oven en pan), grillen, pocheren, stomen
VLEES stevig, grove structruur

KOOLVIS (40–90 cm)
OOK BEKEND ALS zwarte koolvis
BEREIDEN bakken (pan), frituren, stoven; in soepen
VLEES zacht, wit

SCHAR (15 cm)
OOK BEKEND ALS ruwe schol
BEREIDEN barbecuen, grillen, bakken, pocheren, stomen
VLEES wit; zoetige, fijne smaak

PLATKOPHARDER (30–60 cm)
BEREIDEN bakken (oven), barbecuen, frituren, grillen, stomen
VLEES stevig, droog, wit; milde, zoetige smaak

BOT (25–30 cm)
BEREIDEN bakken (oven), barbecuen, grillen, pocheren
VLEES wit, zacht, sappig; fijne smaak

GEEP (30–35 cm)
BEREIDEN bakken (oven, pan), barbecuen, grillen, pocheren
VLEES zacht, fijn, wit; fijne, zoetige smaak

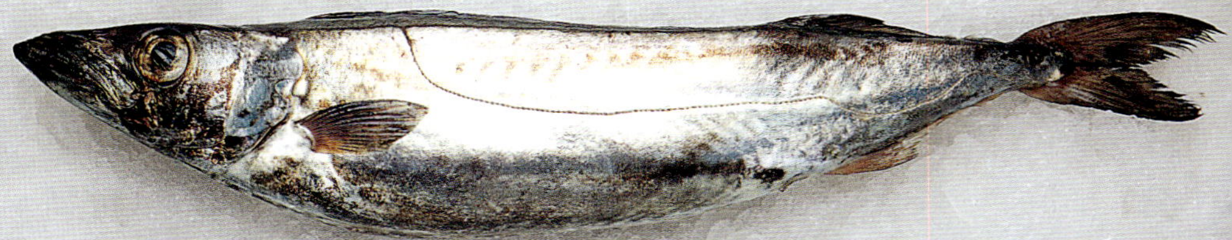

ZUIDELIJKE HEEK (60–90 cm)
BEREIDEN bakken (oven, pan), barbecuen, grillen, pocheren
VLEES stevig, sappig; milde smaak

GROUPER (80–120 cm)
BEREIDEN bakken (oven, pan), barbecuen, grillen, pocheren, stomen
VLEES stevig; milde smaak

SCHELVIS (60 cm)
BEREIDEN grillen, bakken, stoven, roken
VLEES zacht, wit; vaak gerookt

HEEK (60 cm)
BEREIDEN bakken (oven, pan), barbecuen, grillen, pocheren, stomen
VLEES wit, sappig, delicate textuur; milde smaak

HEILBOT (3–4 m)
BEREIDEN bakken (oven), pocheren, roken
VLEES stevig, wit, droog; fijne smaak

HARING (18–40 cm)
BEREIDEN bakken, inleggen, roken, zouten
VLEES zacht, vettig; sterke smaak

TARPON (30–120 cm)
OOK BEKEND ALS jodenvis
BEREIDEN bakken (afgedekt in de oven), grillen of barbecuen (regelmatig bedruipen)
VLEES stevig, wit, kan droog zijn; milde smaak

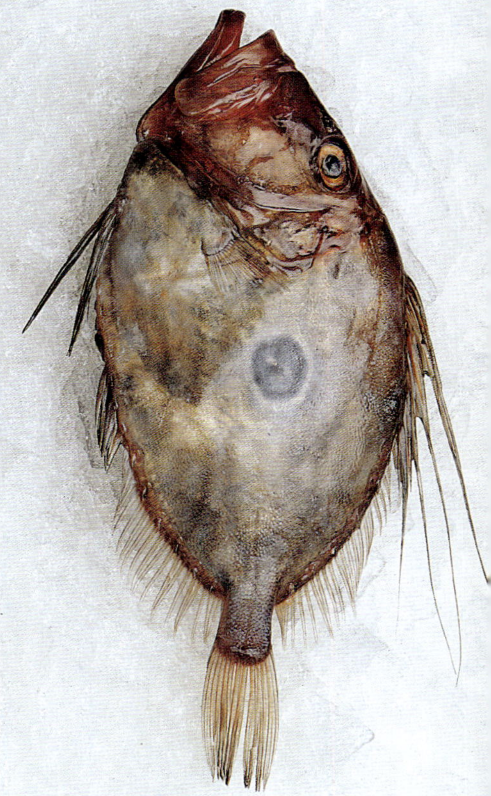

ZONNEVIS (30–45 cm)
BEREIDEN bakken (oven, pan), barbecuen, frituren, grillen, pocheren, stomen
VLEES fijn, stevig, wit, sappig; zoetige smaak

GEELVIS (60–120 cm)
OOK BEKEND ALS kingfish
BEREIDEN bakken (oven, pan), pocheren, sashimi (rauw), stomen, stoven
VLEES vettig, stevig, wit en donker, delicate textuur; fijne smaak

TREKKERVIS (35 cm)
BEREIDEN bakken (oven, pan), barbecuen, grillen, pocheren, stomen
VLEES stevig, wit, sappig; zeer milde smaak

TONGSCHAR (50 cm)
OOK BEKEND ALS steenschol, Schotse schol
BEREIDEN bakken, barbecuen, grillen
VLEES wit, delicate textuur; fijne smaak

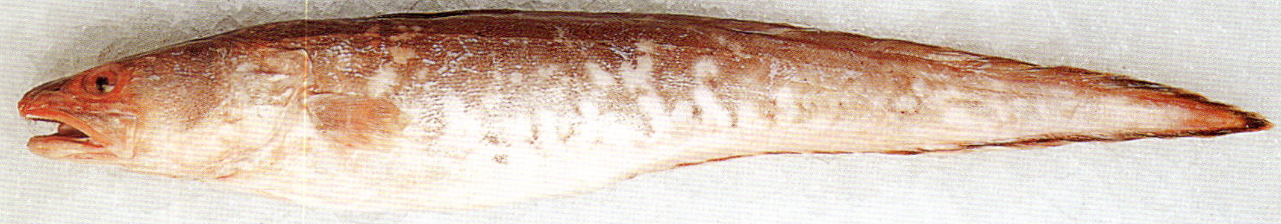

LENG (90–100 cm)
BEREIDEN bakken (oven, pan), barbecuen, grillen, pocheren, stomen
VLEES stevig, wit, sappig; milde smaak

SPAANSE MAKREEL (55–120 cm)
BEREIDEN bakken (oven, pan), barbecuen
VLEES stevig, wit en donker, vettig; sterke, kenmerkende smaak

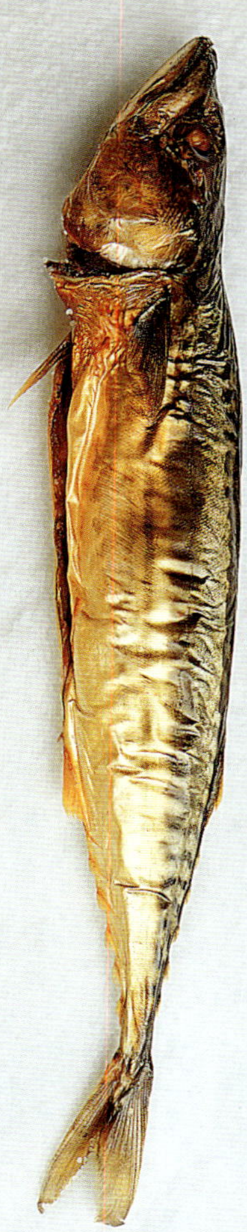

GEROOKTE MAKREEL (30–40 cm)
VLEES sappig, roze

GOUDMAKREEL (1,5–1,8 m)
BEREIDEN bakken (oven, pan), barbecuen, grillen, pocheren
VLEES stevig, wit, sappig; milde smaak

ZEEDUIVEL (30–120 cm)
OOK BEKEND ALS hozemond, staartvis
BEREIDEN bakken (oven, pan), barbecuen, grillen, pocheren
VLEES stevig, wit, sappig, vlezig (meestal alleen de ontvelde staart); milde smaak

HARDER (30–45 cm)
BEREIDEN bakken (oven, pan), barbecuen, grillen
VLEES roze, stevig, sappig, vettig; sterke smaak

DIEPZEEBAARS (35–50 cm)
BEREIDEN bakken (oven, pan), frituren, grillen, pocheren, stomen
VLEES stevig, wit; milde smaak

ROODBAARS (20–30 cm)
BEREIDEN bakken (pan), grillen, pocheren, stomen
VLEES stevig, wit; fijne smaak

SCHOL (45 cm)
BEREIDEN grillen, bakken, pocheren, stomen
VLEES wit; fijne smaak

SNOEK (80–90 cm)
BEREIDEN bakken (oven, pan), barbecuen, grillen, pocheren, stomen
VLEES fijn, zacht, wit; zoetige smaak

RODE KEIZERSVIS (60–100 cm)
BEREIDEN bakken (oven, pan), barbecuen, frituren, grillen, stomen
VLEES stevig, wit, sappig; fijne smaak

RODE MUL (20–40 cm)
BEREIDEN bakken (oven, pan), barbecuen, grillen, pocheren, stomen (hele vis)
VLEES stevig, wit; fijne smaak

RODE ROTSKABELJAUW (20–35 cm)
BEREIDEN bakken (oven), barbecuen, grillen, pocheren, stomen
VLEES stevig, wit, sappig; milde smaak

KLEINE ROODBAARS (20–30 cm)
BEREIDEN bakken (oven), barbecuen, grillen, pocheren, stomen
VLEES stevig, wit tot roze; milde smaak

KABELJAUWKUIT (1–2 mm)
TE VERVANGEN DOOR tarama (harderkuit)
BEREIDEN gekookte kuit kan worden gefrituurd of gegrild
VLEES zilte smaak

SNOTDOLFKUIT ('KAVIAAR') (2 mm)
VLEES kleine rode of zwarte eitjes; zilte smaak

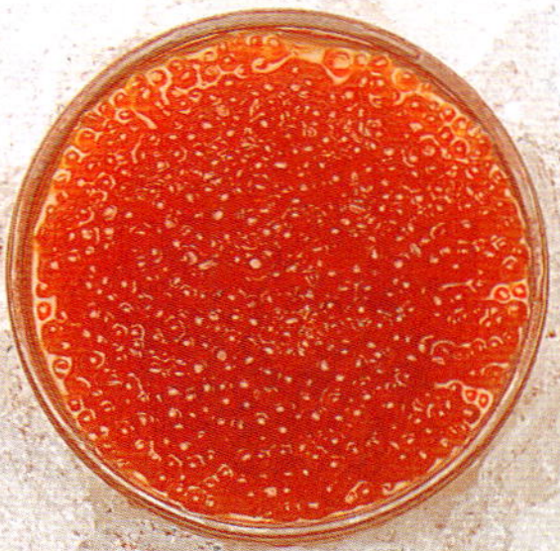

ZALMKUIT (4 mm)
VLEES grote, oranje, glanzende eitjes; zilte smaak

GEROOKTE ZALM (meestal in plakjes)
VLEES vettig; rokerige smaak

SARDINE (12–20 cm)
OOK BEKEND ALS pelser
BEREIDEN bakken (oven, pan), barbecuen, grillen
VLEES zacht, fijn, vettig; sterke smaak

ATLANTISCHE ZALM (65–75 cm)
BEREIDEN bakken (oven, pan), barbecuen, grillen, pocheren, sashimi (rauw), stomen
VLEES stevig, vettig, sappig, oranje-roze; rijke, kenmerkende smaak

ZEEBAARS (80–100 cm)
BEREIDEN bakken (oven, pan), barbecuen, grillen, pocheren, stomen
VLEES stevig, wit; fijne smaak

ROG (tot 2 m breedte)
OOK BEKEND ALS vleet
BEREIDEN (vel verwijderen) bakken (oven, pan), grillen, pocheren
VLEES zacht, roze-wit; heerlijke smaak

SNAPPER (45–75 cm)
BEREIDEN bakken (oven, pan), barbecuen, grillen, pocheren, sashimi (rauw), roken, stomen
VLEES stevig, wit, sappig; milde smaak

ZWAARDVIS (1,5–3 m)
BEREIDEN bakken (oven, pan), barbecuen, grillen
VLEES stevig, vlezig, enigszins droog; milde smaak

CREVALLE (40–100 cm)
OOK BEKEND ALS jack, common jack
BEREIDEN bakken (oven, pan), barbecuen, grillen, pocheren, sashimi (rauw), stoven
VLEES stevig, roze, droog tot enigszins vettig; milde tot sterke smaak

ZEEFOREL (30–55 cm)
BEREIDEN bakken (oven, pan), barbecuen, grillen, bakken, pocheren, stomen
VLEES stevig, sappig, oranje-roze; fijne, zoetige smaak

REGENBOOGFOREL (30–55 cm)
BEREIDEN in de oven, barbecuen, grillen, pocheren, roken,
VLEES vettig, sappig, zacht, roze; mild, fijne smaak, soms een beetje modderig

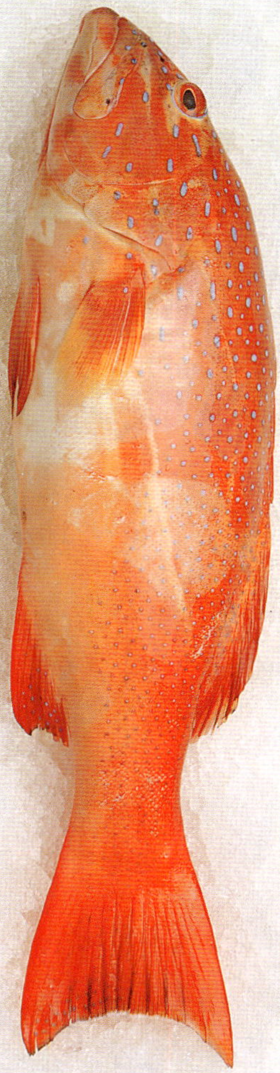

KORAALFOREL (35–80 cm)
BEREIDEN bakken (oven, pan), barbecuen, pocheren, stomen
VLEES stevig, wit, sappig; zoetige, milde smaak

GEROOKTE FOREL (30 cm)
BEREIDEN in soepen en salades
VLEES lichtroze, stevig, sappig; lichte rokerige smaak

WAREHOU (35–55 cm)
BEREIDEN bakken, barbecuen, grillen, pocheren, roken, stomen; in viskoekjes
VLEES stevig, wit, enisgzins vettig; milde smaak

GEELVINTONIJN (50–190 cm)
BEREIDEN bakken (oven, pan), barbecuen, grillen, roken, sashimi (rauw)
VLEES stevig, diep rood, vettig; milde smaak

SPIERING (6 cm)
BEREIDEN frituren; in viskoekjes en omeletten
VLEES fijne smaak (in zijn geheel gegeten)

TARBOT (100 cm)
BEREIDEN bakken (oven, pan), barbecuen, grillen, pocheren, stomen
VLEES wit; fijne smaak

KING GEORGE WIJTING (20–30 cm)
BEREIDEN bakken (oven, pan), barbecuen, grillen, pocheren
VLEES zacht, wit; fijne, zoetige smaak

WIJTING (20–30 cm)
BEREIDEN bakken (oven, pan), barbecuen, grillen, pocheren
VLEES delicate textuur, fijn wit, zacht; fijne smaak

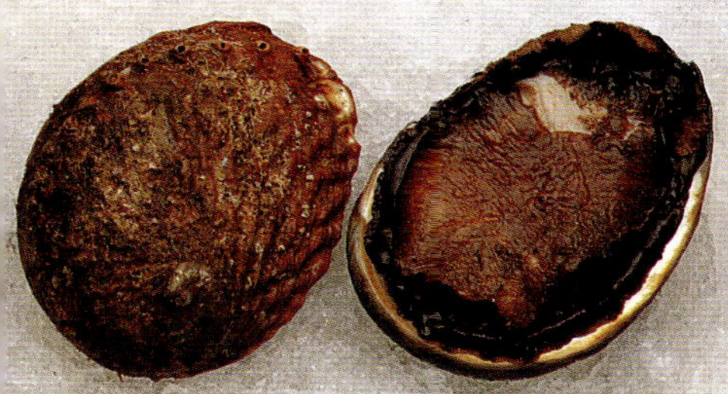

ZEEOOR (12 cm diameter)
OOK BEKEND ALS abalone
BEREIDEN kleine: gemarineerd en rauw gegeten; grotere: in plakjes gesneden en kort gefrituurd of gestoofd
VLEES crèmekleurig; milde smaak

GROTE BEERKREEFT (8 cm)
BEREIDEN bakken (oven, pan), barbecuen, grillen
VLEES sappig; zoetige, kenmerkende smaak

VENUSSCHELP (SCHELP: 4 cm)
BEREIDEN bakken, stomen; in soepen
VLEES enisgszins taai; zilte smaak

KOKKEL (SCHELP: 6 cm)
OOK BEKEND ALS kokhaan, hartschelp
BEREIDEN bakken (oven, pan), barbecuen, pocheren, stomen
VLEES stevig; kenmerkende smaak

BLAUWE ZWEMKRAB (15 cm)
BEREIDEN bakken, koken, roerbakken, stomen; in soepen
VLEES zacht, sappig; mild, zoetige smaak

NOORDZEEKRAB (25 cm)
BEREIDEN koken, pocheren, stomen
VLEES zacht, sappig; kenmerkende smaak

MANGROVEKRAB (18 cm)
BEREIDEN bakken, frituren, pocheren, roerbakken, stomen; in soepen
VLEES stevig, sappig; zoetige smaak

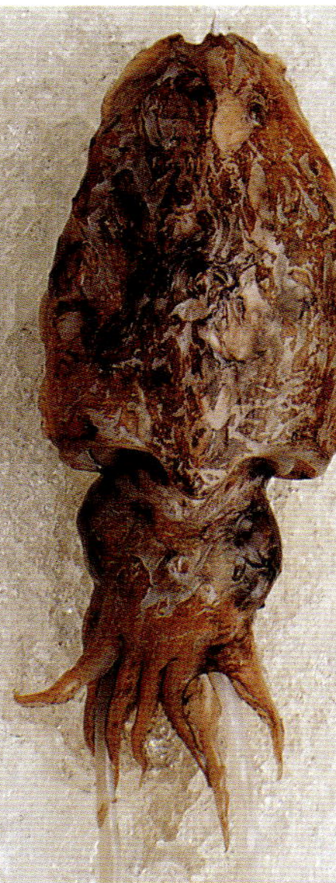

ZEEKAT (20–25 cm)
BEREIDEN bakken (oven, pan), barbecuen, frituren, stomen
VLEES stevig; zoetige smaak

LANGOESTINE (25 cm)
OOK BEKEND ALS Noorse kreeft
BEREIDEN bakken (pan) barbecuen, grillen
VLEES stevig, sappig; zoetige smaak

(ZEE)KREEFT (30 cm)
TE VERVANGEN DOOR langoest

BEREIDEN bakken, barbecuen, grillen, pocheren, stomen
VLEES stevig; zoetige smaak

MARRON (27 cm)

BEREIDEN bakken, barbecuen, grillen, koken, pocheren, stomen
VLEES stevig, sappig; zoetige smaak

LANGOEST (30 cm)
BEREIDEN barbecuen, grillen, bakken, pocheren, stomen
VLEES stevig; zoetige smaak

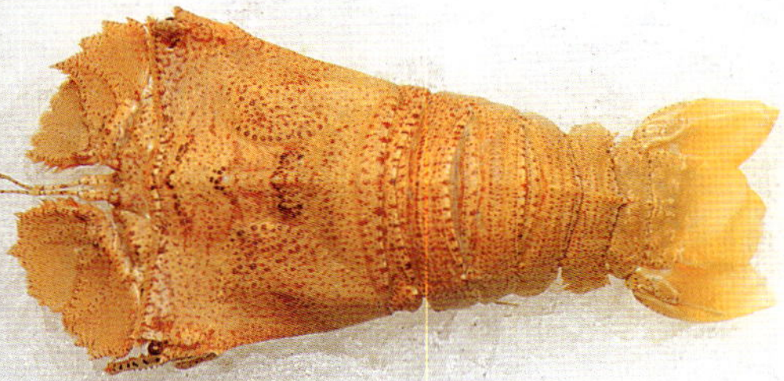

KLEINE BEERKREEFT (8 cm)
BEREIDEN bakken (oven, pan), barbecuen, grillen
VLEES sappig, stevig; zoetige smaak

MOSSEL (SCHELP: 8 cm)
BEREIDEN bakken (oven, pan), barbecuen, pocheren, stomen, rauw
VLEES sappig; kenmerkende smaak

GROENE LIPMOSSEL (SCHELP: 8 cm)
BEREIDEN bakken (oven, pan), barbecuen, pocheren, stomen, rauw
VLEES sappig; kenmerkende smaak

OCTOPUS (15–30 cm)
BEREIDEN bakken (pan), barbecuen, grillen, stomen, stoven
VLEES stevig; mild, zoetige smaak

ANGASI-OESTER (SCHELP: 8 cm)
BEREIDEN bakken (oven, pan), frituren, grillen, stomen; rauw
VLEES zacht, sappig; zeer sterke smaak

JAPANSE OESTER (SCHELP: 8 cm)
BEREIDEN bakken (oven, pan), frituren, grillen, stomen; rauw
VLEES zacht, sappig; sterke zilte smaak

ROTSOESTER (SCHELP: 8 cm)
BEREIDEN bakken (oven, pan), frituren, grillen, stomen
VLEES zacht, sappig; zilte smaak

ZAAGJE (SCHELP: 4–5 cm)
BEREIDEN barbecuen, pocheren, roerbakken, stomen
VLEES enigszins taai; zoetige smaak

REUZENGARNAAL (10–12 cm)
BEREIDEN bakken (oven, pan), barbecuen, frituren, grillen, pocheren, stomen
VLEES sappig, stevig; zoetige smaak

TIJGERGARNAAL (8 cm)
BEREIDEN bakken, barbecuen, frituren, grillen, pocheren, stomen
VLEES sappig, stevig; zoetige smaak

WIJDE MANTEL (SCHELP: 10 cm)
BEREIDEN bakken, barbecuen, grillen, pocheren, stomen
VLEES sappig, zacht; kenmerkende smaak

BAY SCALLOP (SCHELP: 8 cm)
BEREIDEN bakken, barbecuen, grillen, pocheren, stomen
VLEES sappig; milde smaak

SCAMPO (15 cm)
BEREIDEN bakken, barbecuen, grillen
VLEES stevig, sappig; fijne smaak

ZEE-EGEL (5 cm in diameter)
OOK BEKEND ALS zeeappel, steenappel
BEREIDEN roomsauzen, rauw, soufflés
VLEES fijne, zilte smaak

PIJLINKTVIS (5–23 cm)
BEREIDEN in de oven, frituren, bakken, pocheren, stomen
VLEES zoetige, milde smaak

WULK (SCHELP: 8 cm)
OOK BEKEND ALS ulk
BEREIDEN stomen
VLEES enigszins taai

ALIKRUIK (SCHELP: 2–3 cm)
OOK BEKEND ALS kreukel, krukel
BEREIDEN stomen
VLEES enigszins taai; kenmerkende smaak

RIVIERKREEFT (15 cm)
OOK BEKEND ALS zoetwaterkreeft
BEREIDEN bakken, barbecuen, grillen
VLEES stevig, sappig; zoetige smaak

VOORBEREIDEN

- Gebruik een zeer scherp mes bij het schoonmaken van vis en doop uw vingers in zout.
- Een filet is een graatloos stuk vis, verkregen door het vlees van beide zijden van de graat af te snijden. Een moot is een dikke plak vis, verkregen door dwars op de vis te snijden.
- Rondvis (zalm, forel, brasem) heeft aan beide kanten van de kop ogen. Een rondvis levert twee filets op, van iedere kant één.
- Platvis (bot, schol, tong) heeft beide ogen aan de bovenkant. Een platvis levert vier filets op, twee van iedere kant.
- Spoel schoongemaakte vis goed na – resten van de ingewanden kunnen bitter smaken.
- Kreeften en krabben moeten nog leven als u ze koopt, dan smaken ze het best. De meest humane methode om ze te doden is ze 20–30 minuten te laten staan in ijswater of door ze met een mes of priem tussen de ogen te steken. U kunt schaaldieren ook 1 uur (niet langer!) in de diepvries bewaren, zodat ze versuft raken.
- Was venusschelpen en zaagjes goed in koud water om al het zand te verwijderen.
- Houd rauwe en gekookte vis altijd gescheiden.

Voor het schubben van vis kunt u een speciaal schubmes, maar ook de achterkant van een keukenmes of lepel gebruiken.

Als u uw vingertoppen in zout doopt, hebt u een betere grip bij het schoonmaken van rauwe vis.

RONDVIS SCHOONMAKEN EN FILEREN

1 Houd de vis goed vast bij de staart. Schraap met een schubmes tegen de richting van de schubben in (in de gootsteen). Spoel de vis af.

2 Snijd de buik open met een scherp mes en haal de ingewanden eruit. Spoel de vis schoon met koud water en dep hem droog met keukenpapier.

3 Om te fileren snijdt u horizontaal langs de graat. Houd het mes dicht bij de graat. Maak een zaagbeweging naar de staart toe.

4 Leg de filet met het vel omlaag. Zet een scherp mes zo plat mogelijk bij de staart tussen het vel en het vlees. Snijd het vel met korte halen los.

RONDVIS IN MOTEN SNIJDEN

1 Gebruik een groot mes of een hakmes om moten te snijden. Houd de vis stevig vast.

2 Verdeel de hele vis in moten. Gebruik de kop en het staartstuk om visbouillon te maken.

PLATVIS FILEREN

1 Maak een snee over de graat. Snijd met korte halen twee filets, vanaf de graat naar de zijkant.

2 Leg de filet met het vel omlaag en haal een scherp mes tussen het vel en het vlees door.

HELE GEBAKKEN VIS SERVEREN

1 Neem een lepel of een breed mes en duw het vlees vanaf het midden van de vis weg van de graat.

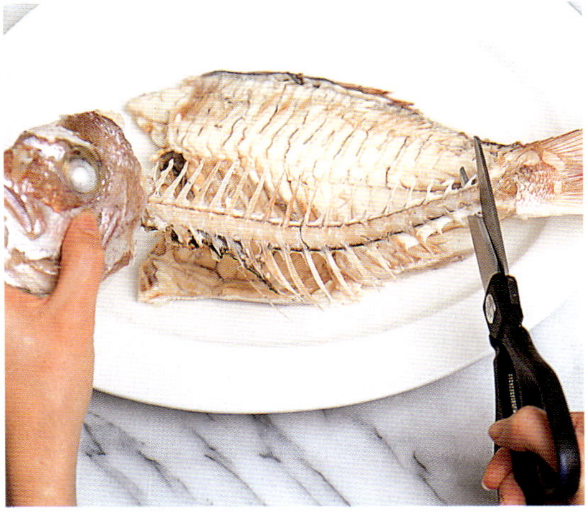

2 Til de graat omhoog en knip hem net voor de staart af met een schaar. De filets kunnen voor het serveren op de vis worden teruggelegd.

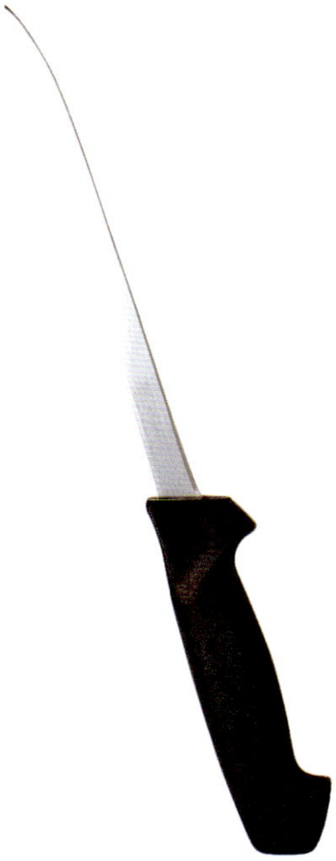

Het flexibele lemmet van een fileermes is ideaal voor het schoonmaken van rauwe vis.

GEEP ONTGRATEN

1 Spoel de buik van de schoongemaakte geep af onder de koude kraan om het donkere, bittere binnenste weg te halen. Dep de geep droog.

2 Snijd de kop van de vis. Leg de vis plat en haal een mes aan weerskanten langs de graat, maar snijd niet helemaal door de rug heen.

3 Licht de ruggengraat uit de vis; snijd daarbij met een mes eventueel bindweefsel los. Knip de graat bij de staart los met een schaar.

KREEFT SCHOONMAKEN

1 Snijd door het membraan aan de onderkant van de kreeft, dat de verbinding vormt tussen de kop en het lichaam. Draai of snijd de staart eraf.

2 Knip de kreeft aan weerskanten van de onderzijde open door een schaar tussen het vlees en het zachte buikpantser te zetten.

3 Trek het zachte buikpantser los en haal het vlees er in één stuk uit; werk van achter naar voren. Verwijder het darmkanaal aan de rugkant.

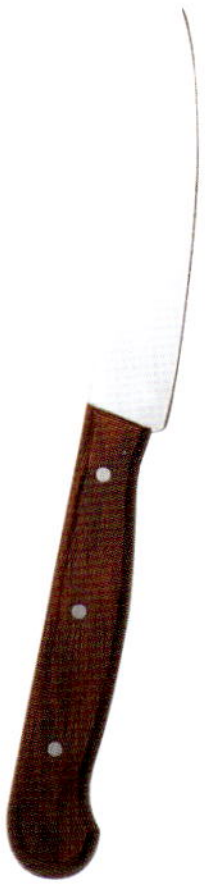

Een kort, scherp mes is essentieel voor precisiewerk of het bereiden van kleine vis of zeevruchten.

GEKOOKTE KREEFT SCHOONMAKEN

1 Pak de kop en het lichaam met twee handen vast en draai ze krachtig in tegengestelde richting, zodat de staart loslaat.

2 Knip de kreeft aan weerskanten van de onderzijde open coor een schaar tussen het vlees en het zachte buikpantser te zetten.

3 Trek het zachte buikpantser los en haal het vlees er in één stuk uit. Schraap het vlees met een kreeftkrabber uit de scharen.

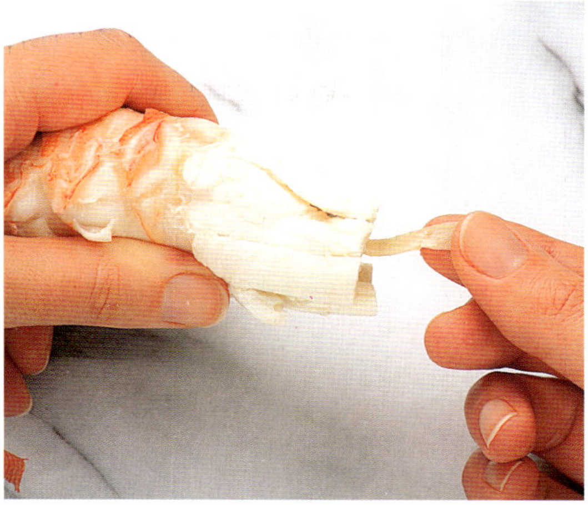

4 Trek het donkere darmkanaal er voorzichtig uit; begin bij de kop. U kunt het darmkanaal ook verwijderen als u de kreeft in medaillons snijdt.

OF 1 Leg de kreeft op zijn rug, zet een mes tussen de poten en snijd de kreeft door. Doe hetzelfde bij de staart.

2 Haal het vlees uit de staart en snijd het in schijven of stukken. Spoel het pantser schoon om resten uit de kop te verwijderen.

Met een kreeftkrabber kunt u het zoete vlees uit de scharen en andere moeilijk bereikbare delen van kreeften en krabben peuteren.

U hebt een stevig, groot mes nodig om door het pantser heen te kunnen snijden en mooie plakken te kunnen maken.

De bek van een kreeft-tang is bij het scharnier geribbeld, voor een betere grip.

Voor het openen van oesters en andere levende schelpdieren gebruikt u een speciaal oestermes.

KRAB SCHOONMAKEN

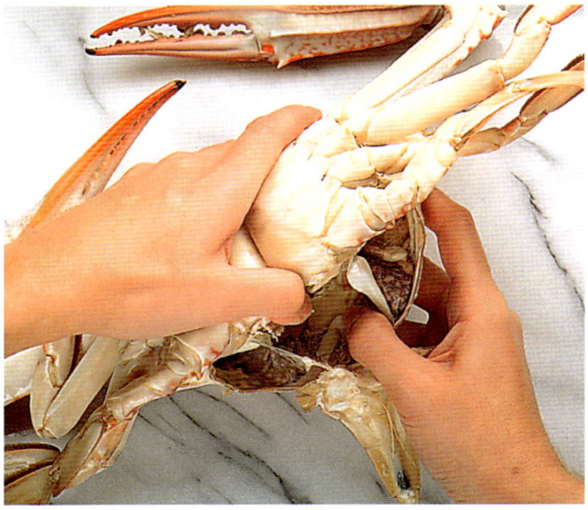

1 Licht de 'rok', de flap aan de onderkant van de krab, op en wrik het harde bovenschild eraf.

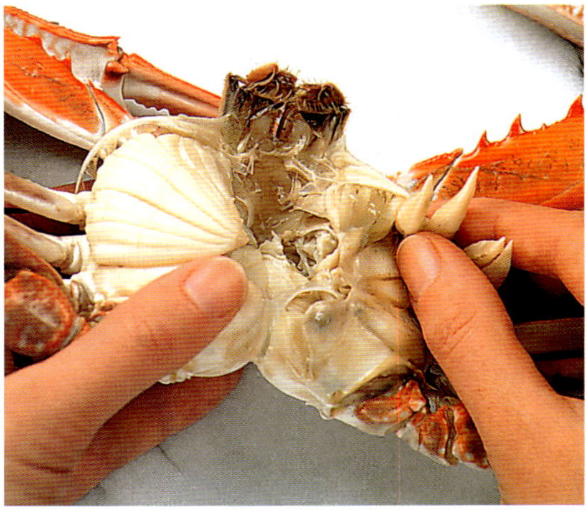

2 Verwijder de zachte organen en trek de sponsachtige grijze lobben (de kieuwen) eraf.

3 Snijd de krab in de lengte doormidden, zodat u twee gelijke helften met de poten er nog aan overhoudt.

4 Snijd elke helft dwars doormidden. Verwijder het vlees met uw vingers, een mes of een kreeftkrabber.

OESTERS LOSSNIJDEN

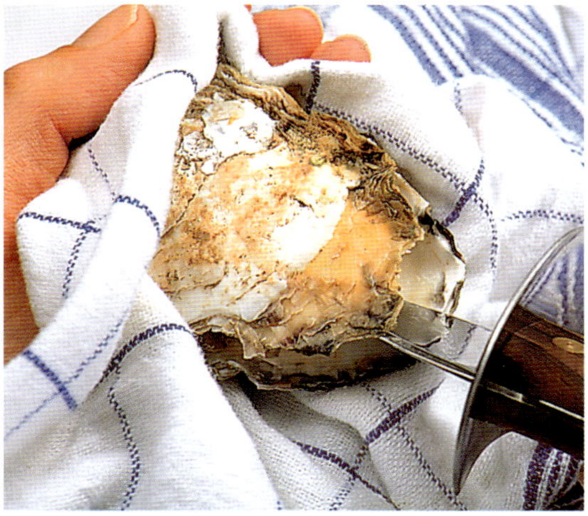

1 Leg de oester in een dubbelgevouwen theedoek. Duw het oestermes in het slot en wrik het lemmet heen en weer om de oester te openen.

2 Verwijder de bovenste schelp en snijd de oester dan los van de onderste schelp. Spoel beide af en leg de oester terug in de schelp.

BEERKREEFTJES SCHOONMAKEN

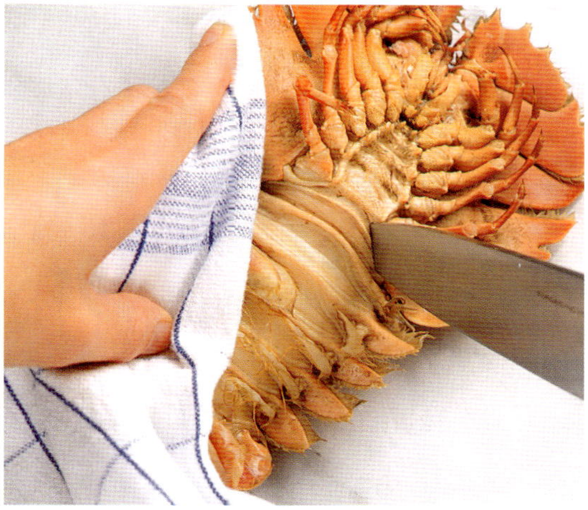

1 Snijd het membraan tussen de kop en het lichaam door. Draai of snijd de staart los.

2 Knip het kreeftje aan weerskanten van de onderzijde open met een schaar.

3 Trek het zachte buikpantser los en haal het vlees er in één stuk uit. Gooi het pantser weg.

OF Leg het kreeftje op zijn rug, zet een mes tussen de poten en snijd het door. Doe hetzelfde bij de staart.

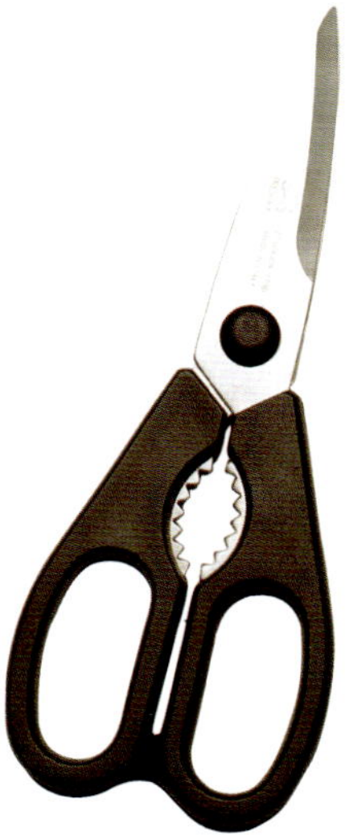

Voor het doorknippen van het pantser van schaaldieren hebt u een stevige keukenschaar nodig.

GARNALEN PELLEN EN SCHOONMAKEN

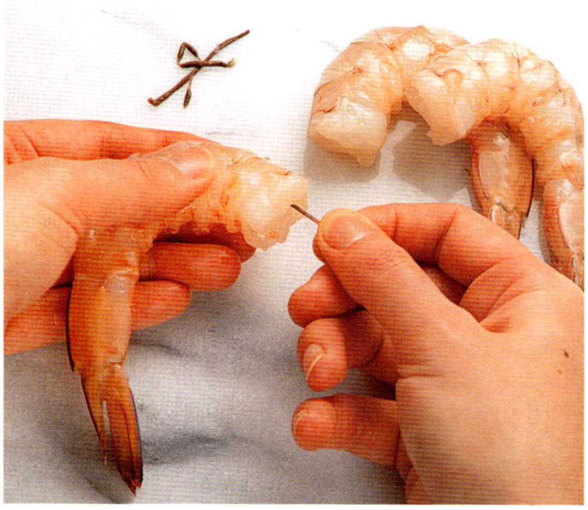

Pel de garnalen, behalve het staartje.
Trek het donkere darmpje er voorzichtig uit; begin bij de kop.

OF Pel de garnalen. Maak met een scherp mes een snee over de lengte van de rug en trek of schraap het darmpje eruit.

Schrob mosselen en andere schelpdieren schoon met een harde borstel.

Leg schelpdieren die u wilt lossnijden in een dubbelgevouwen theedoek. Zo hebt u meer grip en beschermt u uw handen.

MOSSELEN

1 Borstel de mosselen goed schoon, zodat er geen zand of zeewier achterblijft op de schelpen.

2 Trek de baarden eruit. Gooi geopende schelpen die zich niet sluiten als u de helften licht op elkaar drukt weg.

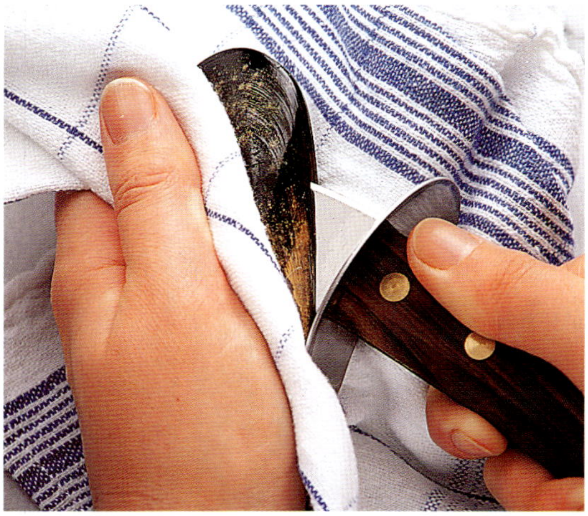

3 Leg de mossel in een dubbelgevouwen theedoek. Duw een oestermes in het slot en wrik de schelpen open. Haal de mossel eruit.

PIJLINKTVIS

1 Neem de mantel in de ene en de kop met de tentakels/armen in de andere hand. Trek ze uit elkaar. Snij de kop los van de tentakels/armen.

2 Trek het doorzichtige rugschild uit de mantel en gooi het weg. Verwijder de witte vliezen en gooi ze weg.

3 Wrijf de slijmhuid eraf onder de kraan. U kunt de vinnen ook gebruiken. Verwerk de onderdelen in hun geheel of snijd de mantel in ringen.

OCTOPUS SCHOONMAKEN

1 Snijd de armen met een scherp mesje los van de kop, net onder de ogen.

2 Pak het kransje armen vast en duw de snavel met uw vingers uit het midden van het kransje.

3 Snijd de ogen uit de kop door met een scherp mesje een cirkeltje te trekken. Gooi de ogen weg.

4 Snijd de kop voorzichtig aan één kant open en schraap de ingewanden eruit.

5 Spoel de kop goed uit onder koud, stromend water.

SINT-JAKOBSSCHELPEN

1 Snijd met een scherp mesje darmpjes, vliezen of harde witte spiertjes weg. Laat het kuit zitten.

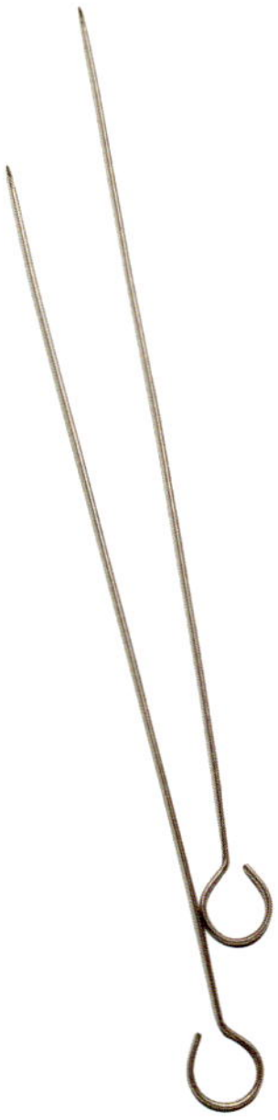

Sint-jakobsschelpen laten zich goed aan deze lange metalen barbecuepennen rijgen.

SOEPEN

Het is verbazingwekkend hoeveel verschillende soorten vissoep er bestaan in de wereld, en hoeveel daarvan een soort nationaal gerecht zijn geworden – de Franse bouillabaisse is misschien wel het bekendste voorbeeld, maar in Angelsaksische landen kennen ze een heerlijke romige vissoep onder de naam *chowder*, die daar zeer populair is. In het volgende hoofdstuk vindt u vissoepen uit alle windstreken, van de Thaise tom yum goong, een pittige vissoep met garnalen, tot een rijkgevulde mosselsoep uit Dieppe. Maar ook een authentiek recept voor *bisque de hommard* (kreeftensoep) ontbreekt hier niet.

COURT-BOUILLON & VISBOUILLON

Geurige, zelfgemaakte bouillon kan het verschil uitmaken tussen een lekkere soep en een heerlijke.

In tegenstelling tot vleesbouillon wordt visbouillon slechts korte tijd getrokken bij lage temperatuur. Als hij te lang wordt gekookt, wordt hij bitter. De graten en andere visdelen moeten vrij zijn van bloed en ingewanden, want deze tasten de smaak van de bouillon aan. De meeste vis is geschikt, hoewel de graten van vettige vis niet de voorkeur verdienen.

Het is belangrijk om tijdens het koken al het schuim van de oppervlakte te verwijderen, anders wordt de bouillon troebel. Bouillon kan 1 week in de koelkast en 6 maanden in de vriezer worden bewaard.

VISBOUILLON MAKEN

U hebt een grote, zware pan nodig. Verwijder van de vis die u voor de bouillon gaat gebruiken de ogen en de kieuwen; hak de graat, de kop en de staart in grove stukken. Laat alles ongeveer 10 minuten in koud water weken, om alle resten bloed te verwijderen. Spoel af onder koud water. Doe 2 kg visdelen, 1 gehakte selderijstengel (inclusief de blaadjes), 1 fijngesneden ui, 1 fijngesneden wortel, 1 fijngesneden

prei en 2 liter water in de pan. Breng langzaam aan de kook, verwijder het schuim dat zich aan het oppervlak vormt en voeg 1 bouquet garni en 12 zwarte peperkorrels toe. Zet het vuur laag en laat het geheel 20 minuten zachtjes koken. Verwijder regelmatig het schuim van de bouillon. Giet daarna de bouillon door een vergiet dat bekleed is met een stuk kaasdoek. Laat de bouillon rustig door het vergiet in de kom stromen; zo blijft hij helder. Laat afkoelen en bewaar maximaal 1 week in de koelkast. Genoeg voor ongeveer 1,75 liter bouillon.

COURT-BOUILLON MAKEN

Court-bouillon is een aromatisch vocht waarin vis traditioneel wordt gepocheerd. Vis die koel geserveerd moet worden, laat men afkoelen in het vocht. Om court-bouillon te maken doet u 1 liter water, 125 ml witte wijn, 1 ui, 1 wortel en 1 stengel selderij (alles gesneden), 6 peperkorrels en een bouquet garni in een grote pan. Breng aan de kook, zet het vuur lager en laat alles 30 minuten zachtjes koken. Zeven en afkoelen. U kunt eventueel naar smaak nog wat kruiden toevoegen, bijvoorbeeld wat gesneden venkel voor een lichte anijssmaak, of een paar stukjes citroen-, limoen- of sinaasappelschil voor een milde citrussmaak.

Kleine vissen of visfilets worden zachtjes in court-bouillon gepocheerd; grotere vissen worden in koude court-bouillon gedaan, die dan verwarmd wordt, zodat de vis gelijkmatiger gaart.

EEN BOUQUET GARNI MAKEN

Om een bouquet garni voor de bouillon te maken, neemt u een laurierblaadje, een takje tijm en een paar takjes peterselie. Bind ze losjes samen met het groen van een prei en knoop er een touwtje omheen.

BOUILLON INVRIEZEN

Laat de bouillon voordat u deze invriest eerst afkoelen. Doe een vrieszak in een maatbeker en pas een hoeveelheid bouillon af. Haal de vrieszak uit de beker, maak goed dicht en leg hem in de vriezer. U kunt de bouillon ook voor de helft inkoken en in een ijsblokjesvorm gieten. Zet in de vriezer. Ontdooi steeds de hoeveelheid die u nodig hebt en vermeng met een gelijke hoeveelheid water.

BOVEN: Mediterrane vissoep

MEDITERRANE VISSOEP

Voorbereidingstijd: 30 minuten
Kooktijd: 45 minuten
Voor 4 personen

☆

1/2 tl saffraandraadjes
3 tl olie
2 grote uien, in dunne ringen
1 prei, alleen het witte gedeelte, gesneden
4 knoflookteentjes, fijngehakt
1 laurierblad, gescheurd
1/2 tl gedroogde majoraan
1 tl geraspte sinaasappelschil
2 el droge witte wijn
1 rode paprika, gesneden
500 g rijpe tomaten, gesneden
125 ml gezeefde tomaten
500 ml visbouillon
2 el tomatenpuree
2 tl bruine basterdsuiker
500 g visfilet zonder vel (bijv. snapper, rode mul, roodbaars), in flinke stukken gesneden
3 el gehakte verse peterselie

1 Week de saffraandraadjes in 2 el gekookt water.
2 Verwarm de olie in een braadpan, op laag vuur. Voeg de ui, prei, knoflook, het laurierblad en de majoraan toe. Laat 10 minuten fruiten met het deksel op de pan tot de ui zacht is. Schud de pan af en toe. Voeg de sinaasappelschil, wijn, paprika en tomaten toe en laat 10 minuten koken met het deksel op de pan.
3 Doe de gezeefde tomaten, visbouillon, tomatenpuree, suiker en saffraan (inclusief weekvocht) in de pan. Roer goed, breng aan de kook en zet het vuur lager. Laat de soep zonder deksel 15 minuten zachtjes koken.
4 Doe de vis bij de soep en laat deze 8 minuten koken met het deksel op de pan. Voeg naar smaak zout en peper en de helft van de peterselie toe. Verwijder het laurierblaadje. Strooi als garnering de rest van de peterselie over de soep. Lekker met stokbrood.

ROMIGE VISSOEP

Voorbereidingstijd: 10 minuten
Kooktijd: 35 minuten
Voor 4–6 personen

☆

1/4 tl saffraandraadjes
1 l visbouillon
125 ml droge witte wijn
1 ui, gesnipperd
1 kleine wortel, gesneden
1 stengel selderij, gesneden
1 laurierblad
45 g boter
2 el bloem
300 g visfilet zonder vel (bijv. snapper, kabeljauw, zeewolf), in grove stukken
250 ml room
2 tl gehakte verse bieslook, als garnering

1 Week de saffraandraadjes in 2 el warm water.
2 Doe de visbouillon, wijn, ui, wortel, selderij en het laurierblad in een grote pan en breng langzaam aan de kook. Laat 20 minuten zachtjes koken met het deksel op de pan. Zeef het vocht en verwijder de groenten. Roer de saffraan (met het vocht) door de hete bouillon.
3 Verhit de boter in een schone steelpan en voeg de bloem toe; roer 2 minuten tot de bloem gaat schuimen. Haal de pan van het vuur en roer langzaam de visbouillon erdoor. Zet de pan weer op het vuur en blijf roeren tot het mengsel gaat koken en dikker wordt.
4 Voeg de stukken vis toe en laat ze 2 minuten meekoken tot ze gaar zijn. Roer de room erdoor en verhit het geheel zonder te laten koken. Breng op smaak met zout en gemalen witte peper. Garneer met bieslook.
TIP: Saffraandraadjes zijn niet goedkoop maar geven een bijzondere smaak en een mooie kleur aan het eten. De oranje draadjes zijn te koop in potjes en in zakjes.

ONDER: Romige vissoep

CHOWDER VAN GEROOKTE SCHELVIS

Voorbereidingstijd: 20 minuten
Kooktijd: 35 minuten
Voor 4–6 personen

☆

500 g gerookte schelvis of kabeljauw
1 aardappel, in blokjes
1 stengel selderij, gesneden
1 ui, gesnipperd
50 g boter
1 dikke plak bacon, in kleine stukjes
2 el bloem
1/2 tl mosterdpoeder
1/2 tl worcestershiresaus
250 ml melk
3 el gehakte verse peterselie
60 ml room, naar keuze

1 Doe de vis in een diepe braadpan, voeg 1,25 l water toe en breng aan de kook. Zet het vuur lager en laat 8 minuten zachtjes koken. Zeven en de bouillon apart houden. Verwijder het vel en de graten en maak het vlees los. Houd apart.
2 Doe de stukjes aardappel, selderij en ui in een pan met 750 ml bouillon. Breng aan de kook, zet het vuur lager en laat 8 minuten zachtjes koken tot de groenten zacht zijn. Houd apart.
3 Laat de boter op laag vuur smelten in een grote pan, voeg de bacon toe en bak 3 minuten. Voeg de bloem, het mosterpoeder en de worcestershiresaus toe en laat 1 minuut koken tot de boter schuimt. Haal de pan van het vuur en roer langzaam de melk erdoor. Zet de pan weer op het vuur en roer tot de soep kookt en dikker wordt. Zet het vuur lager en laat 2 minuten zachtjes koken. Roer de groenten en de bouillon erdoor, voeg dan de peterselie en vis toe. Laat 5 minuten zachtjes koken, breng op smaak en dien op met room.

BOVEN: Chowder van gerookte schelvis

ROMIGE MOSSELSOEP

Voorbereidingstijd: 30 minuten
Kooktijd: 40 minuten
Voor 4 personen

☆

750 g mosselen
1 stengel selderij, gesneden
1 wortel, gesneden
1 ui, gesnipperd
10 zwarte peperkorrels
4 takjes verse peterselie
100 g zachte boter
3 lente-uitjes, gesneden
2 teentjes knoflook, uit de knijper
1 grote aardappel, in kleine blokjes
185 ml witte wijn
40 g bloem
250 ml room
2 el gehakte verse peterselie

1 Borstel de mosselen schoon en verwijder de baarden. Doe de mosselen in een grote kookpan met de selderij, wortel, ui, peperkorrels, peterselie en 1,5 l water. Breng aan de kook, zet het vuur lager en laat 4–5 minuten koken met het deksel op de pan.
2 Giet de bouillon door een fijne zeef en gooi de ongeopende mosselen weg. Haal de mosselen uit hun schelp en houd ze apart. Gooi

de schelpen en groenten weg. Doe de bouillon terug in de pan en laat 15 minuten koken. Haal de pan van het vuur.

3 Laat de helft van de boter smelten in een grote pan, voeg de lente-ui, knoflook en aardappel toe en fruit 3 minuten op niet te hoog vuur tot de ui zacht is. Voeg de wijn toe, breng aan de kook, zet het vuur lager en laat 1 minuut koken.

4 Meng de bloem en de rest van de boter in een kom. Giet 875 ml van de bouillon in de pan met het knoflook-aardappelmengsel. Voeg dan langzaam het bloemmengsel toe; blijf roeren tot het mengsel kookt en dikker wordt. Zet het vuur lager en laat 15 minuten sudderen tot de aardappel gaar is. Voeg de mosselen en de room toe; blijf roeren tot alles goed warm is. Roer vlak voor het opdienen de peterselie erdoor.

CLAM CHOWDER

Voorbereidingstijd: weektijd + 35 minuten
Kooktijd: 45 minuten
Voor 4 personen

☆

1,5 kg venusschelpen of zaagjes, in hun schelp
2 tl olie
3 dikke plakken bacon, in stukjes
1 ui, gesnipperd
1 teentje knoflook, uit de knijper
750 g aardappels, in kleine blokjes
315 ml visbouillon
500 ml melk
125 ml room
3 el gehakte verse peterselie

1 Gooi alle schelpen weg die gebroken of open zijn en niet sluiten als u ze voorzichtig dichtdrukt. Laat ze eventueel 1–2 uur weken om het zand te verwijderen. Giet ze af en doe ze in een grote pan met 250 ml water. Laat 5 minuten koken met het deksel op de pan tot de schelpen open zijn. Gooi alle schelpen die niet open zijn weg. Giet af en bewaar het nat. Haal het vlees uit de schelpen.

2 Verwarm de olie in een schone pan. Voeg de bacon, ui en knoflook toe en fruit op niet te hoog vuur tot de ui zacht is en het spek goudbruin. Voeg de aardappels toe en roer goed.

3 Vul het bewaarde visnat aan met water tot 315 ml. Giet bij de pan met de bouillon en de melk. Breng aan de kook, zet het vuur lager en laat 20 minuten zachtjes koken tot de aardappels zacht zijn. Haal dan het deksel van de pan en laat nog 10 minuten zachtjes koken.

4 Voeg de room, schelpdiertjes en peterselie toe en breng op smaak met zout en peper. Serveer de soep warm, maar laat hem niet meer koken, anders gaat hij klonteren.

BOVEN: Clam chowder

BISQUE
De basisingrediënten voor deze rijkgevulde soepen zijn schaaldieren, bouillon en room. Vroeger werd bisque van wild en gevogelte gemaakt, maar vanaf de 17de eeuw vormden schaaldieren het hoofdingrediënt. Populair zijn bisques met kreeft, garnalen, krab en venusschelpen. Soms wordt kalfs- of kipbouillon gebruikt in plaats van visbouillon.

RECHTERBLADZIJDE: Kreeftensoep (boven), garnalensoep

KREEFTENSOEP (BISQUE DE HOMARD)

Voorbereidingstijd: 20 minuten
Kooktijd: 1 uur
Voor 4–6 personen

☆☆☆

1 rauwe kreeftenstaart, van ongeveer 400 g
90 g boter
1 grote ui, gesnipperd
1 grote wortel, gesneden
1 stengel selderij, gesneden
60 ml cognac
250 ml witte wijn
6 takjes verse peterselie
1 takje verse tijm
2 laurierblaadjes
1 el tomatenpuree
1 l visbouillon
2 rijpe tomaten, gesneden
2 el rijstebloem of maïsbloem
125 ml room

1 Haal de kreeft uit de schaal. Was de schaal en breek hem met een houten hamer of deegrol in grove stukken. Houd apart. Snijd het vlees in kleine stukjes, dek af en zet koel weg.
2 Smelt de boter in een grote pan, voeg de ui, wortel en selderij toe en bak ongeveer 20 minuten op laag vuur, zo nu en dan roerend, tot de groenten zacht zijn maar niet bruin.
3 Verwarm de cognac in een klein pannetje, steek de vloeistof aan met een lange lucifer en giet voorzichtig over de groenten. Schud de pan tot de vlammen uitdoven. Voeg de witte wijn en de stukken kreeftenschaal toe. Zet het vuur hoger en laat de vloeistof tot de helft inkoken. Voeg de peterselie, tijm, laurierblaadjes tomatenpuree, visbouillon en gesneden tomaten toe. Laat 25 minuten zachtjes koken, zonder deksel op de pan, zo nu en dan roerend.
4 Giet het mengsel door een fijne zeef of een vochtige kaasdoek. Met een houten lepel aandrukken. Gooi groenten en schalen weg.
5 Giet de vloeistof in een schone pan. Meng de bloem met de room in een kleine kom. Voeg bij de vloeistof en roer boven een matig vuur tot het mengsel kookt en dikker wordt. Voeg de stukjes kreeft toe en breng op smaak met zout en peper. Laat de kreeft 10 minuten garen zonder dat de soep kookt. Dien heet op.
TIP: Maak de kaasdoek altijd vochtig voordat u het mengsel zeeft, anders neemt het doek te veel van het vocht op.

GARNALENSOEP (B. DE CREVETTES)

Voorbereidingstijd: 25 minuten
Kooktijd: 15–20 minuten
Voor 4–6 personen

☆

500 g rauwe middelgrote garnalen
60 g boter
2 el bloem
2 l visbouillon
1/2 tl paprikapoeder
250 ml room
80 ml droge sherry
1–2 el room, als garnering
paprikapoeder, als garnering

1 Pel de garnalen en trek het donkere darmpje eruit; begin bij de kop. Houd de kop en de schalen apart. Verhit de boter in een pan, voeg de garnalenkoppen en -schalen toe en bak ze 5 minuten boven een matig vuur; kraak de schalen licht met een houten lepel.
2 Doe de bloem in de pan en roer tot het mengsel gebonden is. Voeg de visbouillon en het paprikapoeder toe en breng het mengsel al roerend aan de kook. Zet het vuur lager en laat 10 minuten zachtjes koken met het deksel op de pan. Giet het mengsel door een fijne zeef boven een kom; doe dan de vloeistof weer in de pan. Voeg de garnalen toe en laat ze 2–3 minuten zachtjes koken. Laat de soep iets afkoelen en pureer dan in delen in een blender of keukenmachine. Doe de soep weer in de pan.
3 Voeg de room en de sherry toe en warm het geheel goed door. Breng op smaak met zout en versgemalen zwarte peper. Serveer met een beetje room en strooi er wat paprikapoeder over.
TIP: De garnalenresten geven de bisque zijn rijke smaak. U kunt een paar gekookte garnalen achterhouden als garnering.

LAKSA

Hiernaast vindt u een van de vele versies van deze pittige soep uit Maleisië en Indonesië; de populairste staan bekend als Singapore Laksa en Laksa Lemak. Ze worden verrijkt met kokosmelk en bevatten zeevruchten en rijstnoedels. Als u weinig tijd hebt, kunt u de kruiden vervangen door laksa-pasta; gebruik 2 el voor het recept op deze bladzijde. In plaats van de visballetjes of tofu kunt u ook een combinatie van verschillende soorten zeevruchten gebruiken.

BOVEN: Laksa van zeevruchten

LAKSA VAN ZEEVRUCHTEN

Voorbereidingstijd: 45 minuten
Kooktijd: 45 minuten
Voor 4–6 personen

☆☆

1 kg rauwe middelgrote garnalen
80 ml olie
2–6 rode Spaanse pepers, van zaadjes ontdaan en fijngesneden
1 ui, grof gesnipperd
3 teentjes knoflook, gehalveerd
stukje van 2 cm verse gember, gesneden
1 tl gemalen kurkuma
1 el gemalen koriander
3 stengels citroengras, witte gedeelte, gesneden
1–2 tl garnalenpasta
600 ml kokosroom
2 tl geraspte palmsuiker of bruine suiker
4 limoenblaadjes, licht gekneusd
1–2 el vissaus
200 g visballetjes
190 g tofublokjes
250 g gedroogde rijstvermicelli
250 g taugé
4 el gehakte verse munt, als garnering
2 tl verse korianderblaadjes, als garnering

1 Pel de garnalen en trek voorzichtig het donkere darmpje eruit; begin bij de kop. Houd de schalen, de kop en de staart apart. Bewaar de garnalen afgedekt in de koelkast.

2 Voor de garnalenbouillon verhit u 2 el van de olie in een grote braadpan of wok en doet daarbij de garnalenresten. Roer tot de koppen fel oranje zien, voeg dan 1 l water toe. Breng aan de kook, zet het vuur lager en laat 15 minuten zachtjes koken. Giet door een fijne zeef en gooi de garnalenresten weg. Maak de pan schoon.

3 Doe de Spaanse peper, ui, knoflook, gember, kurkuma, korianderpoeder, citroengras en 60 ml van de garnalenbouillon in een keukenmachine en hak de ingrediënten goed fijn.

4 Verhit de rest van de olie in een schone pan en voeg het Spaanse peper-mengsel en de

garnalenpasta toe. Fruit al roerend 3 minuten boven een laag vuur. Voeg de rest van de bouillon toe en laat 10 minuten zachtjes koken. Voeg de kokosroom, suiker, limoenblaadjes en vissaus toe. Laat 5 minuten doorsudderen.

5 Voeg de garnalen toe en kook ze 2 minuten zachtjes mee. Voeg de visballetjes en de tofublokjes toe en warm alles even goed door.

6 Week de rijstvermicelli 2 minuten in kokend water, giet af en verdeel over de soepkommen. Leg hier de taugé op en schenk daarover de soep. Bestrooi met wat munt en koriander.

TIP: Visballetjes zijn te krijgen op de koelafdeling van Oosterse winkels.

MAÏSSOEP MET KRAB EN KORIANDER

Voorbereidingstijd: 15 minuten
Kooktijd: 10 minuten
Voor 4 personen

☆

1 1/2 el olie
6 teentjes knoflook, fijngesneden
6 sjalotjes, fijngesneden
2 stengels citroengras, fijngesneden
1 el geraspte verse gember
1 l kipbouillon
250 ml kokosmelk
375 g maïskorrels uit de diepvries
350 g krabvlees uit blik, afgegoten
2 el vissaus
2 el limoensap
1 tl geraspte palmsuiker of bruine suiker
verse korianderblaadjes, als garnering

1 Verhit de olie in een grote pan. Voeg de knoflook, sjalotjes, het witte deel van het citroengras en geraspte gember toe en fruit 2 minuten op gematigd vuur.

2 Voeg de bouillon en de kokosmelk toe en breng aan de kook. Voeg de maïskorrels toe en kook deze 5 minuten mee.

3 Voeg de krab, vissaus, limoensap en suiker toe en roer goed door. Breng op smaak met zout en peper en dien direct op, gegarneerd met korianderblaadjes en eventueel fijngesneden Spaanse peper.

TIP: Als variatie kunt u 2 eieren, losgeklopt met 2 el water, vlak voor het serveren door de soep roeren.

ONDER: Maïssoep met krab en koriander

TOM YUM GOONG

Voorbereidingstijd: 25 minuten
Kooktijd: 45 minuten
Voor 4–6 personen

☆☆

- 500 g rauwe middelgrote garnalen
- 1 el olie
- 2 el Thaise rode currypasta
- 2 el tamarinde
- 2 tl gemalen kurkuma
- 1 tl fijngesneden rode Spaanse peper
- 4 limoenblaadjes, fijngesneden
- 2 el vissaus
- 2 el limoensap
- 2 tl geraspte palmsuiker of bruine suiker
- 2 el verse korianderblaadjes, als garnering

1 Pel de garnalen, behalve de staart. Trek voorzichtig het darmpje uit de rug; begin bij de kop. Houd de schalen en de koppen apart. Bewaar de garnalen afgedekt in de koelkast. Verhit de olie in een grote pan of wok en fruit de garnalenkoppen en schalen al roerend 10 minuten boven matig vuur tot de koppen hel oranje kleuren.

2 Doe 250 ml water en de currypasta in de pan. Breng aan de kook en laat 5 minuten koken tot het vocht enigszins is ingedampt. Voeg nog 2 l water toe en laat 20 minuten zachtjes koken. Zeef en gooi de schalen en koppen weg; doe de bouillon weer in de pan.

3 Voeg de tamarinde, kurkuma, Spaanse peper en limoenblaadjes toe en breng het geheel weer aan de kook; laat 2 minuten koken. Voeg de garnalen toe en kook deze 5 minuten mee tot ze roze zien. Roer de vissaus, limoensap en suiker erdoor. Bestrooi voor het serveren met korianderblaadjes.

WAN TAN-SOEP

Voorbereidingstijd: 40 minuten + 30 minuten weken
Kooktijd: 5 minuten
Voor 4–6 personen

☆☆

- 4 gedroogde Chinese paddestoelen
- 250 g rauwe garnalen
- 250 g varkensgehakt
- 1 el sojasaus

ONDER: Tom yum goong

1 tl sesamolie
2 lente-uitjes, fijngesneden
1 tl geraspte verse gember
2 el fijngesneden waterkastanjes uit blik
250 g wan tan-vellen
1,5 l kip- of runderbouillon
4 lente-uitjes, zeer fijngesneden, als garnering

1 Week de paddestoelen 30 minuten in warm water. Giet ze af en knijp al het resterende vocht eruit. Verwijder de steeltjes en snij de hoedjes fijn. Pel de garnalen en trek het darmpje eruit; begin bij de kop. Snij het garnalenvlees fijn en meng met de paddestoelen, gehakt, sojasaus, sesamolie, lente-ui, gember en waterkastanjes.
2 Bedek de wan tan-velletjes met een vochtige theedoek zodat ze niet uitdrogen. Neem iedere keer één wat tan-velletje en leg in het midden 1 tl van het gehakt-garnalenmengsel.
3 Bevochtig de randen van het deeg met water, vouw de velletjes diagonaal in tweeën en breng de punten naar elkaar toe. Leg de wan tan-pakketjes op een met bloem bestrooide schaal.
4 Kook de wan tans 4–5 minuten in kokend water. Breng in een andere pan de bouillon aan de kook. Schep de wan tans met een schuimspaan uit het water en in de soepkommen. Bestrooi met lente-ui en schenk de bouillon over de wan tans.

POMPOENSOEP MET KOKOS EN GARNALEN

Voorbereidingstijd: 15 minuten
Kooktijd: 20 minuten
Voor 4–6 personen
☆☆

500 g pompoen, in blokjes
4 el limoensap
1 kg rauwe grote garnalen
2 uien, fijngesneden
1 kleine rode Spaanse peper, fijngesneden
1 stengel citroengras, witte gedeelte, fijngesneden
1 tl garnalenpasta
1 tl suiker
375 ml kokosmelk
1 tl tamarindepasta
125 ml kokosroom
1 el vissaus
2 el verse Thaise basilicumblaadjes

1 Doe de pompoen met de helft van het limoensap in een kom. Pel de garnalen en trek het donkere darmpje eruit; begin bij de kop.
2 Meng in een keukenmachine de ui, Spaanse peper, citroengras, garnalenpasta, suiker en 3 el kokosmelk tot een dikke pasta.
3 Meng de pasta met de rest van de kokosmelk, tamarinde en 250 ml water in een grote pan en roer tot het mengsel glad is. Voeg de pompoen met het limoensap toe en breng aan de kook. Zet het vuur lager en laat afgedekt ongeveer 10 minuten koken tot de pompoen net gaar is.
4 Voeg de rauwe garnalen en de kokosroom toe en laat alles nog 3 minuten zachtjes doorkoken tot de garnalen net roze zijn. Voeg de vissaus, de rest van het limoensap en de Thaise basilicumblaadjes toe. Schenk de soep in voorverwarmde kommen en garneer met Thaise basilicumblaadjes of -takjes.

BOVEN: Pompoensoep met kokos en garnalen

HELDERE SOEP MET ZALMBALLETJES

Voorbereidingstijd: 20 minuten
Kooktijd: 25 minuten
Voor 6 personen

✯✯✯

400 g zalmmoten
1 l visbouillon
125 ml droge witte wijn
2 tl citroensap
1 kleine wortel, fijngesneden
2 lente-uitjes, fijngesneden
2 takjes verse dille
2 takjes verse peterselie
3 zwarte peperkorrels
1 eiwit, goed gekoeld
125 ml slagroom, goed gekoeld
2 el verse kervelblaadjes

1 Verwijder het vel en de graten van de zalm en houd apart. Neem voor de zalmballetjes 150 g van de vis, hak deze grof en zet afgedekt weg in de koelkast. Doe vel en graten van de zalm in een grote pan, met de rest van het zalmvlees, de visbouilon, wijn, citroensap, wortel, lente-ui, dille, peterselie en peperkorrels. Breng langzaam aan de kook, zet het vuur lager en laat 15 minuten zachtjes koken met het deksel op de pan. Zeef de soep en gooi de groente weg. (De gekookte zalm hebt u niet nodig in dit recept. Laat het afkoelen; lekker voor op toast.)
2 Doe de soep in een schone pan, breng aan de kook, zet het vuur lager en laat de soep zachtjes koken. Breng op smaak met zout en peper.
3 Om de balletjes te maken hakt u de apart gehouden zalm zeer fijn in een keukenmachine. Voeg langzaam het eiwit toe en meng tot een gladde massa. Doe het zalmmengsel in een gekoelde schaal en breng op smaak met zout en witte peper. Klop de slagroom stijf en meng snel door de zalm. Doop steeds 2 tl van de zalm in koud water en vorm hiervan balletjes. Pocheer de balletjes dan 2 minuten in de soep tot ze gaar zijn en schep ze in voorverwarmde soepkommen.
4 Breng de soep tegen de kook aan en schenk voorzichtig over de balletjes. Strooi er voor het serveren kervelblaadjes over.
TIP: Voor dit recept kunt u ook zeeforel gebruiken.

Om te zorgen dat de balletjes luchtig worden, moeten de ingrediënten ijskoud zijn. Het mengsel is genoeg voor 24 balletjes.

SOEPTERRINE UIT DIEPPE

Voorbereidingstijd: 45 minuten
Kooktijd: 30 minuten
Voor 4 personen

✯✯

500 g rauwe middelgrote garnalen
600 g mosselen
350 g sint-jakobsschelpen
300 g gemengde visfilet zonder vel
(bijv. zeeduivel, snapper, poon, zalm)
1/2 middelgrote prei, witte deel, gesneden
1/2 kleine venkelknol, in schijfjes
375 ml droge witte wijn
2 takjes verse tijm
1 laurierblaadje
150 g champignons, in plakjes
250 ml room
1 el gehakte verse bladpeterselie

1 Pel de garnalen en trek voorzichtig het donkere darmpje eruit; begin bij de kop.
2 Borstel de mosselen schoon en verwijder de baarden. Gooi beschadigde en geopende schelpen die niet sluiten als u de helften licht op elkaar drukt weg. Was de mosselen goed.
3 Verwijder darmpjes, vliezen of harde witte spiertjes van de sint-jakobsschelpen, maar laat eventueel kuit zitten. Snijd het vlees in blokjes.
4 Neem een grote pan met dikke bodem en doe hierin de prei, venkel, wijn, tijm, laurierblaadje en mosselen. Breng aan de kook en laat 4–5 minuten zachtjes koken met het deksel op de pan, zo nu en dan roerend, tot de mosselen gaar zijn. Schep de mosselen uit de pan en gooi de ongeopende weg. Haal de mosselen uit hun schelp en gooi de schelpen weg.
5 Breng het kooknat weer aan de kook, voeg de mosselen en de jakobsschelpen toe, dek af en laat 2 minuten zachtjes koken. Haal de garnalen en de jakobsschelpen uit de pan en houd ze apart.
6 Breng het kooknat weer aan de kook en doe de vis erin. Pocheer 3 minuten, haal uit de pan en houd apart. Leg een dubbelgevouwen en natgemaakt stuk kaasdoek in een vergiet en zeef het kooknat in een schone pan. Breng aan de kook, voeg de champignons toe en kook ze, zonder deksel, 3 minuten op hoog vuur. Roer de room erdoor en laat de soep ongeveer 5 minuten zachtjes inkoken. Voeg de mosselen, garnalen, jakobsschelpen en stukjes vis toe en warm alles nog eens goed door. Breng op smaak met zout en peper, bestrooi met peterselie en dien op.

ZALM
Als u zalmmoten koopt, zijn er een paar dingen waar u op moet letten in verband met de versheid. Het centrale graatstuk moet goed vastzitten aan het vlees – naarmate de vis minder vers is, zal het bindweefsel namelijk oplossen en van de graat loslaten. Er mogen geen verkleurde of uitgedroogde delen aan het vlees zitten. Zalm dient er doorschijnend uit te zien, met een aangename glans, en de geur dient fris en ziltig te zijn. Moten vis die in vocht drijven moet u laten liggen waar ze liggen.

LINKERBLADZIJDE: Heldere soep met zalmballetjes (boven), soepterrine uit Dieppe

BOUILLABAISSE
Vissers uit Marseille in Zuid-Frankrijk maakten deze heerlijke soep om de vis te gebruiken die ze niet konden verkopen. Ze kookten de vis met andere ingrediënten in een pan water, vandaar de naam bouillabaisse, wat is afgeleid van 'bouillir' (koken) en 'abaisser' (verminderen). De soep kan gemaakt worden met iedere combinatie van vissoorten.

BOVEN: Bouillabaisse

BOUILLABAISSE

Voorbereidingstijd: 40 minuten
Kooktijd: 30 minuten
Voor 4 personen

☆☆

300 g rauwe middelgrote garnalen
16–18 mosselen
200 g sint-jakobsschelpen
1,5 kg gemengde filet van witte vis (snapper, rode mul, poon, zeeduivel)
2 el olie
1 venkelknol, in dunne ringen
1 ui, gesnipperd
5 rijpe tomaten, van vel en zaadjes ontdaan en in stukjes gesneden
1,25 l visbouillon
mespuntje saffraandraadjes
1 laurierblaadje
1 bouquet garni
stukje van 5 cm sinaasappelschil
1 el gehakte verse peterselie, als garnering

Rouille

1 kleine rode paprika
1 rode Spaanse peper
1 snee witbrood, zonder korst
2 teentjes knoflook
1 eierdooier
80 ml olijfolie

1 Pel de garnalen en trek het darmpje eruit; begin bij de kop. Borstel de mosselen schoon en verwijder de baarden. Gooi geopende schelpen die niet sluiten als u de helften licht op elkaar drukt weg. Verwijder darmpjes, vliezen of harde witte spiertjes van de jakobsschelpen, maar laat eventueel kuit zitten. Snijd de vis in blokjes. Zet de zeevruchten afgedekt in de koelkast.

2 Verhit de olie in een ruime pan boven matig vuur en fruit de venkel en ui in 5 minuten goudbruin. Voeg de tomaten toe en bak ze 3 minuten mee. Voeg de bouillon, saffraan, laurierblad, bouquet garni en sinaasappelschil toe. Breng aan de kook en laat 10 minuten koken. Zet het vuur lager en voeg de jakobsschelpen, garnalen, mosselen en vis toe. Laat 4–5 minuten koken tot

de mosselen open zijn. Gooi alle ongeopende mosselen weg en haal het bouquet garni en de sinaasappelschil uit de soep.

3 Snijd voor de rouille de paprika en Spaanse peper in grove stukken. Verwijder de zaadjes en de zaadlijsten en leg ze met het vel naar boven onder de hete grill tot het vel zwart wordt. Doe in een plastic zak en laat afkoelen. Verwijder dan het velletje.

4 Week het brood in 3 el water, knijp daarna het overtollige water eruit. Meng de paprika, Spaanse peper, brood, knoflook en eierdooier in een keukenmachine. Voeg terwijl het apparaat aan staat de olie in een dunne straal toe, tot er een dik en glad mengsel ontstaat.

5 Schenk de bouillabaisse in kommen, geef er de rouille bij en strooi er wat peterselie over.

MANHATTAN-CHOWDER

Voorbereidingstijd: 30 minuten
Kooktijd: 30 minuten
Voor 4–6 personen

☆

60 g boter
3 dikke plakken bacon, in stukjes
2 uien, gesnipperd
2 teentjes knoflook, fijngesneden
2 stengels selderij, gesneden
3 aardappels, in blokjes
1,25 l vis- of kipbouillon
3 tl gehakte verse tijm
12 rauwe grote garnalen
1 el tomatenpuree
425 g tomaten uit blik, in stukjes
375 g filet van witte vis zonder vel (bijv. leng, kabeljauw, heek), in niet te grote stukken
300 g kleine venusschelpen uit blik, met vocht
2 el gehakte verse peterselie
geraspte sinaasappelschil, als garnering

1 Verhit de boter in een grote pan en fruit de bacon, ui, knoflook en selderij 5 minuten boven een matig vuur tot alles zacht is maar niet bruin.

2 Voeg de aardappel, bouillon en tijm toe en breng aan de kook. Zet het vuur lager en laat 15 minuten zachtjes koken met het deksel op de pan.

3 Pel ondertussen de garnalen en trek het donkere darmpje eruit; begin bij de kop. Doe de tomatenpuree en stukjes tomaat in de pan, roer goed en breng weer aan de kook. Voeg de vis, de garnalen en de venusschelpen met het vocht toe en laat 3 minuten op laag vuur sudderen. Breng op smaak met zout en peper en roer de peterselie erdoor. Serveer met de sinaasappelschil als garnering.

ONDER: Manhattan-chowder

VISSOEP MET NOEDELS

Voorbereidingstijd: 15 minuten
Kooktijd: 20 minuten
Voor 4 personen

☆

200 g gedroogde rijstmie
1 el olie
stukje verse gember van 2 cm, geraspt
3 kleine Spaanse pepers, fijngesneden
4 lente-uitjes, gesneden
800 ml kokosmelk
2 el vissaus
2 el gezeefde tomaten
500 g visfilet zonder vel (bijv. roodbaars, rode mul, kabeljauw, snapper), in niet te grote stukken
2 dikke plakken ham, in blokjes
150 g kousenband, in stukjes van 3 cm
180 g taugé
1 el verse muntblaadjes
80 g ongezouten geroosterde pinda's

1 Week de rijstmie 5 minuten in een kom gekookt water, giet dan af.
2 Verhit de olie in een grote braadpan, voeg de gember, Spaanse peper en lente-ui toe en fruit 3 minuten op matig vuur.
3 Voeg de kokosmelk, vissaus en gezeefde tomaten toe en laat 10 minuten zachtjes koken met het deksel op de pan.
4 Voeg de vis, ham en kousenband toe en laat 10 minuten zachtjes meekoken tot de vis zacht is. Verdeel de rijstmie over diepe soepkommen en leg er de taugé en muntblaadjes op. Schep de soep zorgvuldig in de kommen en strooi er de geroosterde pinda's over.

ONDER: Vissoep met noedels

ROMIGE OESTERSOEP

Voorbereidingstijd: 15 minuten
Kooktijd: 20 minuten
Voor 4 personen

☆

18 verse oesters
15 g boter
1 kleine ui, fijngesnipperd
125 ml witte wijn
375 ml visbouillon
250 ml room
6 hele zwarte peperkorrels
6 verse basilicumblaadjes, gescheurd
1 tl limoensap
1 lente-uitje, gesnipperd, als garnering
basilicumblaadjes, gesnipperd, als garnering

1 Laat de oesters uitlekken in een kleine zeef en houd het nat en de oesters apart. Verhit de boter in een kleine pan en voeg de ui toe. Fruit deze zachtjes op matig vuur tot de ui zacht maar niet bruin is. Zo nu en dan roeren. Voeg de wijn toe en kook 5 minuten zachtjes tot de helft in.
2 Voeg de bouillon toe en kook deze 2 minuten zachtjes mee, voeg dan de room, peperkorrels, het basilicum en 6 grofgehakte oesters toe en laat 5 minuten zachtjes koken. Zeef de bouillon; druk het mengsel goed tegen de zeef. Laat de vaste delen in de zeef zitten.
3 Doe de soep weer in de pan en breng aan de kook. Voeg het limoensap en oesternat toe. Breng op smaak. Schep in kleine kommen en doe in elke kom 3 oesters, en daarop gekneusde zwarte peper. Garneer met lente-ui en basilicum.
TIP: De soep is heel machtig, dus geef per persoon maar een kleine portie.

GARNALENSOEP MET UDON-NOEDELS

Voorbereidingstijd: 20 minuten
Kooktijd: 30 minuten
Voor 6 personen

☆

500 g rauwe middelgrote garnalen
1 1/2 el olie
1 stengel citroengras, witte gedeelte, fijngehakt
2 teentjes knoflook, fijngehakt
2 kleine rode Spaanse pepers, gehalveerd
2 verse limoenblaadjes
1 limoen, in vieren
4 lente-uitjes, in diagonale stukjes
500 g gedroogde udon-mie
2 el sojasaus
100 g shiitake-paddestoelen, gehalveerd
1 el verse korianderblaadjes
500 g paksoi, blaadjes losgemaakt

1 Pel de garnalen, houd de koppen en schalen apart. Trek voorzichtig het donkere darmpje eruit; begin bij de kop.
2 Verhit de olie in een grote pan, voeg de garnalenkoppen en -schalen toe en fruit ze op hoog vuur tot ze roze zien. Voeg het citroengras, de knoflook, Spaanse peper, limoenblaadjes, limoenpartjes, de helft van de lente-ui en 2 l water toe. Breng aan de kook, zet het vuur lager en laat 20 minuten zachtjes koken. Giet alles door een fijne zeef in een kom en gooi de vaste bestanddelen weg. Maak de pan schoon en doe de bouillon weer in de pan.
3 Doe de noedels in een een grote pan met kokend gezouten water en kook ze 5 minuten tot ze zacht zijn. Giet af.
4 Breng de bouillon aan de kook. Voeg de sojasaus en de garnalen toe en kook deze 5 minuten mee tot de garnalen roze zijn. Doe de rest van de lente-ui, shiitake, korianderblaadjes en paksoi in de pan en breng op smaak met zout en peper.
5 Verdeel de gare noedels over de soepkommen en schep de soep eroverheen. U kunt de soep eventueel garneren met extra partjes limoen.

UDON-NOEDELS
Dit zijn lange, dikke witte noedels gemaakt van tarwebloem. De dikte varieert en ze kunnen rond, vierkant of plat zijn. Udon-noedels zijn zowel gedroogd als vers te krijgen en worden meestal gebruikt in Japanse soepen en gerechten die zachtjes moeten stoven.

BOVEN: Garnalensoep met udon-noedels

FRANSE VISSOEP

Schep de zaadjes met een theelepel uit de tomaten.

Schep het schuim weg dat zich op de bouillon vormt.

Zeef de soep door een stuk vochtig kaasdoek in een schone pan.

RECHTERBLADZIJDE: Italiaanse mosselsoep (boven), Franse vissoep

ITALIAANSE MOSSELSOEP

Voorbereidingstijd: 25 minuten
Kooktijd: 35 minuten
Voor 6 personen

☆☆

200 g rijpe tomaten
1 kg mosselen
2 el olijfolie
40 g boter
1 prei, witte gedeelte, in dunne ringen
3 teentjes knoflook, uit de knijper
mespuntje saffraandraadjes of -poeder
1 el fijngehakte koriander of peterselie
1 kleine rode Spaanse peper, fijngesneden
170 ml droge witte wijn

1 Kruis de tomaten aan de onderkant in. Doe ze in een hittebestendige kom en overgiet ze met kokend water. Laat ze 30 seconden staan, dompel ze in koud water en verwijder de velletjes. Snijd de tomaten doormidden, schep de zaadjes eruit met een theelepel en snijd het vlees in kleine stukjes.
2 Borstel de mosselen schoon en verwijder de baarden. Gooi beschadigde en geopende schelpen die niet sluiten als u de helften licht op elkaar drukt weg. Was de mosselen goed.
3 Verhit de olie en boter in een grote braadpan en fruit de prei en knoflook op laag vuur tot de prei zacht is maar niet bruin. Voeg de saffraan, koriander of peterselie en Spaanse peper toe en fruit al roeren 1–2 minuten mee. Zet het vuur hoger en voeg de wijn toe. Laat 1–2 minuten koken, voeg dan de gehakte tomaten en 250 ml water toe. Doe het deksel op de pan en laat alles 20 minuten zachtjes koken.
4 Doe de mosselen in de pan en kook ze met het deksel op de pan tot ze open zijn. Gooi alle mosselen weg die na 4–5 minuten nog niet open zijn. Neem eenderde van de mosselen, haal ze uit hun schelp, en doe de mosselen terug in de pan. Gooi de lege schelpen weg. Breng op smaak met zout en peper. Gelijk opdienen met knapperig stokbrood.

FRANSE VISSOEP

Voorbereidingstijd: 30 minuten
Kooktijd: 45 minuten
Voor 6 personen

☆☆

1 grote, rijpe tomaat
1 1/2 kg gehakte visgraten van witte vis
1 prei, witte gedeelte, in dunne ringen
1 wortel, gesneden
1 stengel selderij, gesneden
1 grote teen knoflook, fijngehakt
1 laurierblaadje
3 takjes verse peterselie
6 zwarte peperkorrels
1 250 ml droge witte wijn
1 el citroensap
250 g visfilet zonder vel (bijv. snapper, roodbaars, kabeljauw, rode mul), in niet te grote stukken
2 el kervelblaadjes
1/4 citroen, in dunne plakjes

1 Kruis de tomaten aan de onderkant in. Doe ze in een hittebestendige kom en overgiet ze met kokend water. Laat ze 30 seconden staan, dompel ze in koud water en verwijder de velletjes. Snijd de tomaten doormidden, schep de zaadjes eruit met een theelepel en snijd het vlees in kleine stukjes.
2 Was de graten goed in koud water en doe ze in een grote pan, samen met de prei, wortel, selderij, knoflook, laurierblad, peterselie, peperkorrels, wijn, citroensap en 2 l water. Breng langzaam aan de kook; schep het schuim weg dat zich aan het oppervlak vormt. Zet het vuur lager en laat 20 minuten zachtjes koken.
3 Zeef en gooi de vis en groenten weg. Zeef de bouillon opnieuw – door een zeef met daarin een stuk vochtig kaasdoek – in een schone pan. Laat 10 minuten zachtjes koken in een open pan.
4 Voeg de stukjes vis toe en kook ze 2 minuten zachtjes mee tot ze zacht zijn. Breng op smaak met zout en gemalen witte peper.
5 Verdeel de stukjes tomaat en kervel over de zes borden en schenk de hete soep erover. Garneer met een paar plakjes citroen en dien gelijk op.
TIP: De kaasdoek moet vochtig zijn zodat hij niet te veel van het kooknat absorbeert.

BOVEN: Sint-jakobsschelpensoep

SINT-JAKOBSSCHELPENSOEP

Voorbereidingstijd: 30 minuten + 10 minuten koelen
Kooktijd: 45 minuten
Voor 4 personen

☆☆

300 g sint-jakobsschelpen
1 el droge sherry
1/4 tl gemalen witte peper
1 tl geraspte verse gember
7 lente-uitjes
2 el olie
1 el maïsbloem
750 ml kipbouillon
2 el sojasaus
75 g strochampignons uit blik, gehalveerd
50 g doperwten uit de diepvries
1 ei, losgeklopt
droge sherry, extra, naar smaak
2 tl sojasaus, extra

1 Verwijder darmpjes, vliezen of harde witte spiertjes van de sint-jakobsschelpen, maar laat eventueel kuit zitten. Doe ze samen met de sherry, witte peper en gember in een kom en zet ze 10 minuten in de koelkast.
2 Snijd de lente-uitjes fijn, houd het groen en het witte deel gescheiden.
3 Verhit de olie in een wok; draai de wok rond zodat de olie ook de zijkanten bedekt. Doe het witte deel van de lente-ui in de pan en fruit 30 seconden. Voeg de jakobsschelpen met het vocht toe en bak ze al omscheppend boven hoog vuur tot het vlees wit wordt. Doe in de kom.
4 Meng de maïsbloem met een deel van de bouillon tot een glad papje. Doe in de wok met de rest van de bouillon en breng aan de kook; roer tot het mengsel kookt en dikker wordt. Voeg de paddestoelen en doperwten toe en kook ze 2 minuten mee. Doe de jakobsschelpen weer in de wok; blijf roeren.
5 Voeg het ei toe en roer tot dit ondoorzichtig wordt. Voeg het groen van de lente-uitjes toe en naar smaak nog wat sherry en sojasaus. Eventueel garneren met wat extra snippers lente-ui.
TIP: Giet de champignons voor gebruik af en spoel ze af. De rest kunt u, in water, 3 dagen in de koelkast bewaren.

VISSOEP IN AZIATISCHE STIJL

Voorbereidingstijd: 30 minuten
Kooktijd: 40 minuten
Voor 6 personen

☆

4 rijpe tomaten
1 el olie
5 cm verse gember, geraspt
3 stengels citroengras, witte gedeelte, fijngehakt
3 kleine rode Spaanse pepers, fijngesneden
2 uien, gesnipperd
750 ml visbouillon
4 limoenblaadjes, gesnipperd
160 g verse ananas, in kleine stukjes
1 el tamarinde
1 el geraspte palmsuiker of bruine suiker
2 el limoensap
1 el vissaus
500 g rauwe middelgrote garnalen
500 g witte visfilet zonder vel (bijv. snapper, roodbaars, rode mul), in niet te grote stukken
2 el gehakte verse koriander

1 Kruis de tomaten aan de onderkant in. Doe ze in een hittebestendige kom en overgiet ze met kokend water. Laat ze 30 seconden staan, dompel ze in koud water en verwijder de velletjes. Snijd de tomaten doormidden, schep de zaadjes eruit met een theelepel en snijd het vlees in kleine stukjes.

2 Verhit de olie in een grote pan, voeg de gember, citroengras, Spaanse peper en ui toe en fruit 5 minuten boven matig vuur tot de ui goudbruin is.

3 Voeg de tomaten toe en fruit ze 3 minuten mee. Voeg de visbouillon, limoenblaadjes, ananas, tamarinde, suiker, limoensap, vissaus en 750 ml water toe. Doe het deksel op de pan en breng aan de kook; zet het vuur lager en laat 15 minuten zachtjes koken.

4 Pel ondertussen de garnalen en trek het donkere darmpje eruit; begin bij de kop. Doe de garnalen, vis en koriander in de pan en kook ze 10 minuten mee tot de zeevruchten zacht zijn. Breng op smaak met zout en peper.

ONDER: Vissoep in Aziatische stijl

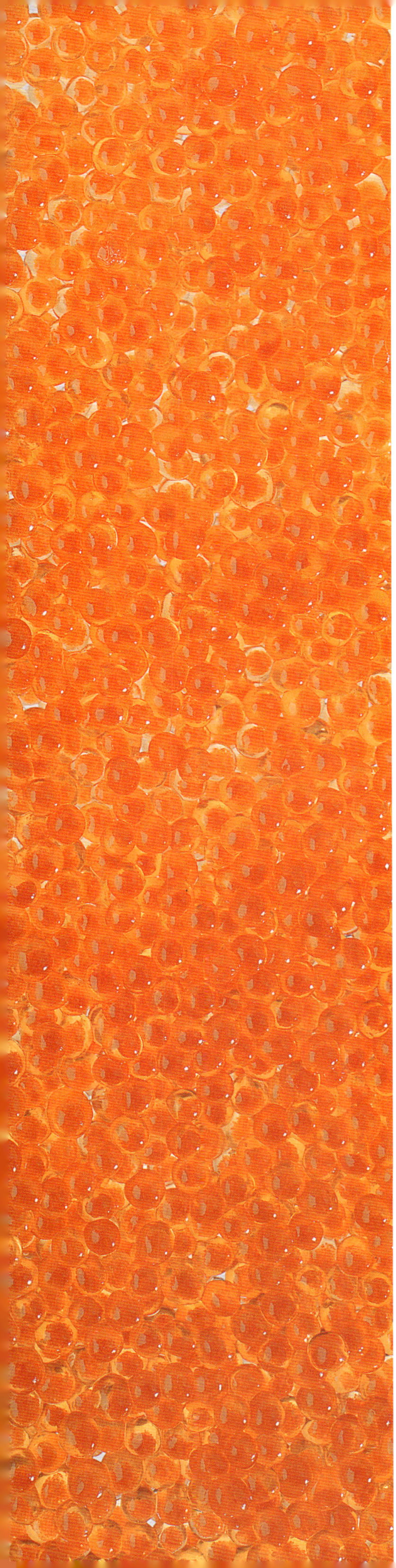

HAPJES EN SNACKS

Vishapjes zijn er in alle vormen en maten en zijn ideaal voor een picknick, een lichte lunch, bij een borrelhapje of zelfs voor een compleet feest. Vis kan soms heel eenvoudig zijn om uw gasten voor te zetten, van een dampende mok *moules marinière* met een stuk knapperig stokbrood tot vispaté op warme toast met boter. In dit hoofdstuk vindt u echter ook gerechten die fraai genoeg ogen om tijdens een chic diner te serveren. Ten slotte krijgt u gedetailleerde instructies om zelf sushi en sashimi te maken.

TARAMASALATA
De authentieke versie van dit traditionele Griekse hapje is gemaakt van tarama, de oranje, gezouten en gedroogde eitjes van de harder. Tarama is te koop bij Griekse of Turkse winkels. Het wordt wel vervangen door gerookte kabeljauwkuit. Taramasalata is vaak onderdeel van een schotel *meze,* Griekse hapjes.

BOVEN: Taramasalata

TARAMASALATA

Voorbereidingstijd: 10 minuten
Kooktijd: geen
Voor 250 ml

☆

4 sneetjes witbrood, zonder korst
1 kleine ui, geraspt
100 g tarama of gerookte kabeljauwkuit
2 el citroensap
60 ml olijfolie

1 Doe het brood in een kom met koud water. Giet af, knijp er zoveel mogelijk vocht uit en doe het brood terug in een droge kom.
2 Doe de geraspte ui, tarama, citroensap en olie bij het brood en meng alles door elkaar met een vork. Breng op smaak met zout en peper.
3 Dit hapje kan ook gemengd worden in een keukenmachine of blender. Serveer met stokbrood.
TIP: Taramasalata kan, luchtdicht verpakt, 3 dagen in de koelkast worden bewaard.

EI- EN KAVIAARPASTEI

Voorbereidingstijd: 1 uur + 2 uur koelen
Kooktijd: 6 minuten
Voor 10-12 personen

☆☆

7 eieren
3 el fijngehakte verse peterselie
3 el mayonaise
80 g bieslook, fijngehakt
500 g roomkaas, op kamertemperatuur
90 g zwarte viskuit
300 g zure room
extra bieslook en zwarte kaviaar, als garnering

1 Vul een pan met koud water en doe daar voorzichtig de eieren in. Breng aan de kook, zet het vuur lager en laat de eieren 6 minuten zachtjes koken. Giet af en dompel de eieren in koud water om het kookproces te stoppen. Laat goed afkoelen en haal ze dan uit het water. Pel de eieren en prak ze fijn met een vork, meng dan de peterselie en de mayonaise erdoor. Breng op smaak met zout en peper.
2 Leg een stuk plasticfolie in een geribbeld bakblik van 18 cm doorsnede; laat een stuk van het plastic over de rand hangen zodat u het eiermengsel later gemakkelijker uit het blik kunt halen.
3 Schep de helft van het eiermengsel in het bakblik. Druk goed aan en maak het mengsel glad met een spatel of de achterkant van een lepel. Strooi er de helft van het bieslook over en druk die in het mengsel. Neem een schone, warme spatel en verdeel de helft van de roomkaas over het mengsel. Schep hier de helft van het viskuit over en druk voorzichtig aan.
4 Herhaal het hele proces met de rest van het ei, bieslook, roomkaas en viskuit. Dek het geheel af met plasticfolie zodat de lagen goed op elkaar drukken en zet 2 uur in de koelkast.
5 Verwijder het plastic en leg een bord op de pastei. Draai het bord om terwijl u het bakblik vasthoudt en verwijder dan voorzichtig het bakblik. Verwijder ook het plastic zonder dat u de geribbelde rand beschadigt.

6 Schep nu een paar lepels zure room over de vispastei en spreid een beetje uit. Garneer met extra bieslook en viskuit. Serveer met creamcrackers.

PITTIGE KRABSALADE MET TOMAAT

Voorbereidingstijd: 25 minuten
Kooktijd: geen
Voor 6 personen

☆

1 kleine, rijpe tomaat
350 g krabvlees uit blik, uitgelekt
200 g roomkaas (zie Tip)
2 el chilisaus
2 tl tomatenpuree
1 tl geraspte citroenschil
2 tl citroensap
1 kleine ui, geraspt
2 lente-uitjes, fijngehakt

1 Kruis de tomaat aan de onderkant in. Doe hem in een hittebestendige kom en overgiet met kokend water. Laat 30 seconden staan, dompel in koud water en verwijder het velletje. Snijd de tomaat doormidden, schep de zaadjes eruit met een theelepel en snijd het vlees in kleine stukjes.
2 Knijp met uw handen al het resterende vocht uit het krabvlees. Roer de roomkaas in een kom met een houten lepel tot hij zacht is, roer dan het krabvlees, de chilisaus, tomatenpuree, citroenrasp, citroensap en geraspte ui erdoor. Breng op smaak met zout en peper. Meng door elkaar en schep in een dienschaal.
3 Bestrooi met de gehakte lente-ui en de stukjes tomaat. Zet tot het serveren afgedekt weg in de koelkast. Lekker met sneetjes geroosterd brood.
TIP: Iedere roomkaas is geschikt voor dit recept. Probeer bijvoorbeeld eens de Franse neufchâtel of de mascarpone uit Italië.

ONDER: Pittige krabsalade met tomaat

BOVEN: Garnalenmoes met maïs en zoete chili

GARNALENMOES MET MAÏS EN ZOETE CHILI

Voorbereidingstijd: 1 uur + 2 uur koelen
Kooktijd: 3 minuten
Voor 8 personen

☆

1 kg gekookte middelgrote garnalen
60 ml limoensap
110 g maïskorrels uit de diepvries
3 tl geraspte citroenschil
250 g zachte roomkaas
3 el fijngehakt bieslook
1 eetlepel zoete chilisaus
4 gekookte grote garnalen, als garnering

1 Pel de garnalen en trek voorzichtig het donkere darmpje eruit; begin bij de kop. Dep ze droog met keukenpapier en doe ze in een kom. Schenk de limoensap over de garnalen en zet ze 10 minuten afgedekt in de koelkast.
2 Doe de maïskorrels 2–3 minuten in kokend water tot ze zacht zijn. Giet ze af en stort ze in ijskoud water om het kookproces te stoppen. Giet ze af en dep ze droog met keukenpapier.
3 Maak de garnalen samen met het limoensap klein in een keukenmachine. Zet de machine steeds kort aan (2–3 seconden); het garnalenmengsel mag niet te fijn worden. Doe in een kom en roer de maïs, citroenrasp, roomkaas en het bieslook erdoor. Voeg de chilisaus toe en meng goed. Dek af met plasticfolie en laat ten minste 2 uur afkoelen in de koelkast.
4 Pel de grote garnalen, behalve de staart. Trek voorzichtig het donkere darmpje eruit; begin bij de kop. Schep de moes in een serveerschaal en garneer met de gepelde garnalen. Serveer met wat extra gekookte en gepelde garnalen, en wat melbatoast of pitabrood.

GEROOKTE VISPATÉ

Voorbereidingstijd: 10 minuten + een paar uur koelen
Kooktijd: geen
Voor 4-6 personen

☆

4 gerookte makreel- of forelfilets
2–3 el citroen- of limoensap
125 g zachte roomkaas
200 g gesmolten boter
takjes verse kruiden (dille, venkel, bladpeterselie)
plakjes citroen, als garnering

1 Verwijder vel en graten van de vis en haal het vlees met de vingers los. Meng de vis met het sap, de rooomkaas en de boter in een blender of keukenmachine tot een gladde massa. Breng op smaak met zout en peper.
2 Schep de massa over in een grote kom en laat een paar uur afkoelen in de koelkast. Garneer met takjes verse kruiden en plakjes citroen. Serveer met melbatoast of crackers.

ZALM-BIESLOOKROL

Voorbereidingstijd: 10 minuten + een paar uur koelen
Kooktijd: geen
Voor 4-6 personen

☆

250 g zachte roomkaas
2 el zure room
1 el citroensap
3 lente-uitjes, gesnipperd
420 g rode zalm uit blik, uitgelekt, vel en graten verwijderd, klein gemaakt
1 tl versgemalen zwarte peper
40 g pecannoten, fijngehakt
80 g vers bieslook, fijngehakt

1 Klop in een kom de roomkaas en de zure room met het citroensap glad. Roer er de lente-ui, zalm, peper, pecanoten en een kwart van het bieslook door. Laat een paar uur opstijven in de koelkast.
2 Leg het mengsel op een stuk plasticfolie en maak er een rol van. Rol de zalmrol door de rest van het bieslook en zet tot het serveren in de koelkast. Serveer met crackers of brood.

BOVEN: Gerookte vispaté (boven), zalm-bieslookrol

GRAVAD LAX

Verwijder alle resten van graten met een pincet.

Wrijf de rest van het suikermengsel in de tweede zalmfilet.

Klop de ingrediënten voor de mosterdsaus dooreen.

Voor het serveren kan de zalm, tegen de draad in, in schuine, dunne plakjes worden gesneden.

RECHTERBLADZIJDE: Garnalen in een potje (boven), gravad lax

GARNALEN IN EEN POTJE

Voorbereidingstijd: 12 minuten + een nacht koelen
Kooktijd: 3 minuten
Voor 350 g
☆

250 g kleine gekookte garnalen
100 g boter
1/4 tl geraspte nootmuskaat
1/4 tl gemberpoeder
mespuntje cayennepeper

1 Pel de garnalen en trek het donkere darmpje eruit; begin bij de kop. Hak de garnalen heel klein. Verhit 60 g van de boter boven matig vuur in een koekenpan. Voeg de garnalen, nootmuskaat, gemberpoeder, cayennepeper en naar smaak zout en peper toe.
2 Fruit 2 minuten op laag vuur tot de boter in het mengsel is opgenomen. Doe het mengsel in een ramequinbakje met een inhoud van 350 ml, druk aan en strijk het oppervlak glad.
3 Verhit de rest van de boter in een steelpan en schenk de boter over het garnalenmengsel zodat dit geheel bedekt is. Laat een nacht in de koelkast staan zodat de smaken zich kunnen ontwikkelen. Serveer op kamertemperatuur met toast.

GRAVAD LAX

Voorbereidingstijd: 10 minuten + 24 uur koelen
Kooktijd: 5 minuten
Voor 12 personen
☆☆

60 g suiker
2 el zeezout
1 tl gekneusde zwarte peperkorrels
2,5 kg zalm, gefileerd, met vel
1 el wodka of cognac
4 el zeer fijngehakte verse dille

Mosterdsaus

1 1/2 el cider- of appelazijn
1 tl basterdsuiker
125 ml olijfolie
2 tl gehakte verse dille
2 el dijonmosterd

1 Meng de suiker, zout en peperkorrels. Verwijder alle resten van graten met een pincet. Dep droog met keukenpapier en leg een filet met vel omlaag in een lage schaal of ovenschotel. Besprenkel de filet met de helft van de wodka, wrijf de helft van het suikermengsel in het vlees, bestrooi dan met de helft van de dille. Sprenkel de rest van de wodka over de tweede zalmfilet en wrijf de rest van het suikermengsel in het vlees. Leg de filet met het vel naar boven op de andere filet. Wikkel er een stuk plasticfolie omheen, leg er een plank op en verzwaar deze met bijvoorbeeld drie (soep)blikken. Zet 24 uur weg in de koelkast, draai na 12 uur om.
2 Meng voor de mosterdsaus alle ingrediënten goed door elkaar; zet dan tot gebruik weg.
3 Haal de zalm uit het plasticfolie en leg de beide filets op een houten plank. Verwijder alle dille en specerijen met een borsteltje. Wentel door de rest van de verse dille, schud alle overtollige dille eraf. Serveer in zijn geheel op een plank of snijd de vis, tegen de draad in, in schuine, dunne plakjes. Geef de saus er apart bij.
TIP: Gravad lax kan afgedekt in de koelkast maximaal een week worden bewaard.

SCHOTSE HOUTSNIP

Voorbereidingstijd: 10 minuten
Kooktijd: 5 minuten
Voor 4 personen
☆

2 eieren
4 eierdooiers
150 ml room
2 el fijngehakte verse peterselie
mespunt cayennepeper
45 g ansjovisfilet uit blik, uitgelekt
20 g zachte boter
4 dikke sneden brood, geroosterd

1 Doe de eieren, eierdooiers, room, de helft van de peterselie en de cayennepeper in een kom en klop alles tot een gladde massa. Voeg een beetje zout en peper toe. Schenk het mengsel in een koekenpan met dikke bodem en bak al roerend boven laag vuur tot het eiermengsel is gestold en korrelig is geworden. Laat niet te heet worden.
2 Meng de ansjovis en de boter met een vork tot een gladde massa. Smeer over de toast.
3 Verdeel het ei over de ansjovistoast, strooi er de rest van de peterselie over en serveer. De toast kan in kleine driehoekjes worden gesneden.

BOVEN: Tonijnkoekjes

TONIJNKOEKJES

Voorbereidingstijd: 30 minuten + koelen
Kooktijd: 40 minuten
Voor 8 koekjes

☆

3 kruimige aardappels, in vieren
30 g boter
1 ui, fijngesnipperd
1 teentje knoflook, uit de knijper
1 rode paprika, fijngesneden
415 g tonijn uit blik
1 ei, losgeklopt
2 el citroensap
3 el fijngehakte verse peterselie
30 g bloem
100 g gedroogd broodkruim
1 ei, losgeklopt, extra
2 el melk
3 el olie

1 Kook de aardappels in 8–10 minuten gaar. Giet af en doe ze terug in de pan. Prak de aardappels en laat ze afkoelen.
2 Verhit de boter in een koekenpan, voeg de ui en knoflook toe en fruit 5 minuten op matig vuur. Voeg de rode paprika toe en fruit deze 5 minuten mee tot hij zacht is.
3 Laat de tonijn uitlekken, doe de vis in een kom en maak fijn met een vork. Meng er de aardappel, het geklopte ei, het uimengsel, citroensap en peterselie door.
4 Leg de bloem op een plat bord en het broodkruim op een ander. Meng het geklopte ei en de melk in een kom. Vorm het mengsel tot 8 koekjes, bedek licht met bloem en haal door het ei en de melk. Bedek de koekjes ten slotte met het broodkruim. Leg op een bord of een bakplaat. Zet 30 minuten afgedekt weg in de koelkast.
5 Verhit 3 el olie in een zware koekenpan op matig vuur en bak de koekjes 2–3 minuten aan iedere kant tot ze goudbruin zijn. Doe niet te veel koekjes tegelijk in de pan. Leg de koekjes op keukenpapier en dien ze warm op.
TIP: In plaats van tonijn kunt u voor dit recept ook zalm uit blik gebruiken.

BAGNA CAUDA

Voorbereidingstijd: 5 minuten
Kooktijd: 8 minuten
Voor 250 ml

☆

315 ml room
45 g ansjovisfilet uit blik, uitgelekt
10 g boter
2 teentjes knoflook, uit de knijper

1 Breng de room langzaam aan de kook in een kleine, zware pan. Kook 8 minuten, regelmatig roerend. Zorg dat de room niet overkookt. De room kookt door het kookproces in en wordt dikker.
2 Snijd ondertussen de ansjovis in kleine stukjes. Verhit de boter in een kleine pan, voeg de ansjovis en knoflook toe en fruit 1 minuut op laag vuur. Zorg dat de knoflook niet bruin wordt.
3 Schenk de room erbij en meng goed. Voeg dan, naar smaak, zout en peper toe. Doe in een kom. Serveer op kamertemperatuur als dipsaus met stukjes rauwe groenten (wortel, bloemkool, selderij enz.).
TIP: U kunt het mengsel een tijdje laat staan, dan wordt het dikker.

GARNALEN IN EEN MANDJE

Voorbereidingstijd: 40 minuten
Kooktijd: 20–25 minuten
Voor 4 personen

☆☆☆

700 g rauwe middelgrote garnalen
olie, om te frituren
200 g verse eiernoedels
2 lente-uitjes, gesnipperd
1 teentje knoflook, uit de knijper
1/2 tl geraspte verse gember
1/2 tl sesamolie
1/2 tl vissaus
100 g doperwten, gekookt
3 waterkastanjes uit blik, in plakjes
1 el fijngehakte verse munt
2 tl fijngehakt vers bieslook
80 g peulkiemen
steeltjes bieslook of het groen van lente-uitjes, als garnering

1 Pel de garnalen en trek voorzichtig het donkere darmpje eruit; begin bij de kop.

2 Vul een frituurpan voor eenderde met olie en verhit deze tot 180°C. Neem twee draadmandjes (zie Tip), het ene iets kleiner dan het andere, doop ze in de olie en schud de olie eraf. De olie voorkomt dat de noedels gaan kleven.

3 Maak de noedels los; verdeel in 4 porties. Leg de eerste portie in het grote mandje en druk de noedels aan met het kleinere mandje. Houd de handvaten van de mandjes stevig vast en dompel ze in de olie zodat de noedels onder komen te staan. Draai het bovenste mandje zachtjes opdat de noedels niet gaan kleven. Bak de noedels goudbruin. Haal ze uit de mandjes (voorzichtig want het ijzer is heet). Laat de noedelmandjes uitlekken op keukenpapier. Herhaal met de rest van de noedels.

4 Verhit 2 el olie in een wok. Roerbak de garnalen, lente-ui, knoflook en gember 2 minuten op hoog vuur tot de garnalen roze kleuren. Voeg de sesamolie, vissaus, doperwten en waterkastanjes toe. Haal de pan van het vuur en breng op smaak met zout en peper. Roer munt, bieslook en peulkiemen erdoor.

5 Doe het garnalen- en erwtenmengsel in de noedelmandjes, garneer en dien op.

TIP: Draadmandjes zijn te koop bij huishoudwinkels; ze worden in paren verkocht. U kunt ook een grote en een kleine Oosterse zeefspaan gebruiken.

GARNALEN IN EEN MANDJE

Haal de eiernoedels uit elkaar en verdeel in vier porties.

Leg een van de porties in het grootste mandje.

Pas de mandjes in elkaar, houd ze stevig tegen elkaar en laat ze in de olie zakken.

Roerbak de garnalen, lente-ui, knoflook en gember boven hoog vuur tot de garnalen roze kleuren.

LINKS: Garnalen in een mandje

NORI-PAKKETJES MET GARNALEN EN NOEDELS

Pel de garnalen voorzichtig, maar zorg dat de staartjes blijven zitten.

Snijd met een scherp mes de noedels in dezelfde lengte als de garnalen, gemeten van het begin van de staart.

Rol de in beslag gedoopte garnalen door de noedels; wikkel er een reep nori om.

Dompel de nori-garnalenpakketjes in de hete olie en frituur ze 1–2 minuten tot ze goudbruin zijn.

RECHTS: Nori-pakketjes met garnalen en noedels

NORI-PAKKETJES MET GARNALEN EN NOEDELS

Voorbereidingstijd: 45 minuten
Kooktijd: 10 minuten
Voor 24 stuks

☆☆☆

1 kg rauwe middelgrote garnalen
250 g gedroogde vermicelli
2 vellen nori (gedroogd zeewier)
60 g bloem
2 eierdooiers
olie, om te frituren

Dipsaus

80 ml tonkatsu-saus of barbecuesaus
2 el citroensap
1 el sake of mirin
1–2 tl geraspte verse gember

1 Pel de garnalen, behalve de staarten. Trek voorzichtig het donkere darmpje eruit; begin bij de kop. Houd apart.

2 Snijd met een scherp mes de vermicelli in dezelfde lengte als de garnalen, gemeten van het begin van de staart. Leg de vermicelli in nette pakketjes en houd ze apart. Snijd de nori in repen van 2,5 cm breed.

3 Zeef de bloem in een grote kom en maak een kuil in het midden. Meng de eierdooiers met 3 el water. Schenk langzaam bij de bloem, klop ondertussen met een garde zodat er een glad beslag ontstaat. Voeg nog een eetlepel water toe als het mengsel te dik is. Houd apart.

4 Meng de ingrediënten voor de dipsaus in een kleine kom; voeg naar smaak gember toe.

5 Doop een garnaal in het beslag, laat het overtollig beslag eraf lekken. Rol de garnaal over de lengte door de noedels zodat hij bedekt is met een laag noedels. Houd de vermicelli bij elkaar met een reep nori; plak de nori aan elkaar met wat beslag. Herhaal met de rest van de garnalen

6 Vul een zware pan voor eenderde met olie en verhit deze tot 180°C. Frituur de garnalen (2–3 tegelijk) ongeveer 1–2 minuten tot ze gaar zijn. Laat ze uitlekken op keukenpapier en houd ze warm terwijl u de rest frituurt. Serveer warm met de dipsaus.

TIP: Nori, tonkatsu-saus en sake is te koop bij gespecialiseerde Oosterse winkels.

GARNALENTOAST

Voorbereidingstijd: 20 minuten
Kooktijd: 10–15 minuten
Voor 48 stuks

☆☆

350 g rauwe middelgrote garnalen
1 teentje knoflook
75 g waterkastanjes of bamboescheuten uit blik, uitgelekt
1 el gehakte verse koriander
stukje van 2 cm verse gember
2 eieren, gesplitst
1/4 tl witte peper
1/4 tl zout
12 sneetjes witbrood
150 g sesamzaadjes
olie, om te frituren
chilisaus

1 Pel de garnalen en trek voorzichtig het darmpje uit de rug; begin bij de kop.
2 Snijd de garnalen samen met de knoflook, waterkastanjes (of bamboescheuten), koriander, gember, eiwitten, peper en zout in 20–30 seconden in een keukenmachine tot een glad mengsel. Snijd rondjes uit het brood met een doorsnee van 5 cm.
3 Besmeer een kant van de broodrondjes met losgeklopte eierdooier, smeer dan gelijkmatig het garnalenmengsel erover. Bestrooi ruim met sesamzaadjes.
4 Vul een zware pan voor eenderde met olie en verhit tot 180°C of tot een stukje brood in 15 seconden bruin is. Frituur de toastjes in kleine hoeveelheden, met het garnalenmengsel omlaag, in 10–15 seconden goudbruin en aan beide kanten gaar. Haal de toastjes uit de olie met een bak- of schuimspaan en laat ze uitlekken op keukenpapier. Warm serveren met chilisaus.

WATERKASTANJES

De Chinese waterkastanje wordt verbouwd in China, Japan en Indonesië. Het is de wortel van een type watergras; het vlees is wit. Waterkastanjes hebben een knapperige textuur en een zoetige smaak. Ze worden zowel in kruidige als in zoetige gerechten gebruikt. Ze zijn te koop in blikjes. Na opening kunnen ze, in water, drie dagen worden bewaard in een luchtdichte verpakking.

BOVEN: Garnalentoast

THAISE MOSSELEN

Borstel de mosselen schoon en verwijder de baarden.

Haal de mosselen uit het water zo gauw de schelpen open zijn.

Snijd met een scherp mes de mosselen los uit hun schelp.

RECHTERBLADZIJDE: Thaise mosselen (linksboven), verse oesters met dragon, gerookte zalm in een dilledressing

THAISE MOSSELEN

Voorbereidingstijd: 15 minuten + 10 minuten staan
Kooktijd: 15 minuten
Voor 4 personen

✯

1 kg mosselen
80 ml limoensap
1 el zoete chilisaus
1 el geraspte palmsuiker of bruine suiker
1 el vissaus
1 el fijngehakt citroengras, alleen het witte gedeelte
2 el fijngehakte verse koriander
1 rode Spaanse peper, fijngesneden

1 Borstel de mosselen schoon en verwijder de baarden. Gooi beschadigde en geopende schelpen die niet sluiten als u de helften licht op elkaar drukt weg. Was de mosselen goed.
2 Meng de rest van de ingrediënten in een kleine kom. Laat 10 minuten staan.
3 Doe de mosselen, in gedeelten, in een pan met zacht kokend water. Haal ze eruit zo gauw de schelpen opengaan en verwijder alle schelpen die niet binnen 4–5 minuten open zijn. Snijd met een scherp mes de mosselen los uit hun schelp en dien ze onmiddellijk op, in halve schelpen, overgoten met de saus.

GEROOKTE ZALM IN EEN DILLEDRESSING

Voorbereidingstijd: 15 minuten
Kooktijd: geen
Voor 4 personen

✯

400 g gerookte zalm
2 el lichte olijfolie
2 el maïsolie
2 el citroensap
3 tl bruine basterdsuiker
3 el gehakte verse dille

1 Leg de plakjes gerookte zalm naast elkaar op een grote schaal of op aparte borden.
2 Doe de olijfolie, maïsolie, citroensap en suiker in een kom en roer tot de suiker is opgelost. Breng op smaak en meng met 2 el dille.
3 Bestrijk de zalm met de achterkant van een lepel met de dressing. Strooi de rest van de dille en een paar gekneusde zwarte peperkorrels over de zalm. Serveer met extra partjes citroen en sneetjes stokbrood.

VERSE OESTERS MET DRAGON

Voorbereidingstijd: 15 minuten + 30 minuten marineren
Kooktijd: geen
Voor 4 personen

✯

1 el gehakte verse dragon
2 tl zeer fijngehakte lente-ui
2 tl witte-wijnazijn
1 el citroensap
2 el olijfolie, extra vergine
24 verse oesters

1 Klop de dragon, lente-ui, azijn, citroensap en olijfolie in een kom tot een vinaigrette.
2 Haal de oesters uit hun schelp, houd de schelpen apart. Meng de oesters met de vinaigrette en zet ze 30 minuten afgedekt weg in de koelkast. Was de oesterschelpen en zet ze ook koel.
3 Doe de oesters voor het opdienen terug in hun schelp. Schenk er de rest van de vinaigrette over.

NORI-ROLLETJES MET KRAB EN GARNALEN

Laat 170 g krab uit blik uitlekken en meng in de keukenmachine samen met 350 g gepelde rauwe middelgrote garnalen (darmpje verwijderd), 1 eiwit en 2 tl fijngeraspte verse gember tot een gladde massa. Voeg 2 el gehakte verse koriander en 1 fijngehakte lente-ui toe en meng door het krab-garnalenmengsel. Breng op smaak met zout en peper. Verdeel het mengsel gelijkmatig over 2 vellen nori en rol deze stevig op. Snijd met een scherp mes elke rol in 8 rondjes; veeg het mes steeds na ieder rondje schoon. Leg ze 2 cm van elkaar op een licht met olie ingevette bamboe of metalen stoommand. Stoom ongeveer 5 minuten boven een grote pan zacht kokend water. Dien warm op; leg op elk een vers korianderblaadje. Voor 16 stuks.

THAISE VISCAKEJES

Voorbereidingstijd: 30 minuten
Kooktijd: 10 minuten
Voor 4–6 personen

☆

450 g filet van stevige witte vis (kabeljauw, heek, leng, roodbaars), zonder vel, in stukken
45 g rijst- of maïsbloem
1 el vissaus
1 ei, losgeklopt
3 el verse korianderblaadjes
3 tl rode currypasta
1–2 tl gehakte rode Spaanse peper, indien gewenst
100 g sperziebonen, zeer fijngesneden
2 lente-uitjes, fijngesneden
125 ml olie
zoete chilisaus, of een andere dipsaus

1 Draai de vis in 20 seconden in de keukenmachine tot een gladde massa. Voeg de rijstebloem, vissaus, ei, korianderblaadjes, currypasta en (desgewenst) Spaanse peper toe. Meng 10 seconden in de keukenmachine, schep dan over in een grote kom. Meng de sperziebonen en de lente-ui erdoor.

2 Maak uw handen nat en vorm platte koekjes met steeds 2 el van het mengsel.

3 Verhit de olie in een zware koekenpan boven matig vuur. Bak steeds 4 cakejes tegelijk tot ze aan beide kanten goudbruin zijn. Leg ze op keukenpapier; serveer met chilisaus. De saus kan gegarneerd worden met wat gehakte pinda's en in kleine blokjes gesneden komkommer.

TIP: Rode currypasta is verkrijgbaar bij veel supermarkten en bij gespecialiseerde Oosterse winkels.

De viscakejes kunnen worden gemaakt tot het einde van Stap 2 en dan afgedekt 4 uur worden bewaard in de koelkast. Bak ze vlak voor het serveren.

ONDER: Thaise viscakejes

JAPANSE GARNALENSALADE MET KOMKOMMER

Voorbereidingstijd: 20 minuten + 1 uur marineren
Kooktijd: geen
Voor 4 personen

☆

1 komkommer
375 g gekookte middelgrote garnalen
60 ml rijstazijn
1 el poedersuiker
1 el sojasaus
1 tl fijngehakte verse gember
1 el sesamzaadjes, geroosterd

1 Halveer de komkommer over de lengte en haal de zaadjes eruit met een theelepel. Snijd in dunne plakjes, spreid uit over een bord en strooi er een ½ tl zout over. Bedek het bord met keukenpapier en laat 5 minuten staan. Knijp voorzichtig het vocht uit de komkommer en leg de schijfjes apart op keukenpapier.
2 Pel de garnalen, behalve de staart. Trek voorzichtig het darmpje eruit; begin bij de kop.
3 Klop de azijn, suiker, sojasaus en gember in een grote kom tot de suiker is opgelost. Voeg de garnalen en komkommer toe en zet afgedekt 1 uur weg in de koelkast. Roer zo nu en dan.
4 Laat de salade uitlekken in een vergiet. Verdeel over de borden en strooi er de geroosterde sesamzaadjes over.

GARNALEN GESTOOMD IN BANANENBLAD

Voorbereidingstijd: 30 minuten + 2 uur marineren
Kooktijd: 15 minuten
Voor 4 personen

☆☆

1 kg rauwe middelgrote garnalen
stukje van 2,5 cm verse gember, geraspt
2 kleine rode Spaanse pepers, fijngesneden
4 lente-uitjes, fijngesneden
2 stengels citroengras, alleen witte gedeelte, fijngesneden
2 tl bruine basterdsuiker
2 el limoensap
1 el vissaus
1 el sesamzaadjes, geroosterd
2 el gehakte verse koriander
6–8 kleine bananenbladeren

1 Pel de garnalen en trek voorzichtig het donkere darmpje eruit; begin bij de kop. Draai de gember, Spaanse peper, lente-ui en citroengras in een keukenmachine tot een pasta. Doe het mengsel over in een kom en meng met de basterdsuiker, citroensap, vissaus, sesamzaadjes en koriander. Voeg de garnalen toe, roer goed om en zet 2 uur afgedekt weg in de koelkast.
2 Snijd de banenbladeren in 8 vierkanten van 18 cm. Dompel de bladeren 3 minuten in kokend water om ze zacht te maken. Haal ze uit het water en dep ze droog.
3 Verdeel het garnalenmengsel in 8 porties en leg een portie in het midden van elk bananenblad. Vouw de bladeren dicht en steek er satéstokjes door om de pakketjes bijeen te houden.
4 Zet de pakketjes in een bamboe stoommandje boven een grote pan met zacht kokend water en stoom ze 8–10 minuten tot de vulling gaar is.
TIP: U kunt de bananenbladeren vervangen door aluminiumfolie of bakpapier.

BOVEN: Garnalen gestoomd in bananenblad

SUSHI & SASHIMI

Japanse koks gebruiken alleen de verste ingrediënten om deze traditionele gerechten te bereiden. De fraaie presentatie streelt niet alleen het oog maar ook de smaakpapillen.

WAT IS HET VERSCHIL?

Japanse *sashimi* bestaat uit dunne plakjes rauwe vis en andere zeevruchten. Er zijn diverse bereidingswijze en ze worden meestal geserveerd als appetizer.

Sushi bestaat uit koude rijst met daarop sashimi en een oneindige varieteit aan ingrediënten, waaronder ei en groente. Voor sushi kan de rijst ook worden gerold in nori-vellen, waarbij de vulling in het midden komt. Sushi wordt geserveerd als hoofdgerecht met ingelegde gember, sojasaus en wasabi (Japanse mierikswortel).

Voor het maken van sushi is een bamboemat onmisbaar. Deze zijn niet duur en verkrijgbaar bij Oosterse winkels.

NORI-ROLLETJES MET TONIJN EN ZALM

Neem een bamboemat, 5 vellen nori, elk over de lengte in tweeën gesneden, 800 g gekookte sushirijst (zie bladzijde 74), wasabi en 200 g zeer verse tonijn of zalm, in dunne repen gesneden. Leg een stuk nori op de mat, met de glanzende zijde naar onder, en verdeel er 4 el rijst over – laat een rand van 2 cm vrij aan een kant. Maak een lichte inkeping in het midden om de vis op zijn plaats te houden; smeer dan een kleine hoeveelheid wasabi langs de rand. Leg de vis op de rijst. Rol de mat op en druk deze licht aan zodat er een stevige rol ontstaat. Snijd de rol doormidden en iedere helft in drieën. Voor 60 stuks.

HAND ROLLS

Neem 10 vellen nori, elk diagonaal in tweeën gesneden, 400 g gekookte sushirijst (zie bladzijde 74), wasabi, 20 gepelde, rauwe kleine garnalen (darmpje verwijderd), 1 in dunne plakjes gesneden avocado en 125 g tempurabloem. Maak het tempurabeslag volgens de aanwijzingen op de verpakking. Dompel steeds een deel van de garnalen in het beslag en frituur ze in de hete olie tot ze knapperig en goudgeel van kleur zijn. Laat ze uitlekken op keukenpapier. Leg een vel nori met de glanzende kant omlaag plat in uw hand, leg 2 el rijst op de linkerkant en verdeel over de helft van het nori-vel. Doe er wat wasabi op. Leg een garnaal op de rijst met een plakje avocado, rol dan de nori in een kegelvorm; maak het smalle eind dicht. Herhaal met de rest van de ingrediënten. Voor 20 stuks.

GARNALEN-TONIJNNIGIRI

Neem 10 gepelde en gekookte garnalen, 250 g sashimitonijn, wasabi en 400 g gekookte sushirijst (zie blz. 74). Snijd de tonijn in een rechthoek, verwijder alle bindweefsel of bloed. Snijd de tonijn in dunne plakjes; veeg het mes na ieder plakje schoon. Vorm een eetlepel sushirijst tot een langwerpige ovaal van dezelfde lengte en breedte als de vis. Leg een van de plakjes tonijn plat op uw hand; smeer een beetje wasabi in het midden. Leg de rijst op de vis en vorm uw palm tot een kom. Druk de rijst in de vis; druk de rijst goed aan met een naar boven gerichte beweging zodat er een mooie vorm ontstaat. Draai om een herhaal de handeling; eindig met de vis boven. Herhaal het voorgaande tot u alle sushirijst en garnalen hebt gebruikt. Voor 16–20 stuks.

BIESLOOKROLLETJES MET SASHIMIZALM EN KOMKOMMER

Snijd 200 g zalmfilet in schuine, flinterdunne plakjes. Snijd 1 kleine komkommer over de lengte in tweeën en schep met een theelepel de zaadjes eruit. Snijd het vruchtvlees in lange, dunne reepjes. Leg een plakje zalm op een bord, leg hier reepjes komkommer op, rol op en bind vast met een stengel bieslook. Serveer met gember, Japanse sojasaus en wasabi. Voor 25 stuks.

TIP: Japanse sojasaus, bijvoorbeeld die van Kikkoman, is veel lichter en zoeter dan de Chinese.

VAN LINKS NAAR RECHTS: Nori-rolletjes met tonijn en zalm, Hand rolls, garnalen-tonijnnigiri, bieslookrolletjes met sashimizalm en komkommer

SUSHI & SASHIMI

SUSHIRIJST MAKEN

Was 550 g witte kortkorrelige rijst onder koud stromend water tot het water niet meer troebel wordt; laat 1 uur uitlekken in een zeef. Doe de rijst in een pan met 750 ml water, breng aan de kook en laat 5–10 minuten koken, zonder te roeren, tot er gaatjes ontstaan aan het oppervlak. Zet het vuur laag en kook afgedekt in 12–15 minuten gaar. Haal de pan van het vuur en leg een theedoek over de rijst; laat 15 minuten staan. Meng 5 el rijstazijn, 1 el sake, 2 tl zout en 2 el suiker in een kom en roer tot de suiker is opgelost. Spreid de rijst uit over een vlak, niet-metalen oppervlak, schenk de dressing erover en roer deze erdoor. Laat de rijst afkoelen tot lichaamstemperatuur. Rijst die te koud is, wordt hard en is moeilijk om mee te werken. Leg een vochtige theedoek over de rijst terwijl u aan het werk bent. Om te zorgen dat de rijst niet aan uw handen blijft kleven, doopt u uw vingers in een kom met warm water waaraan een paar druppels rijstazijn zijn toegevoegd. Voor 1,2 kg.

SASHIMI

Het maken van sashimi is niet eens zo moeilijk. U hebt een goed, zeer scherp mes nodig. Er zijn vier manieren om vis voor sashimi te snijden en ze worden gebruikt voor verschillende soorten vis. Het eenvoudigst is het snijden van rechte stukken, ongeveer 2 cm breed. Voor kubusvormige stukken, worden de rechte stukken in dobbelsteentjes gesneden. Sommige vis wordt schuin gesneden en witte vis wordt flinterdun gesneden.

CALIFORNISCHE ROLLETJES

Neem 4 vellen nori, 600 g gekookte sushirijst, 10 g viskuit, 1 in plakjes gesneden avocado, 10 gekookte en gepelde garnalen (darmpje verwijderd), elk in de lengte gehalveerd, of 2 krabsticks, en 2 el Japanse mayonaise (kyuupi). Leg 1 vel nori op een bamboemat, met de glanzende zijde omlaag. Leg 2–3 el rijst in het midden van de nori, laat een rand van 2 cm vrij aan de dichtstbijzijnde kant. Maak een lichte inkeping in het midden van de rijst voor de vulling, smeer dan een dunne lijn mayonaise langs de rand.

Verdeel ongeveer 1 el viskuit over het midden van de rijst en besluit met wat garnalen en avocado. Rol de mat op zodat de vulling er niet meer uit kan en rol de mat dan nog een paar maal zodat er een stevige rol ontstaat. Snijd de rol in tweeën en dan iedere helft in drieën. Voor 24 stuks.

INSIDE-OUT ROLLS

Deze hebben de rijst aan de buitenkant. Neem 8 vellen nori en 1,2 kg gekookte sushirijst. Leg een vel nori op een bamboemat en verdeel er 1 cm rijst over, laat een rand van 1 cm onbedekt. Dek af met een vel plasticfolie die iets groter is dan het vel nori. Draai de nori in een snelle beweging om en leg dan terug op de mat. Het plastic ligt nu onder de rijst en de nori boven. Smeer een beetje wasabi op de nori, langs het korte eind, 4 cm van de rand. Leg reepjes komkommer, avocado en verse krab boven op de wasabi; rol dan op vanaf deze kant, met behulp van het plastic. Wikkel opnieuw in plastic, rol dan op in de mat. Verwijder het plastic en rol door de viskuit en sesamzaadjes. Snijd door de helft en snijd iedere helft in drieën. Serveer met Japanse sojasaus. Voor 48 stuks.

CHIRASHI-ZUSHI

Een Japanse sushimaaltijd in een kom. Chirashi betekent verspreid, en zo komt dit gerecht tot stand. In een lakkom wordt een bedje van gekookte sushirijst gedaan en daarbovenop komen groenten en zeevruchten. De vis kan rauw of gekookt zijn, maar meestal zal de vis bestaan uit sashimi. Chirashi-zushi gaat vergezeld van ingelegde gember, wasabi en sojasaus. Voor chirashi-zushi hebt u 800 g gekookte sushirijst, 3 el geroosterde sesamzaadjes, 3 el ingelegde en fijngesneden daikon en 3 el gesnipperde nori nodig. Week 6 gedroogde shiitakes 10 minuten in kokend water; giet dan af. Snijd de paddestoelen in dunne reepjes en doe ze in een pan met 3 el sojasaus, 250 ml dashi-bouillon en 1 el sake, en laat 10 minuten zachtjes koken; giet dan af. Verdeel de sushirijst in een grote kom of over vier kleinere kommen. Strooi hier de sesamzaadjes, ingelegde daikon, nori en shiitakes over. Arrangeer hierover op decoratieve manier 1 dungesneden komkommer, 16 geblancheerde peultjes, 100 g sashimitonijn, 100 g sashimizalm, en 16 gekookte, gepelde en opengevouwen garnalen (darmpje verwijderd). Voor 4–6 personen.

VAN LINKS NAAR RECHTS: Sashimitonijn (boven) en -zalm, Californische rolletjes, Inside-out rolls, Chirashi-zushi

GARNALENCROUSTADE

Voorbereidingstijd: 45 minuten
Kooktijd: 25 minuten
Voor 6 personen

☆☆

1/2 ongesneden witbrood
125 ml olijfolie
1 teentje knoflook, uit de knijper

Vulling

500 g rauwe middelgrote garnalen
375 ml visbouillon
2 schijfjes citroen
50 g boter
6 lente-uitjes, fijngesneden
30 g bloem
1 el citroensap
1/2–1 tl gehakte verse dille
60 ml room

ONDER: Garnalen-croustade

1 Verwarm de oven voor op 210°C (gasstand 6–7). Snijd de korst van het brood en Snijd het brood in sneetjes van ongeveer 5 cm dik. Snijd iedere snee diagonaal zodat er driehoekjes ontstaan. Hol de driehoekjes uit zodat er ruimte ontstaat voor de vulling. Verhit de olie en knoflook in een kleine pan, smeer het mengsel over de broodhulsjes; leg ze dan op een bakplaat en bak ze in 10 minuten goudbruin.
2 Voor de vulling: pel de garnalen en trek voorzichtig het donkere darmpje eruit; begin bij de kop. Hak de garnalen in grove stukken en doe ze in een kleine pan. Bedek ze met de bouillon. Voeg de schijfjes citroen toe en laat 15 minuten zachtjes koken; giet af en bewaar het kookvocht en de garnalen apart.
3 Laat in een kleine pan de boter smelten. Voeg de lente-ui toe en fruit op matig vuur tot ze zacht zijn. Roer de bloem en wat peper erdoor en fruit 2 minuten. Haal de pan van het vuur en voeg al roerend het garnalenvocht toe. Zet de pan weer op het vuur en laat de saus onder voortdurend roeren op matig vuur 5 minuten koken en indikken. Voeg het citroensap, de dille, room en garnalen toe; warm alles al roerend goed door.
4 Schep de vulling in de warme broodhulsjes.

VISRAGOUT

Voorbereidingstijd: 30 minuten
Kooktijd: 20 minuten
Voor 4 personen

☆

250 g rauwe middelgrote garnalen
250 g mosselen
125 g sint-jakobsschelpen
4 grote ragoutbakjes
250 ml visbouillon
60 g boter
1 1/2 el bloem
1 el witte wijn
1 el room
60 g champignons, in dobbelsteentjes
125 ml witte-wijnsaus (zie blz. 129)
1 el vers citroensap
1–2 el gehakte verse peterselie

1 Pel de garnalen en trek voorzichtig het donkere darmpje eruit; begin bij de kop. Borstel de mosselen en verwijder de baarden. Gooi

geopende schelpen die niet sluiten als u de helften licht op elkaar drukt weg. Verwijder darmpjes, vliezen of harde witte spiertjes van de jakobsschelpen, maar laat eventueel kuit zitten.
2 Verwarm de oven voor op 160°C (gasstand 2–3). Leg de ragoutbakjes op een bakplaat en verwarm ze in de oven terwijl u de vulling bereidt.
3 Verwarm de visbouillon in een kleine pan, voeg de garnalen en de mosselen toe en laat 4–5 minuten zachtjes koken. Voeg de jakobsschelpen toe en kook ze 1 minuut mee. Haal de vis uit de pan en houd de bouillon apart. Haal de mosselen uit hun schelp; gooi ongeopende schelpen weg.
4 Laat de helft van de boter smelten in een pan boven matig vuur. Roer de bloem erdoor en fruit 2 minuten tot de bloem gaat schuimen. Haal van het vuur en roer geleidelijk de bouillon en de wijn erdoor. Zet de pan weer op het vuur en blijf roeren tot de saus kookt en indikt. Laat 5 minuten zachtjes koken. Haal de pan van het vuur en roer de room erdoor.
5 Verhit de rest van de boter in een pan en bak de champignons 2–3 minuten tot ze zacht zijn. Voeg de vis, saus, citroensap, peterselie en naar smaak zout en peper toe. Warm goed door.
6 Doe de visragout in warme ragoutbakjes en dien onmiddellijk op.

GARNALENBALLETJES

Voorbereidingstijd: 25 minuten
Kooktijd: 15 minuten
Voor 4–6 personen

☆☆

50 g gedroogde rijstvermicelli
300 g rauwe middelgrote garnalen
1 ei
1 el vissaus
125 g bloem
1/4 tl garnalenpasta
3 lente-uitjes, fijngesneden
1 kleine rode Spaanse peper, fijngesneden
olie, om te frituren
dipsaus (zie blz. 128) of een flesje zoete chilisaus

1 Laat de vermicelli 5 minuten weken in gekookt water; giet af, dep droog en Snijd in korte stukjes.
2 Pel de garnalen en trek voorzichtig het donkere darmpje eruit; begin bij de kop. Draai de helft van de garnalen tot een gladde massa in een keukenmachine; doe in een kom. Hak de rest van de garnalen klein en doe ook in de kom.
3 Klop het ei, de vissaus en 185 ml water in een kleine kan. Zeef de bloem in een kom, maak een kuiltje in het midden en schenk langzaam het eimengsel erdoor; roer goed zodat er een glad beslag ontstaat.
4 Voeg de garnalen, garnalenpasta, lente-ui, Spaane peper en vermicelli toe; roer goed tot er een consistent mengsel ontstaat.
5 Vul een zware pan voor eenderde met olie en verhit deze tot 180°C. Doe steeds een eetlepel van het mengsel in de olie en frituur in 3 minuten krokant en goudbruin. Laat uitlekken op keukenpapier. Frituur niet te veel van het beslag tegelijk. Herhaal tot al het beslag gebruikt is. Dien warm op, met een dipsaus naar keuze.

BOVEN: Garnalenballetjes

GARNALENCOCKTAIL

Voorbereidingstijd: 20 minuten
Kooktijd: geen
Voor 4–6 personen

☆

1 kg gekookte middelgrote garnalen
250 ml cocktailsaus
(zie blz. 128)
sla
partjes citroen
stokbrood

1 Pel de garnalen en trek het donkere darmpje eruit, begin bij de kop.
2 Houd wat garnalen apart als garnering. Verwijder de staart van de rest van de garnalen en doe bij de cocktailsaus. Meng goed door de saus.
3 Schik de sla in cocktailschaaltjes. Schep de garnalen in de schaaltjes. Garneer met de apart gehouden garnalen. Serveer met partjes citroen en brood.
TIP: U kunt de cocktailsaus een paar uur van te voren maken en in de koelkast bewaren. Voor een dikkere saus, kunt u 2 el dikke room door de saus roeren.

GARNALENKOTELETJES

Voorbereidingstijd: 30 minuten + 15 minuten koelen
Kooktijd: 10 minuten
Voor 4–6 personen

☆☆

1 kg rauwe grote garnalen
4 eieren
2 el sojasaus
maïsbloem
200 g gedroogd broodkruim
olie, om te frituren
tartaarsaus (zie blz. 128)
partjes citroen

1 Pel de garnalen, behalve de staart. Snijd ze aan de achterkant van boven naar beneden open, verwijder het darmpje en maak ze voorzichtig open met uw vingers.
2 Klop de eieren met de sojasaus los in een kleine kom. Rol de garnalen door de maïsbloem, schud overtollige bloem eraf, doop ze in het ei-mengsel en ten slotte in de broodkruim. Zet 15 minuten in de koelkast.
3 Vul een zware pan voor eenderde met olie en verhit tot 180°C. Frituur de garnalen tot ze goudgeel zien. Frituur niet alle garnalen tegelijk. Laat uitlekken op keukenpapier; serveer met tartaarsaus en partjes citroen.

PANNENKOEKJES MET KAVIAAR

Voorbereidingstijd: 15 minuten + 1 uur staan
Kooktijd: 20 minuten
Voor 4–6 personen

☆☆

10 g verse gist
of 1/2 tl droge gist
90 g bloem
170 ml warm water
170 ml warme melk
110 g volkorenbloem
2 eieren, losgeklopt
170 ml zure room of
crème fraîche
200 g zwarte viskuit (kaviaar)

1 Doe de gist, 1 el van de bloem, het water en de melk in een kom. Zet weg op een warme plek tot de gist gaat schuimen (als de gist niet gaat schuimen, is hij dood en moet u opnieuw beginnen met nieuwe gist).
2 Zeef de rest van de bloem en de volkorenbloem tweemaal in een grote kom, doe ook de schilletjes in de kom. Maak een kuiltje in het midden en voeg het gistmengsel en de eieren toe. Meng de bloem tot een glad beslag met een houten lepel. Dek af en zet 1 uur weg op een warme plek.
3 Vet een zware koekenpan in met gesmolten boter. Roer het beslag 10 seconden. Doe voor ieder pannenkoekje 2 el beslag in de pan; maak steeds een paar pannenkoekjes tegelijk. Bak tot er belletjes op het oppervlak verschijnen; draai om en bak de andere kant. Houd warm. Serveer met zure room of crème fraîche en kaviaar.

LINKERBLADZIJDE: Garnalencocktail (boven), garnalenkoteletjes

BOVEN: *Moules marinière*

MOULES MARINIERE

Voorbereidingstijd: 15 minuten + 2 uur weken
Kooktijd: 30–35 minuten
Voor 4 personen

☆

26 mosselen
3 uien, gesnipperd
1 stengel selderij, gesneden
250 ml witte wijn
375 ml visbouillon
4 takjes verse peterselie
1 takje verse tijm
1 laurierblaadje
60 g boter
2 teentjes knoflook, geperst
1 tl bloem
verse dille, als garnering

1 Borstel de mosselen schoon en verwijder de baarden. Gooi beschadigde of geopende schelpen die niet sluiten als u de helften licht op elkaar drukt weg. Was de mosselen goed.

2 Doe de mosselen, 1 ui, de selderij en de wijn in een grote pan en breng snel aan de kook. Kook 3 minuten met het deksel op de pan. Schud de pan regelmatig. Haal na 3 minuten de mosselen die open zijn uit de pan. Gooi mosselen die na 4–5 minuten nog niet open zijn weg.

3 Maak de lege schelphelften los en gooi ze weg. Zet de mosselen in hun schelp apart, dek ze af en houd ze warm.

4 Giet het kookvocht door een zeef; bewaar het vocht, gooi de groenten weg.

5 Breng in een pan de visbouillon aan de kook, samen met de peterselie, tijm en laurierblad, zet het vuur lager en laat 10 minuten afgedekt zachtjes koken. Verwijder de kruiden.

6 Verhit de boter in een grote pan, voeg de knoflook en de rest van de ui toe en fruit 5–10 minuten tot de ui zacht is maar niet bruin. Voeg de bloem toe, roer goed door en fruit 1 minuut tot hij begint te schuimen. Haal de pan van het vuur en voeg geleidelijk het apart gehouden mosselnat en de visbouillon toe. Zet de pan weer op het vuur en breng het mengsel al roerend aan de kook. Zet het vuur lager en laat het mengsel 10 minuten zachtjes koken.

7 Verdeel de mosselen over 4 soepkommen. Schep het vocht over de mosselen en garneer met dille. Dien op met knapperig stokbrood.

COQUILLES SAINT JACQUES

Voorbereidingstijd: 20 minuten
Kooktijd: 10 minuten
Voor 4 personen

☆☆

24 sint-jakobsschelpen met schelp
250 ml visbouillon
250 ml witte wijn
60 g boter
4 lente-uitjes, fijngesneden
1 dikke plak bacon, fijngesneden
100 g champignons, in dunne plakjes
30 g bloem
185 ml room
1 tl citroensap
80 g vers broodkruim
30 g gesmolten boter, extra

1 Verwijder darmpjes, vliezen of harde witte spiertjes van de sint-jakobsschelpen, maar laat eventueel kuit zitten. Haal de jakobsschelpen uit hun schelpen en snijd het vlees in tweeën.

2 Breng de visbouillon en witte wijn aan de kook en voeg de jakobsschelpen toe. Zet het vuur lager en laat ze 2–3 minuten zachtjes koken tot de schelpdieren zacht zijn. Haal ze met een schuimspaan uit het water en zet ze afgedekt weg. Breng het nat aan de kook en laat inkoken tot 375 ml.
3 Verhit de boter in een pan en voeg de lente-ui, spek en champignons toe. Fruit 3 minuten boven matig vuur tot de ui zacht is maar niet bruin.
4 Roer de bloem erdoor en fruit 2 minuten. Haal van het vuur en voeg al roerend de ingekookte bouillon toe. Zet de pan weer op het vuur en breng het mengsel aan de kook. Zet het vuur lager en laat 2 minuten zachtjes koken. Roer de room, citroensap, zout en versgemalen zwarte peper toe. Houd afgedekt warm.
5 Meng het broodkruim en de boter in een kom. Verwarm de grill voor op hoge stand.
6 Verdeel de jakobsschelpen over de schelpen. Schep de warme saus over de jakobsschelpen en strooi er wat van het broodkruimmengsel over. Zet onder de grill tot het broodkruim goudbruin ziet. Serveer direct.

GEMARINEERDE OCTOPUS MET ZOETE CHILIDRESSING

Voorbereidingstijd: 30 minuten + 4 uur marineren
Kooktijd: 4 minuten
Voor 4–6 personen

☆☆

1 kg babyoctopus
125 ml olijfolie
2 teentjes knoflook uit de knijper
2 el fijngehakte verse koriander
1 rode Spaanse peper, fijngesneden
2 el citroensap

Zoete chilidressing

1 rode Spaanse peper, fijngesneden
60 ml citroensap
2 el bruine basterdsuiker
1 el vissaus
2 el fijngehakte verse koriander
1 el zoete chilisaus

1 Maak de octopus schoon met een scherp mes. Snijd eerst de kop eraf; gooi kop en darmen weg. Neem de octopus en duw de bek omhoog met uw wijsvinger. Snijd de bek eraf en gooi deze weg. Spoel de octopus schoon onder stromend water en dep droog met keukenpapier.
2 Neem een aarden kom en meng daarin de olie, knoflook, koriander, Spaanse peper en citroensap. Voeg de octopus toe, roer goed om en laat een nacht of ten minste 4 uur afgedekt in de koelkast marineren.
3 Laat de octopus uitlekken op keukenpapier. Zet de grill op hoge stand. Smeer de bakplaat in met olie. Grill de octopus 3–4 minuten tot hij zacht is. Keer de octopus regelmatig en smeer hem regelmatig in met de marinade om hem sappig te houden. Grill niet te lang, want dan wordt de octopus taai. Serveer de octopus warm met de dressing of koud in een salade.
4 Voor de dressing: doe alle ingrediënten in een schone jampot met schroefdeksel en schud goed.
TIP: Vroeger werd octopus voordat hij werd gekookt tegen een stuk steen geslagen om hem zacht te maken. Tegenwoordig gebeurt het mals maken van inktvis voor aankoop in een schone cementmolen.

ONDER: Gemarineerde octopus met zoete chilidressing

VERSE ZALMTARTAAR

Voorbereidingstijd: 20 minuten
Kooktijd: geen
Voor 4 personen

☆

400 g zalmfilet
2 lente-uitjes, fijngesneden
1 el kleine kappertjes of fijngehakte grote kappertjes
1 el fijngehakte augurk
gehakte verse dille, als garnering
1 citroen, in partjes

1 Verwijder van de zalm het vel en alle resten van bindweefsel en graten. Daarna houdt u ongeveer 70 g vis over per persoon. Hak de zalm met behulp van een groot, scherp mes in kleine stukjes, tot de vis de structuur heeft van gehakt. Meng de zalm in een kom met de lente-ui, kappertjes, augurk en wat zout en versgemalen zwarte peper. Zet tot gebruik afgedekt koel weg.
2 Leg de zalm in bergjes op de borden en strooi er wat dille over. Bestrooi met nog wat versgemalen peper en serveer met partjes citroen.

Dit gerecht is lekker met sneetjes licht roggebrood.
TIP: U kunt ook verse tonijnfilet gebruiken.

HARING IN ZURE ROOM

Voorbereidingstijd: 20 minuten
Kooktijd: geen
Voor 4–6 personen

☆

300 g zure haring (potje)
250 ml zure room
2 el witte-wijnazijn
1/2 tl suiker
1 rode ui, in ringen gesneden
1 el gehakt vers bieslook

1 Giet het vocht weg uit de potjes haring en verwijder zichtbare graten met een pincet. Snijd de haring in repen van 2,5 cm breed en schik ze op borden.
2 Meng de zure room, azijn en suiker in een kom tot de suiker is opgelost. Schep over de haring. Garneer met ui en bieslook.

RECHTS: Verse zalmtartaar

GEROOKTE SCHELVIS
Gerookte schelvis en gerookte kabeljauw zijn in de meeste recepten uitwisselbaar. Gerookte schelvis heeft echter een fijnere smaak en kan een beetje zoutig smaken, afhankelijk van de behandeling. Om de zoutige smaak te verminderen kunt u de filets een paar uur in water laten weken. Gerookte schelvis kan zachtjes in water of melk worden gepocheerd, gefrituurd, gegrild of in de oven worden gebakken. Daarna kan het vlees worden losgehaald en op veel manieren worden gebruikt. Het wordt vaak toegepast, in combinatie met kaas, als vulling voor omelet of pannenkoek, in een quiche of in soepen.

OMELET ARNOLD BENNETT

Voorbereidingstijd: 10 minuten
Kooktijd: 10 minuten
Voor 2 personen

☆

100 g gerookte schelvis- of kabeljauwfilet
60 g boter
2 el room
4 eieren, gesplitst
60 ml room, extra
60 g Parmezaanse of Gruyèrekaas, geraspt

1 Leg de schelvis in een koekenpan en giet er water bij tot de vis onder staat. Breng aan de kook, zet dan het vuur uit. Laat 10 minuten afgedekt staan, giet dan af. Verwijder vel en graten, snijd het vlees klein en houd apart.
2 Maak de pan schoon, zet weer op het vuur en verhit de helft van de boter. Voeg de room en de kleingemaakte vis toe. Laat 2–3 minuten zachtjes pruttelen. Haal dan van het vuur en laat afkoelen.
3 Klop de eierdooiers en 1 el van de extra room in een kleine kom. Klop de eiwitten in een schone, droge kom stijf. Meng door de eierdooiers, het schelvismengsel en de helft van de geraspte kaas.
4 Verhit de rest van de boter in een koekenpan met anti-aanbaklaag. Voeg als de boter heet is het eimengsel toe en bak het aan de onderkant bruin. Vouw de omelet niet.
5 Bestrooi met de rest van de kaas en schenk de rest van de room over de omelet. Strooi er naar smaak zout en versgemalen zwarte peper over. Zet de omelet onder een voorverwarmde grill en laat de bovenkant bruin worden. Breng de omelet dan voorzichtig over op een dienschaal; snijd in punten. Serveer met partjes citroen en een gemengde salade.
TIP: Arnold Bennett was een Engelse schrijver die in 1931 overleed. Dit gerecht werd speciaal voor hem gemaakt door de chef-kok van het Savoy Hotel. In het oorspronkelijke recept werd Parmezaanse kaas gebruikt.

BOVEN: Omelet Arnold Bennett

GEVULDE MOSSELEN

Steek een kort, sterk mes (oestermes) in de mossel bij het slot, draai het om de schelp te openen.

Smeer het spinaziemengsel met een nat mes over de mosselen.

RECHTERBLADZIJDE: Gevulde mosselen (boven), insalata di mare

GEVULDE MOSSELEN

Voorbereidingstijd: 40 minuten + 10 minuten weken
Kooktijd: 20 minuten
Voor 4 personen

☆☆

1 kg mosselen
500 g spinazie
4 ansjovisfilets
2 el melk
1 ei, hardgekookt
1 teentje knoflook, uit de knijper
2–3 el citroensap
100 g boter, gesmolten
mespuntje gemalen nootmuskaat
80 g vers wit broodkruim
60 g Parmezaanse kaas, geraspt

1 Verhit de oven voor op 200°C (gasstand 6). Borstel de mosselen schoon en verwijder de harige baarden. Gooi beschadigde en geopende schelpen die niet sluiten als u de helften licht op elkaar drukt weg. Spoel ze goed af.
2 Was de spinazie grondig, laat dan uitlekken. Verwijder de steeltjes en snijd de blaadjes klein. Doe de spinazie in een pan, dek af en kook 3–5 minuten boven matig vuur tot de groente is geslonken. Giet de spinazie af, laat afkoelen en knijp er met uw handen zoveel mogelijk vocht uit.
3 Doe de ansjovisfilets in een kleine kom en overgiet ze met melk. Laat ze afgedekt 10 minuten staan, giet dan af. Draai de spinazie, ansjovis, ei en knoflook fijn in een keukenmachine. Doe over in een kom en voeg het citroensap, boter en nootmuskaat toe. Breng op smaak met zout en peper. Voeg genoeg broodkruim toe zodat er een smeerbaar mengsel ontstaat.
4 Wikkel een hand in een theedoek en open met de andere hand de mosselen door er bij het slot een kort, sterk mes in te steken en de schelp met een draaiende beweging van het mes open te maken. Gooi de bovenste schelp weg.
5 Smeer ongeveer 1 el van het spinaziemengsel over elke mossel en strijk het glad met een mes dat gedoopt is in water. Leg de mosselen op een bakplaat, strooi er Parmezaanse kaas over en bak ze 10–12 minuten.

INSALATA DI MARE

Voorbereidingstijd: 40 minuten + 1 uur en 15 minuten staan
Kooktijd: 15 minuten
Voor 6 personen

☆☆

4 teentjes knoflook, in dikke plakjes gesneden
125 ml citroensap
8 kleine-pijlinktvismantels, in dikke ringen gesneden, dan gehalveerd
800 g rauwe middelgrote garnalen
1 kg mosselen
1 kg venusschelpen of zaagjes
80 ml olijfolie, extra vergine
3 el gehakte verse bladpeterselie
jonge spinazieblaadjes, als garnering, indien gewenst

1 Doe de knoflook en het citroensap in een kleine kom en zet 1 uur apart. Verwijder daarna de knoflook. (Het citroensap heeft het knoflookaroma nu overgenomen.)
2 Kook de inktvis 5 minuten in een pan kokend water tot hij zacht is. Haal de inktvis uit het water.
3 Kook de garnalen 2 minuten in hetzelfde water tot ze roze zijn. Laat ze uitlekken en even afkoelen. Pel de garnalen en trek voorzichtig het donkere darmpje eruit; begin bij de kop.
4 Borstel de mosselen en verwijder de baarden. Gooi geopende schelpen die niet sluiten als u de helften licht op elkaar drukt weg. Spoel goed af. Borstel de venusschelpen. Kook de mosselen en de venusschelpen in aparte pannen met 250 ml water in elke pan. Doe het deksel erop en stoom 4–5 minuten tot de schelpen open zijn. Gooi schelpen die niet open zijn weg. Laat even afkoelen. Haal de mosselen en de venusschelpen uit hun schelpen.
5 Combineer de zeevruchten met het knoflookcitroensap, olijfolie en peterselie; breng op smaak met zout en peper. Laat de salade 15 minuten staan zodat hij op kamertemperatuur komt. Kan geserveerd worden op een bedje van jonge spinazie-bladeren.

EIEREN
De kleur van de eierdop heeft niets te maken met de kwaliteit van het ei, maar met het soort kip dat het ei heeft gelegd. Eieren kunnen het beste niet in de buurt van sterk ruikende etenswaren worden bewaard, omdat de poreuze schalen van de eieren de geur kunnen absorberen. Hele eierdooiers kunt u 2–3 dagen bewaren in een afgesloten bakje gevuld met water. Het eiwit blijft, met plastic afgedekt in de koelkast, 4–5 dagen goed en kan 6 maanden in de diepvries worden bewaard. U kunt het eiwit eventueel in een ijsblokjesvorm bewaren. Ontdooi bij kamertemperatuur.

BOVEN: Viskroketten

VISKROKETTEN

Voorbereidingstijd: 30 minuten + 1 1/2 uur koelen
Kooktijd: 30 minuten
Voor 16 stuks

☆☆

375 ml melk
500 g filet van witte vis zonder vel (bijv. leng, heek, koolvis)
90 g boter
4 lente-uitjes, fijngesneden
90 g bloem
1/2 tl gemalen nootmuskaat
2 tl geraspte citroenschil
1 el citroensap
4 el gehakte verse peterselie
60 g bloem
2 eieren, losgeklopt
150 g gedroogd broodkruim
olie, om te frituren

1 Verwarm de melk in een grote koekenpan en leg de visfilets erin. Kook 3–4 minuten op matig vuur tot de vis gemakkelijk uitelkaar valt. Schep met een bakspaan de vis op een bord. Houd de melk apart. Haal de vis met een vork uit elkaar en houd apart.
2 Verhit de boter in een grote, zware pan, voeg de lente-ui toe en fruit 2 minuten tot de ui zacht is. Voeg de bloem en de nootmuskaat toe en roer 1 minuut tot het mengsel gaat schuimen. Haal van het vuur en voeg in een keer 250 ml van de melk toe. Klop het mengsel glad en zet de pan weer op het vuur; laat op matig vuur wat indikken. Roer 2 minuten op matig vuur. Het mengsel zal nu zeer dik zijn.
3 Voeg de stukjes vis, citroenrasp, citroensap en peterselie toe. Breng op smaak met zout en peper. Doe alles in een kom, dek af en zet tenminste 1 uur in de koelkast.
4 Vorm 16 kroketten van 8 x 3 cm. Rol ze door de bloem, doop ze dan in het ei en rol ze door het broodkruim. Leg ze ten minste 20 minuten in de koelkast.
5 Vul een zware pan voor eenderde met olie en verhit tot 180°C. Frituur steeds een paar kroketten tegelijk 2–3 minuten tot ze goudbruin zijn. Laat uitlekken op keukenpapier. Serveer heet.
TIP: Ongefrituurde kroketten kunnen 1 maand in de vriezer worden bewaard.

CRABCAKEJES MET AVOCADOSALSA

Voorbereidingstijd: 15 minuten + 30 minuten koelen
Kooktijd: 6 minuten
Voor 4 personen

☆☆

2 eieren, losgeklopt
340 g krab uit blik, uitgelekt
1 lente-uitje, fijngesneden
1 el mayonaise
2 tl zoete chilisaus
100 g vers wit broodkruim
olie, om te frituren
limoenpartjes

Avocadosalsa

2 rijpe pomodori, gesneden
1 kleine rode ui, fijngesneden
1 grote rijpe avocado, in blokjes
60 ml limoensap
2 el verse kervelblaadjes
1 tl basterdsuiker

1 Doe het ei, de krab, lente-ui, mayonaise, zoete chilisaus en broodkruim in een kom en meng goed. Breng op smaak met zout en versgemalen zwarte peper. Maak de handen nat en vorm van het mengsel 8 kleine, platte koekjes. Dek af en zet 30 minuten koel.
2 Doe voor de avocadosalsa de tomaat, ui, avocado, limoensap, kervelblaadjes en suiker in een kom. Breng op smaak met zout en peper en meng losjes door elkaar.
3 Verhit een laagje olie in een zware pan tot 180°C of tot een dobbelsteentje brood in 15 seconden bruin wordt. Frituur de krabcakejes in 6 minuten boven matig vuur aan beide kanten goudbruin. Laat ze uitlekken op keukenpapier. Serveer de krabcakjes met een kom avocadosalsa en een paar partjes limoen.

ONDER: KrabcakeJes met avocadosalsa

OESTERS

Verse oesters geserveerd in hun schelp behoren tot de kunstwerken van de natuur. Het is onmogelijk om perfectie te verbeteren... maar deze recepten komen zeker in de buurt.

OESTERS ROCKEFELLER

Schik 24 oesters in hun schelp op een laag grof zeezout op een bakplaat. Dek af en zet in de koelkast. Verhit 60 g boter in een pan. Bak hierin 2 dikke plakken fijngesneden bacon lichtbruin. Voeg 8 fijngesneden spinaziebladeren, 2 fijngehakte lente-uitjes, 2 el fijngehakte verse peterselie, 4 el gedroogd broodkruim en een druppel tabasco toe. Fruit boven matig vuur tot de spinazie is geslonken. Schep over de oesters en grill deze in 2–3 minuten goudbruin. Voor 24 oesters.

OESTERS MET MORNAYSAUS

Smelt 30 g boter in een kleine pan. Roer 1 el bloem erdoor en fruit 2 minuten. Haal van het vuur. Voeg langzaam 170 ml warme melk toe. Zet de pan weer op het vuur en roer tot het mengsel kookt en dikker wordt. Breng op smaak met zout en peper en een mespuntje cayennepeper. Laat 2 minuten zachtjes koken; roer zo nu en dan. Haal van het vuur. Giet het nat uit 24 oesters en schik ze in hun schelp op een laag grof zeezout op een bakplaat. Schep over elk een theelepel van de saus en strooi er geraspte Cheddar over. Grill 2–3 minuten tot ze goudgeel zijn. Voor 24 oesters.

GEMBER-SOJAOESTERS

Leg 24 oesters in hun schelp op een bakplaat. Meng in een kom 2 el sojasaus, 2 el zoete sherry, 3 tl sesamolie, 1 el geraspte verse gember, 1 in langwerpige stukjes gesneden lente-ui en gemalen peper. Verdeel gelijkmatig over de oesters. Bak 5–10 minuten in een op 180°C (gasstand 4) voorverwarmde oven tot de oesters net gaar zijn. Leg op een schaal. Voor 24 oesters.

OESTERS KILPATRICK

Verwarm een grill voor. Leg 24 oesters in hun schelp op een grillrooster. Sprenkel over elk een paar druppels worcestershiresaus. Strooi er 3 fijngehakte dikke plakken bacon en gemalen zwarte peper over. Grill 3–4 minuten. Serveer op een laag grof zeezout. Voor 24 oesters.

MEDITERRANE OESTERS

Verwarm de grill voor. Leg 24 oesters in hun schelp op een grillrooster. Sprenkel er een paar druppels balsamicoazijn over. Hak 6 plakken prosciutto fijn en verdeel over de oesters. Bestrooi met gekneusde zwarte peper. Zet 1 minuut onder de grill tot de prosciutto knapperig is. Serveer op een laag grof zeezout. Voor 24 oesters.

OESTERS MET ZALMKUIT EN CRÈME FRAÎCHE

Verdeel grof zeezout over een groot bord. Schik 12 opengemaakte oesters op het bord. Schep 1 tl crème fraîche over elke oester en besluit met een ½ tl zalmkuit (u hebt in totaal 60 g nodig). Breng op smaak met zwarte peper. Garneer met verse dille. Serveer met partjes limoen. Voor 12 oesters.

OESTERS MET SESAMZAADMAYONAISE

Haal 24 oesters uit hun schelp en dep ze droog. Was de schelpen, doe de oesters er weer in en bedek ze met een vochtige theedoek. Zet koud. Roer 1 el sesamolie, 1 teentje uitgeperste knoflook en 2 el geroosterde sesamzaadjes door 80 g mayonaise. Breng op smaak en schep een theelepel van de mayonaise op elke oester. Voor 24 oesters.

VAN LINKS NAAR RECHTS: Oesters rockefeller, gember-sojaoesters, oesters kilpatrick, oesters met zalmkuit en crème fraîche, oesters met sesamzaadmayonaise, mediterrane oesters, oesters met mornaysaus

MOSSELEN SAGANAKI

Voorbereidingstijd: 45 minuten
Kooktijd: 25 minuten
Voor 6 personen

☆☆

750 g mosselen
125 ml droge witte wijn
3 takjes verse tijm
1 laurierblaadje
1 el olijfolie
1 grote ui, fijngesnipperd
1 teentje knoflook, fijngesneden
420 g rijpe tomaten, gehalveerd, zaadjes en velletjes verwijderd
2 el tomatenpuree
1/2 tl suiker
1 el rode-wijnazijn
70 g feta, verkruimeld
1 tl verse tijmblaadjes

1 Borstel de mosselen schoon en verwijder de baarden. Gooi beschadigde en geopende schelpen die niet sluiten als u de helften licht op elkaar drukt weg. Was de mosselen goed.
2 Breng de wijn, tijm en het laurierblaadje aan de kook in een grote pan, voeg de mosselen toe en kook ze 4–5 minuten. Giet het mosselnat door een vergiet in een kom en houd apart. Gooi ongeopende mosselen weg. Verwijder van alle mosselen een halve schelp en gooi deze weg.
3 Verhit de olie in een hapjespan, voeg de ui toe en fruit 3 minuten boven matig vuur. Voeg de knoflook toe en fruit 1 minuut mee tot het mengsel gaat geuren. Schenk het apart gehouden mosselnat erbij, zet het vuur hoger en breng aan de kook. Laat ten minste 2 minuten doorkoken tot bijna al het vocht verdampt is. Voeg de tomaten, tomatenpuree en suiker toe, zet het vuur lager en laat 5 minuten sudderen. Voeg de azijn toe en laat nog 5 minuten doorsudderen.
4 Doe de mosselen in de pan en kook ze 1 minuut mee. Schep ze op een voorverwarmde dienschaal. Overdek met verkruimelde feta en verse tijmblaadjes. Serveer warm.

RECHTS: Mosselen saganaki

GEVULDE SARDINES

Voorbereidingstijd: 20 minuten
Kooktijd: 30 minuten
Voor 4–6 personen

☆☆

1 kg verse sardines
60 ml olijfolie
40 g zacht, wit broodkruim
30 g sultanarozijnen
40 g pijnappelpitjes, geroosterd
20 g ansjovis uit blik, uitgelekt en fijngeprakt
1/2 tl suiker
1 el fijngehakte verse peterselie
2 lente-uitjes, fijngesneden

1 Verwarm de oven voor op 180°C (gasstand 4). Snijd de kop van de sardines, snijd met een scherp mes de buik open en verwijder de ingewanden. Leg de sardines met het vel naar boven open op een snijplank. Druk de sardines iets aan zodat ze goed open liggen. Draai ze om een trek de graat eruit. Snijd de graat bij het staarteind af. Was in gezouten water en dep droog met keukenpapier.
2 Verhit de helft van de olie in een koekenpan, voeg het broodkruim toe en bak dit terwijl u blijft roeren snel goudgeel. Laat uitlekken op keukenpapier.
3 Doe de helft van het gebakken broodkruim in een kom en roer de rozijnen, geroosterde pijnappelpitjes, geprakte ansjovis, suiker, peterselie en lente-ui toe. Breng op smaak met zout en peper. Schep 2 theelepels van het mengsel in elke sardine, vouw de sardines dan zorgvuldig dicht.
4 Leg de gevulde sardines naast elkaar in een ingevette ovenschaal. Strooi de rest van het vulsel over de sardines, met het gebakken broodkruim. Schenk de rest van de olijfolie erover. Zet 30 minuten in de oven. De sardines kunnen geserveerd worden met partjes citroen.

BOVEN: Gevulde sardines

VIETNAMESE GARNALEN-LOEMPIAATJES

Knip de uitgelekte vermicelli in kortere stukken met een schaar.

Maak beide kanten van de vellen rijstpapier nat met een kwastje met water.

Vouw de kanten naar elkaar toe, doe er een stengel knoflookbieslook tussen en laat die een eindje uitsteken.

RECHTERBLADZIJDE: Vietnamese garnalen-loempiaatjes (boven), sint-jakobsschelpen met balsamicodressing

VIETNAMESE GARNALEN-LOEMPIAATJES

Voorbereidingstijd: 50 minuten + 5 minuten weken
Kooktijd: 25 minuten
Voor ongeveer 20 stuks

☆☆

100 g gedroogde glasvermicelli
1 kg gekookte grote garnalen
20–25 vellen rijstpapier, ongeveer 16 cm doorsnee
40 verse muntblaadjes
10 stengels knoflookbieslook, gehalveerd

Dipsaus

2 el satésaus
3 el hoisinsaus
1 rode Spaanse peper, fijngesneden
1 el gehakte, geroosterde ongezouten pinda's
1 el citroensap

1 Week de glasvermicelli 5 minuten in een kleine kom met voldoende heet water zodat de vermicelli net onder staat. Laat uitlekken en knip de vermicelli met een schaar in korte stukken. Pel de garnalen en trek voorzichtig het donkere darmpje eruit; begin bij de kop. Snijd de garnalen in de lengte doormidden.
2 Neem een kwastje en maak beide kanten van de vellen rijstpapier nat met water. Laat ongeveer 2 minuten staan, tot de vellen zacht worden. Leg de vellen op elkaar en besprenkel ze licht met water om te voorkomen dat ze gaan plakken en uitdrogen. (De vellen scheuren gemakkelijk als ze zacht zijn, daarom hebben we er een paar extra genomen.)
3 Leg een vel op een werkblad en schep ongeveer 1 el vermicelli op het onderste derde deel van het vel; laat genoeg ruimte aan beide kanten om het vel om te vouwen. Leg hier 2 muntblaadjes en 2 garnaalhelften op. Vouw de kanten naar elkaar toe en rol het vel stevig op; doe er een stengel knoflookbieslook tussen en laat deze aan een kant een stukje uitsteken. Herhaal met de rest van de vellen en ingrediënten en leg de loempiaatjes, met de naad omlaag, op een schaal. Bedek met een vochtige theedoek om te zorgen dat ze niet uitdrogen.
4 Meng voor het dipsausje de satésaus, hoisinsaus, Spaanse peper en het citroensap in een kleine kom. Serveer met de loempiaatjes.

SINT-JAKOBSSCHELPEN MET BALSAMICODRESSING

Voorbereidingstijd: 30 minuten
Kooktijd: 8 minuten
Voor 4 personen

☆

16 grote sint-jakobsschelpen, in hun schelp
olijfolie, om in te vetten
1 el olijfolie
2 lente-uitjes, fijngesneden
2 dikke plakken bacon, fijngesneden
½ kleine rode paprika, van zaadjes en zaadlijsten ontdaan en in kleine blokjes gesneden
½ stengel selderij, in kleine blokjes
1 el fijngehakte verse peterselie
100 g gemengde sla
60 g peulkiemen
1 lente-uitje, zeer fijngesneden, als garnering

Balsamicodressing

80 ml olijfolie
1 el balsamicoazijn
½ tl dijonmosterd
½ tl honing

1 Verwijder darmpjes, vliezen of harde witte spiertjes van de sint-jakobsschelpen, maar laat eventuele kuit zitten. Dep droog met keukenpapier. Vet ze heel licht in met olijfolie en leg ze op een bakplaat in hun schelp. Verwarm de grill op hoogste stand voor.
2 Verhit de olie in een zware braadpan. Voeg de lente-ui en stukjes bacon toe en fruit 2 minuten, voeg dan de Spaanse peper en selderij toe. Fruit 3 minuten tot de groente zacht is. Voeg de peterselie toe en breng op smaak met zout en peper.
3 Doe de ingrediënten voor de balsamicodressing in een jampotje met schroefdeksel en schud goed.
4 Gril de sint-jakobsschelpen 1–2 minuten. Beslist niet te lang! Schik 4 schelpen rond de buitenkant van vier grote borden. Schep wat van de groente over elke sint-jakobsschelp. Verdeel de gemengde-slablaadjes en de peulkiemen in 4 porties en leg wat in het midden van elk bord. Garneer de salade met gesnipperde lent-ui. Schenk wat dressing over de sint-jakobsschelpen en de salade. Serveer direct.

BOVEN: Zalmrillettes

ZALMRILLETTES

Voorbereidingstijd: 10 minuten + een nacht koelen
Kooktijd: 10 minuten
Voor 4–6 personen

✯

200 g zalmfilet
125 g zachte, ongezouten boter
100 g gerookte zalm, fijngesneden
1 eierdooier, losgeklopt
1 el olijfolie
1 tl citroensap
1 el gehakte verse dille

1 Verwijder vel en eventuele graten van de zalmfilet. Verhit 50 g boter in een koekenpan boven matig vuur en bak de zalm 5 minuten aan elke kant. Haal uit de pan en laat even afkoelen. Haal het vlees los en meng de stukjes met de rest van de zachte boter, de gerookte zalm, eierdooier, olie, citroensap en dille. Breng op smaak met zout en peper.
2 Leg op een dienschaal en laat een nacht koelen. Serveer met melbatoast.

ZALMMOUSSE

Voorbereidingstijd: 15 minuten + nacht koelen
Kooktijd: 2 minuten
Voor 8–10 personen

✯✯

645 g rode zalm uit blik, uitgelekt
125 ml kippenbouillon
1 el gelatinepoeder
1 1/2 el citroensap
375 ml slagroom
paar druppels rode kleurstof, indien gewenst

1 Vet een visvorm met een inhoud van ruim 1 liter licht in met olie. Verwijder de graten en het donkere vel van de zalm. U hebt ongeveer 500 g zalmvlees nodig.
2 Verhit de bouillon in een steelpan, haal van het vuur en kruimel de gelatine over de bouillon. Roer tot deze is opgelost, laat dan afkoelen. Meng de zalm en het bouillonmengsel in een keukenmachine. Breng over in een grote kom en roer er het citroensap, zout en peper door.
3 Sla de slagroom stijf. Meng deze voorzichtig door de zalm, eventueel samen met de kleurstof.

Schep in de visvorm, dek af en laat een nacht koelen.
4 Om de vis uit de vorm te halen maakt u de zijkanten iets los, doopt de vorm in warm water en draait hem om boven een bord. Houd de vorm en het bord tegelijk vast en schud de zalm snel uit de vorm. Serveer met toast of creamcrackers.

KRAB MET STREPEN

Voorbereidingstijd: 40 minuten + vriezen
Kooktijd: 10–15 minuten
Voor 1–2 personen

☆☆☆

- 1 kg mangrovekrab of andere verse krab
- 2–3 tl citroensap
- 1 1/2 el goede mayonaise
- 80 g vers broodkruim
- 1 tl worcestershiresaus
- 2 hardgekookte eieren
- 2 el gehakte verse peterselie
- 1 el gehakt vers bieslook

1 Doe de krab 1 uur in de vriezer om hem suf te maken, leg hem dan in een pan kokend water. Zet het vuur lager en laat 10–15 minuten zachtjes koken tot de krab in zijn geheel oranje ziet. Giet het water af en laat afkoelen.
2 Verwijder de scharen van de krab. Duw de kleine flap aan de onderkant van de krab weg en trek de bovenste schaal eraf. Haal het bruinige vlees eruit en houd apart. Was en droog de bovenste schaal en houd deze apart. Verwijder de ingewanden en grijze kieuwen en gooi deze weg. Schraap het bruinige vlees eruit en doe bij de rest. Snijd de krab doormidden en haal het witte vlees eruit. Kraak de klauwen en haal het vlees eruit. Houd het witte vlees apart.
3 Hak nu het bruine krabvlees fijn en meng door het citroensap, de mayonaise en voldoende broodkruim om er een eenheid van te maken. Voeg worcestershiresaus en naar smaak zout en peper toe. Druk het eitwit en de eierdooiers apart door een zeef. Leg het witte krabvlees aan de beide zijkanten van de droge schaal. Schep het bruine vleesmengsel in het midden. Leg het peterselie-bieslookmengsel, de gezeefde eierdooiers en eitwit in lijnen over het krabvlees. Serveer met brood, citroenpartjes en extra mayonaise.
TIP: Neem een zware krab, die heeft meer vlees.

BOVEN: Krab met strepen

THAISE GARNALENOMELET

Voorbereidingstijd: 15 minuten
Kooktijd: 15 minuten
Voor 2–4 personen

☆☆☆

500 g rauwe kleine garnalen
2 el olie
3 teentjes knoflook, fijngesneden
2 stengels citroengras, alleen witte deel, fijngesneden
2 korianderworteltjes, fijngehakt
1–2 tl gehakte rode Spaanse peper
3 lente-uitjes, fijngesneden
1 el Thaise vissaus
2 tl geraspte palmsuiker of bruine suiker
4 eieren
2 tl vissaus, extra
2 lente-uitjes, fijngesneden, als garnering
verse takjes koriander, als garnering

1 Pel de garnalen en trek voorzichtig het donkere darmpje eruit; begin bij de kop.

2 Verhit de helft van de olie in een grote wok of braadpan. Doe de knoflook, citroengras, korianderwortel en Spaanse peper in de wok en roerbak 20 seconden op matig vuur. Voeg de garnalen toe en roerbak tot de garnalen van kleur veranderen. Voeg de gesneden lente-ui, een 1/2 tl zwarte peper, vissaus en palmsuiker toe en roer goed door. Haal het mengsel uit de wok.

3 Klop de eieren, vissaus en 2 el water schuimig. Doe de rest van de olie in de wok; bedek ook de zijkanten van de wok. Verhit de wok en doe de eieren erin; laat de eieren door de wok glijden. Laat het ei aan de onderkant stollen en til de randen op zodat ongestold ei eronder kan lopen; houd de wok daarbij iets scheef. Herhaal tot de omelet bijna helemaal klaar is.

4 Leg driekwart van het garnalenmengsel in het midden van de omelet en vouw de zijkanten naar binnen zodat er een vierkant ontstaat, of vouw de omelet eenvoudig dubbel. Laat op een bord glijden en leg de rest van het garnalenmengsel erop. Sprenkel er eventueel nog wat visssaus over. Garneer met lente-ui en koriander en geef er chilisaus en gestoomde rijst bij.

TIP: Voor dit recept kunt u ook een mengsel van zeevruchten gebruiken, zoals garnalen en sint-jakobsschelpen.

ONDER: Thaise garnalenomelet

GEVULDE GARNALEN IN KROKANTE WAN TAN

Voorbereidingstijd: 40 minuten
Kooktijd: 10 minuten
Voor 12 stuks

☆☆☆

15 wan tan-vellen
12 rauwe grote garnalen
400 g rauwe middelgrote garnalen, gepeld en fijngehakt
4 lente-uitjes, in zeer kleine stukjes gesneden
1 eiwit
60 g maïsbloem
1 ei, losgeklopt
olie, om te frituren

1 Snijd de wan tan-vellen met een scherp mes in dunne reepjes. Pel de grote garnalen en trek voorzichtig het donkere darmpje eruit; begin bij de kop. Maak aan de binnenkant van de garnalen een inkeping voor de vulling.

2 Meng de gehakte garnalen en lente-ui in een kom. Voeg het eiwit, 3 tl van de bloem en naar smaak zout en peper toe. Meng goed door elkaar met uw vingers.

3 Verdeel met een mes ongeveer 1 el van het garnalenmengsel over elke grote garnaal; probeer zoveel mogelijk vulling in de inkeping te krijgen. Druk dan met natte handen de rest van het mengsel rond de garnalen. Rol de garnalen door de rest van de maïsbloem; schud overtollige bloem eraf. Doop de garnalen in het geklopte ei en strooi er dan wat wan tan-snippers overheen; druk ze lichtjes aan zodat ze blijven plakken.

4 Vul een diepe pan of een wok voor eenderde met olie en verhit tot 180°C, of tot een stukje brood binnen 15 seconden bruin wordt. Frituur de garnalen in delen 4 minuten tot ze helemaal goudbruin zijn. U kunt ze eventueel omdraaien met een tang of een metalen bakspaan. Laat uitlekken op keukenpapier en dien onmiddellijk op.

TIP: De garnalen kunnen een dag van tevoren gevuld worden en in de koelkast worden bewaard. Bedek vlak voor het frituren met de gesnipperde wan tan.

WAN TAN-VELLEN
Dit zijn flinterdunne vellen gemaakt van bloem en eieren. Ze worden meestal gewikkeld rond hartige vullingen en dan gestoomd of gefrituurd, en gegeten als snack. Soms worden de gevulde wan tans gekookt en in de soep gedaan. In het recept op deze bladzijde hebben we de vellen fijngesneden zodat ze kunnen dienen als een decoratief laagje voor gefrituurde garnalen. Wan tan-vellen kunt u kopen bij Oosterse winkels. Restjes kunnen worden ingevroren.

BOVEN: Gevulde garnalen in krokante wan tan

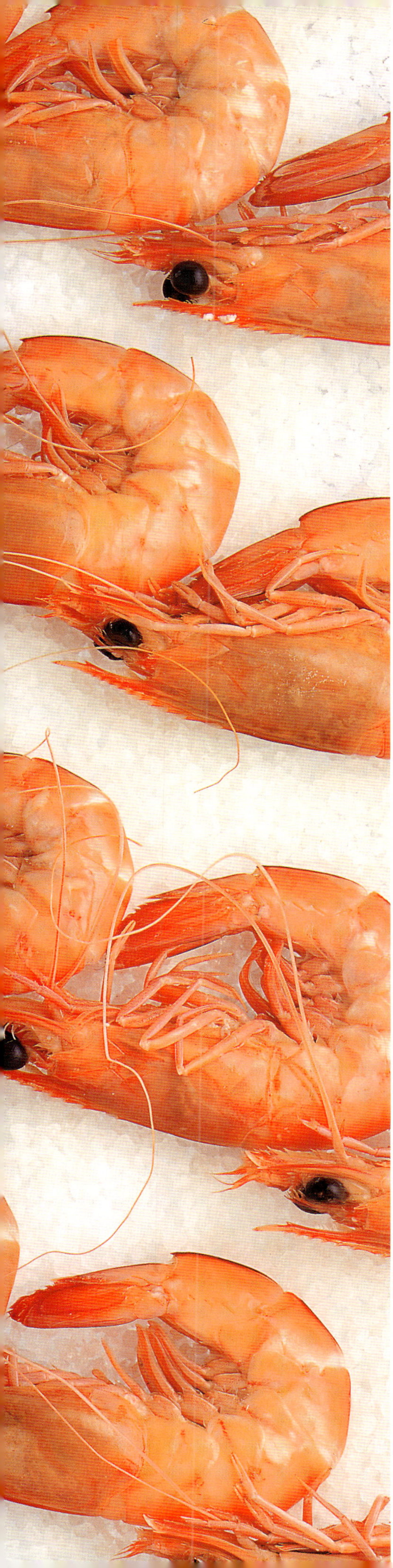

SALADES

De zeevruchtensalade is echt het summum van versheid. Elk ingrediënt moet net geplukt (of net gevangen) zijn, want als dat niet zo is, merk je dat bij een salade direct. Maar als u deze perfecte ingrediënten eenmaal in huis hebt, dan is het meeste werk eigenlijk gedaan. Er kan weinig misgaan met stukjes vis of garnalen gemengd met knapperige groenten en kruiden. Meng er een pittige vinaigrette door om de blaadjes zachter te maken, de smaken te versterken en de salade eenheid te geven. Het resultaat is een zeevruchtensalade die licht genoeg is om als zomerse lunch te fungeren, kleurig genoeg om uw gasten voor te zetten en origineel genoeg om uw vrienden mee te verrassen.

BOVEN: Salade niçoise

SALADE NIÇOISE

Voorbereidingstijd: 30 minuten
Kooktijd: 25 minuten
Voor 4–6 personen

☆

4 eieren
500 g kleine nieuwe aardappelen
250 g sperziebonen, schoongemaakt
6 artisjokharten in olie, uitgelekt
350 g gemengde salade
4 tomaten, in partjes gesneden
425 g tonijn uit blik, uitgelekt en in flinke stukken
1 rode paprika, in reepjes gesneden
1 el kappertjes
10 zwarte olijven
1 el gehakte verse dragon, als garnering

Dressing

1 teentje knoflook, uit de knijper
3 tl dijonmosterd
2 ansjovisfilets in olie, uitgelekt en fijngesneden
60 ml witte-wijnazijn
125 ml olijfolie, extra vergine

1 Vul een pan met koud water en doe hierin de eieren. Breng aan de kook, zet het vuur lager en laat 6 minuten zachtjes koken. Giet het water af en dompel de eieren in koud water om het kookproces te stoppen. Pel de eieren en snijd ze in partjes.
2 Kook de aardappelen in 10 minuten net gaar. Giet af, laat afkoelen en snijd in dikke plakken.
3 Doe de sperziebonen in een pan kokend water, breng het water weer aan de kook en kook de sperziebonen 2 minuten. Giet ze af en spoel ze af onder koud water. Verdeel de artisjokken in tweeën of in vieren.
4 Verdeel de sla op een serveerschaal of op borden. Doe hierop de aardappel, sperziebonen, tomaat, artisjok, tonijn, ei en paprika. Strooi de kappertjes en de olijven erover.
5 Meng voor de dressing de knoflook, mosterd, ansjovis en azijn met een staafmixer glad. Voeg langzaam de olie toe. Breng op smaak met zout en peper en giet de dressing over de salade. Bestrooi met wat dragon.

GARNALENSALADE MET PAPAJA EN LIMOENDRESSING

Voorbereidingstijd: 25 minuten
Kooktijd: 5 minuten
Voor 4 personen

☆

750 g gekookte middelgrote garnalen
1 grote papaja, gesneden
1 kleine rode ui, in dunne ringen
2 stengels selderij, in dunne schijfjes
2 el gesnipperde verse munt

Limoendressing

125 ml olie
60 ml limoensap
2 tl fijngeraspte verse gember
1 tl basterdsuiker

1 Pel de garnalen, behalve de staart. Trek voorzichtig het donkere darmpje eruit; begin bij de kop. Doe de garnalen in een kom.
2 Meng voor de limoendressing de olie, limoensap, gember en suiker in een kleine kom. Breng op smaak met zout en versgemalen zwarte peper.
3 Doe de limoendressing bij de garnalen en schep de garnalen losjes om. Voeg de papaja, ui, selderij en verse munt toe en meng deze voorzichtig door de garnalen. Serveer de salade op kamertemperatuur; ook kunt u de salade voor het serveren 3 uur in de koelkast zetten. Garneer eventueel met takjes verse munt.

POMPOENSALADE MET GARNALEN EN RUCOLA

Snijd 800 g stevige pompoen in blokjes van 3 cm en 2 kleine rode uien in reepjes. Meng hierdoor 1 el olie en 2 uitgeperste teentjes knoflook en leg dit alles naast elkaar op een bakplaat. Bak 35 minuten in de oven op 200°C (gasstand 6). Doe in een kom en meng met 300 g kleine gekookte en gepelde garnalen (darmpje verwijderd). Voeg 200 g gescheurde rucolablaadjes toe. Klop in een kom 1–2 el balsamicoazijn, 1 el olijfolie en naar smaak zout en versgemalen verse peper tot een gladde dressing. Schenk over de salade. Voor 4–6 personen.

ONDER: Garnalensalade met papaja en limoendressing

RODE MUL

Rode mul is een kleine, rode vis met als opvallend kenmerk twee lange kindraden. Hij is het hele jaar te krijgen en wordt als hele vis verkocht. Bij de bereiding blijven de ingewanden meestal intact. Het vlees is vrij zacht, soms een beetje droog, en is vrij grof van structuur. Rod mul heeft een heerlijke smaak. De vis kan worden gebakken, gebarbecued, gegrild en gepocheerd en is in recepten te vervangen door mul of zeebarbeel.

RECHTERBLADZIJDE: Mosselsalade met saffraandressing (boven), Escabeche

MOSSELSALADE MET SAFFRAANDRESSING

Voorbereidingstijd: 40 minuten
Kooktijd: 30 minuten
Voor 4–6 personen

☆☆

500 g nieuw aardappels, ongeschild
1 kg mosselen
170 ml droge witte wijn
1 kleine ui, gesneden
2 takjes verse tijm
2 laurierblaadjes
flink mespuntje saffraanpoeder of -draadjes
4 el zure room
2 tl gehakte verse peterselie

1 Doe de aardappels in een pan koud water waaraan wat zout is toegevoegd. Breng aan de kook, zet het vuur lager en laat 20 minuten zachtjes koken. Giet de aardappels af en laat ze afkoelen.

2 Borstel de mosselen schoon en verwijder de baarden. Gooi beschadigde en geopende schelpen die niet sluiten als u de helften licht op elkaar drukt weg. Was de mosselen goed. Doe de wijn, ui, tijm, laurierblad en de helft van de mosselen in een grote pan met een goed sluitend deksel. Kook de mosselen 4–5 minuten in een afgesloten pan boven hoog vuur tot ze open gaan. Roer de mosselen tijdens het koken eenmaal om. Verwijder met een tang de mosselen die open zijn. Gooi ongeopende mosselen weg. Kook de rest van de mosselen op dezelfde manier; laat afkoelen.

3 Giet het mosselnat weg, maar houd 125 ml apart. Roer de saffraan erdoor. Roer de zure room erdoor en breng op smaak met zout en grofgemalen peperkorrels.

4 Snijd de grote aardappels in vieren en de kleine in tweeën. Haal de mosselen uit hun schelp en gooi de schelpen weg. Meng de aardappels en de mosselen in een kom en voeg de saffraandressing toe. Bestrooi met gehakte peterselie en dien onmiddellijk op.

ESCABECHE

Voorbereidingstijd: 20 minuten + een nacht koelen
Kooktijd: 15 minuten
Voor 4 personen

☆

bloem
500 g visfilet zonder vel (bijv. rode mul, wijting, roodbaars, geep)
5 el olijfolie, extra vergine
1 rode ui, in dunne ringen
2 teentjes knoflook, in dunne plakjes
2 takjes verse tijm
1 tl komijnpoeder
2 lente-uitjes, fijngesneden
½ tl fijngeraspte sinaasappelschil
60 ml sinaasappelsap
185 ml witte wijn
185 ml witte-wijnazijn
60 g ontpitte groene olijven, gehakt
½ tl basterdsuiker

1 Meng een beetje zout en peper door de bloem en bestuif de vis licht met de bloem. Verhit 2 el van de olie in een koekenpan boven matig vuur en bak daarin de vis. Bak aan beide kanten lichtbruin en gaar (de vis moet gemakkelijk met een vork los te maken zijn). Haal uit de pan en leg naast elkaar op een ondiepe, niet-metalen schaal.

2 Verhit de rest van de olie in dezelfde pan, voeg de ui en knoflook toe en fruit 5 minuten boven matig vuur tot de ui zacht is.

3 Voeg de tijm, komijn en lente-ui toe en roer even door. Voeg de geraspte sinaasappelschil, sinaasappelsap, wijn, azijn, olijven, suiker en naar smaak zout en peper toe. Breng aan de kook en schenk over de vis. Laat afkoelen of zet een nacht weg in de koelkast. Serveer op kamertemperatuur. Kan eventueel geserveerd worden op een badje van waterkers en fijngesneden ui.

TIP: Escabeche is een Spaans gerecht dat koud geserveerd wordt. Meestal gebruik men hele vis voor het recept, maar wij hebben gekozen voor visfilet, dat ook een goed resultaat geeft.

ZEEVRUCHTENSALADE

Voorbereidingstijd: 1 uur + 1 uur koelen
Kooktijd: 20 minuten
Voor 8 personen

☆☆

1,25 kg grote gekookte garnalen
12 gekookte rivierkreeftjes
500 g sint-jakobsschelpen
125 ml witte wijn
mespuntje gedroogde tijm
mespuntje gedroogde dragon of laurierblad
400 g zalm, forel of filet van stevige witte vis (bijv. heek of leng)

Vinaigrette

125 ml olijfolie, extra vergine
2 el witte-wijnazijn
1 tl suiker
2 tl dijonmosterd
1 el gehakte verse dille

6 hardgekookte eieren
150 g gemengde sla
2 el gehakte verse bladpeterselie
2 rijpe avocado's, in plakjes
2 el citroensap

Groene-kruidendressing

300 g mayonaise
4 ansjovisfilets, uitgelekt en fijngesneden
1 teentje knoflook, uit de knijper
60 g zure room
3 el gehakte verse kruiden (bieslook, peterselie, dille)

1 Pel de garnalen en trek het donkere darmpje eruit; begin bij de kop.
2 Knip de rivierkreeftjes van kop naar staart aan de onderkant open met een keukenschaar. Haal het vlees eruit. Trek voorzichtig het darmpje eruit en gooi het pantser weg.
3 Verwijder darmpjes, vliezen of harde witte spiertjes van de jakobsschelpen.
4 Doe 250 ml water met de wijn, kruiden en een snufje zout en peper in een pan. Breng aan de kook, zet het vuur lager en laat 5 minuten zachtjes koken. Voeg de jakobsschelpen toe en pocheer ze een paar minuten; haal ze dan met een schuimspaan uit de pan en laat ze uitlekken op een metalen rekje. Doe de visfilet in het zacht kokende vocht en pocheer tot de vis net gaar is; haal dan met een schuimspaan uit de pan en laat uitlekken op een metalen rekje. Snijd de vis in stukken.
5 Meng de garnalen, rivierkreeftjes, jakobsschelpen en vis in een kom. Klop de olie, azijn, suiker, mosterd en dille lobbig en breng op smaak met zout en peper. Schenk over de vis en zet 1 uur in de koelkast.
6 Pel de eieren en snijd ze in plakjes, houd twee eierdooiers apart. Doe de helft van de slablaadjes in een diepe schaal. Schik de helft van de zeevruchten over de sla, houd de vinaigrette apart. Strooi er de helft van de peterselie over en leg hierop de avocado; schenk hierover de helft van de citroensap en eindig met de plakjes ei plus een eitwit. Breng op smaak met zout en peper. Herhaal het hele procédé en breng op smaak. Schenk de apart gehouden vinaigrette erover. Kruimel de apart gehouden eierdooiers erover. Serveer met de groene-kruidendressing.
7 Meng voor de groene-kruidendressing alle ingrediënten in een kom en breng op smaak.

CEVICHE VAN SINT-JAKOBSSCHELPEN

Voorbereidingstijd: 20 minuten + 2 uur marineren
Kooktijd: geen
Voor 2–4 personen

☆☆

16 sint-jakobsschelpen, in hun schelp
1 tl fijngraspte limoenschil
2 teentjes knoflook, fijngesneden
2 rode Spaanse pepers, zonder zaadjes en fijngesneden
60 ml limoensap
1 el gehakte verse peterselie
1 el olijfolie

1 Haal het vlees van de jakobsschelpen uit de schelp; houd de schelpen apart. Verwijder darmpjes, vliezen of harde witte spiertjes van de jakobsschelpen, maar laat eventueel kuit zitten.
2 Neem een niet-metalen kom en meng daarin de limoenrasp, knoflook, Spaanse peper en limoensap en breng op smaak met zout en versgemalen zwarte peper. Leg de jakobsschelpen in de dressing en schep ze goed om. Dek af met plasticfolie en zet 2 uur in de koelkast.
3 Doe de jakobsschelpen in hun schelp en doe er een lepel dressing over. Serveer koud.

RIVIERKREEFTJES
Rivierkreeftjes hebben heerlijk sappig vlees en zijn zowel gekookt als levend verkrijgbaar. Levende rivierkreeftjes moeten actief zijn en hun scharen mogen niet beschadigd zijn. Trage rivierkreeftjes zijn waarschijnlijk niet meer zo vers als ze zouden kunnen zijn. Ze moeten een ziltige, frisse geur hebben. Gekookte rivierkreeftjes moeten een stevige schaal hebben, de scharen moeten compleet en heel zijn en ze mogen niet verkleurd zijn aan de onderkant.

LINKERBLADZIJDE: Zeevruchtensalade

GEROOKTE FOREL MET WARME SAMBAL- EN FRAMBOZENDRESSING

Voorbereidingstijd: 25 minuten
Kooktijd: 10 minuten
Voor 4–6 personen

☆

250 g zuring
300 g groene asperges
1 gerookte forel (ongeveer 400 g)
1 rode ui, in dunne ringen
250 g teardrop-tomaatjes, gehalveerd
200 g verse frambozen

ONDER: Gerookte forel met warme sambal- en frambozendressing

Warme sambal- en frambozendressing

125 g verse frambozen
1 tl sambal oelek
2 teentjes knoflook, uit de knijper
125 ml olijfolie
2 el frambozenazijn of witte-wijnazijn

1 Verwijder de steeltjes van de zuring, was de blaadjes, dep ze droog en laat ze in de koelkast knapperig worden.
2 Meng voor de dressing alle ingrediënten in een pan boven laag vuur tot de frambozen uiteen beginnen te vallen en het mengsel rood kleurt. Giet over in een kom, meng goed en breng op smaak met zout en versgemalen zwarte peper.
3 Kook of stoom de asperges tot ze beetgaar zijn. Giet ze af en spoel ze onder koud water. Verwijder het vel en de graten van de forel. Haal het vlees uit elkaar.
4 Verdeel de zuring over 4–6 borden. Verdeel hierover de asperges, forel, ui, tomaten en frambozen. Schenk de dressing erover.

HAWAIIAANSE VISSALADE

Voorbereidingstijd: 15 minuten + 15 minuten weken + 4 uur marineren
Kooktijd: 5 minuten
Voor 4–6 personen

☆

5 g wakame (gedroogd zeewier), indien gewenst
500 g vismoten (bijv. tonijn, zwaardvis, marlijn)
1 grote ui, fijngesneden
6 lente-uitjes, gesneden
2 kleine rode Spaanse pepers, in dunne reepjes
80 ml sojasaus met weinig zout
1 el sesamolie
slablaadjes
1 el sesamzaadjes, geroosterd
partjes citroen

1 Week het gedroogd zeewier 15 minuten in koud water. Giet af.
2 Snijd de vis in kleine blokjes. Doe het zeewier, de vis, ui, lente-ui, Spaanse peper, sojasaus en sesamolie in een kom en zet afgedekt 4 uur in de koelkast.
3 Schik de slablaadjes op een schaal. Leg hierop de gemarineerde vis en strooi de geroosterde sesamzaadjes hierover. Serveer met partjes citroen.

WARME GARNALENSALADE MET RUCOLA EN FETA

Voorbereidingstijd: 30 minuten
Kooktijd: 10 minuten
Voor 4–6 personen

☆

1 kg rauwe middelgrote garnalen
4 lente-uitjes, gesneden
4 pomodori, gesneden
1 rode paprika, gesneden
425 g kikkererwten, uitgelekt
1 el gehakte verse dille
3 el gesnipperde verse basilicum
60 ml olijfolie, extra vergine
60 g boter
2 kleine rode Spaanse pepers, fijngesneden
4 teentjes knoflook, uit de knijper
2 el citroensap
300 g rucola
150 g feta

1 Pel de garnalen, behalve de staart. Trek voorzichtig het donkere darmpje eruit; begin bij de kop.
2 Meng de lente-ui, tomaten, paprika, kekererwten en kruiden in een kom.
3 Verhit de olie en boter in een grote koekenpan of wok, voeg de garnalen toe en roerbak ze 3 minuten boven hoog vuur. Voeg de Spaanse peper en knoflook toe en roerbak het mengsel tot de garnalen roze zijn. Haal van het vuur en voeg het citroensap toe.
4 Leg de rucolabaadjes op een groot bord, leg hierop het tomatenmengsel en daarop het garnalenmengsel. Verkruimel de fetakaas erover.

CAESAR SALAD

Voorbereidingstijd: 15 minuten
Kooktijd: 20 minuten
Voor 4 personen

☆

4 sneetjes witbrood, zonder korst, in blokjes gesneden
3 dikke plakken bacon, in stukjes
1 krop Romeinse sla, blaadjes in reepjes
50 g grofgeraspte Parmezaanse kaas
grofgeraspte Parmezaanse kaas, als garnering

Dressing

2–4 ansjovis in olie, uitgelekt
1 ei
2 el citroensap
1 teentje knoflook, uit de knijper
125 ml olijfolie

1 Verwarm de oven voor op 190°C (gasstand 5). Leg de dobbelsteentjes brood op een bakplaat en bak ze in 15 minuten goudbruin.
2 Bak de bacon boven matig vuur knapperig. Laat uitlekken op keukenpapier.
3 Leg de sla op een dienschaal met de broodcroûtons, spek en Parmezaanse kaas.
4 Meng voor de dressing de ansjovis, ei, citroensap en knoflook in 20 seconden in de keukenmachine tot een gladde massa. Voeg terwijl de motor loopt de olie in een dun straaltje toe tot de dressing dik en lobbig is. Breng op smaak met zout en peper. Schenk over de salade, bestrooi met wat Parmezaanse kaas en serveer direct.

BOVEN: Warme garnalensalade met rucola en feta

VIS CONSERVEREN

Zorg voor goed schone glazen potjes door ze te wassen met kokend water en ze te drogen in een hete oven. Gebruik voor het drogen geen theedoek.

INGELEGDE MOSSELEN/SARDINES

Borstel 1 kg mosselen schoon en verwijder de baarden. Gooi geopende schelpen die niet sluiten als u de helften licht op elkaar drukt weg. Doe ze in een grote pan met kokend water en kook ze 4–5 minuten tot ze zich geopend hebben. Gooi exemplaren die niet open zijn weg. Laat even afkoelen en haal de mosselen uit hun schelp. Meng de mosselen met bloem en bak ze in een laagje hete olie bruin en krokant. Haal ze uit de pan en leg ze op een bord. Meng 500 ml wittewijnazijn, 6 gesneden lente-uitjes, 1 fijngesneden rode Spaanse peper, 2 laurierblaadjes en 2 tl suiker in een grote steelpan. Los de suiker op boven matig vuur en kook dan nog 1 minuut. Voeg 1 el gehakte verse munt toe. Schenk over de mosselen en zet minimaal een nacht maar bij voorkeur 5 dagen weg in de koelkast. Schep een keer om. Serveer op kamertemperatuur. Voor 4–6 personen.

Voor 12 verse sardines: haal de ingewanden eruit, spoel ze af met water en rol ze door de bloem. Volg dan het recept.

INGELEGDE GARNALEN

Pel 40 gekookte garnalen, behalve de staart, en trek het donkere darmpje eruit; begin bij de kop. Snijd 1 venkelknol fijn. Doe de garnalen, venkel, 2 gesnipperde kleine rode uien en de schil van 2 sinaasappels en 2 limoenen, in reepjes gesneden in een niet-metalen bak en meng goed

dooreen. Meng 170 ml limoensap, 80 ml sinaasappelsap, 250 ml olijfolie, 125 ml dragonazijn, 2 fijngesneden cayennepepertjes, 1 tl zout en 1 tl suiker. Schenk over het garnalenmengsel. Zet 2–5 dagen afgedekt in de koelkast. Voor 4–6 personen.

INGELEGDE OCTOPUS

Maak 1 kg octopus schoon (zie blz. 31) en meng in een pan met 2 laurierblaadjes en 12 zwarte peperkorrels. Dek af en kook de octopus, in zijn eigen vocht, 1 uur op laag vuur tot hij zacht is. Giet af en laat afkoelen. Doe de peperkorrels, laurierblaadjes en afgekoelde octopus in een schone glazen pot met een inhoud van 1 liter. Doe er 1 el verse oregano, 2 tl verse tijm en 1 in dunne plakjes gesneden teentje knoflook bij. Schenk er 250 ml rode-wijnazijn en voldoende olijfolie bij zodat de octopus helemaal onder staat. Sluit de pot af en draai deze dan een paar maal voorzichtig om. Zet ten minste 2 dagen en maximaal 5 dagen in de koelkast. Serveer op kamertemperatuur. Voor 4–6 personen.

ROLMOPS

Was 8 haringen. Zet uw mes achter de kieuw en vin en snijd de kop eraf. Snijd de buik open, haal de ingewanden eruit en leg de vis plat open. Pak de ruggengraat bij het staarteind en trek deze er voorzichtig uit. Verwijder kleine graatjes met een pincet. Leg de opengevouwen filets op een grote, niet-metalen schaal. Doe in een pan 1 liter water met 200 g zout en los het zout boven matig vuur op. Laat afkoelen en schenk dan over de vis. Dek af en zet een nacht koel weg. Maak ondertussen inlegazijn en laat die afkoelen. Doe in 1 liter witte-wijnazijn, 2 laurierblaadjes, 1 el inlegkruiden (verkrijgbaar bij de supermarkt) en 5 zwarte peperkorrels. Spoel de gepekelde haringfilets af, dep ze droog en leg ze met het vel omlaag op een houten snijplank. Leg een dunne uienring in het midden van elke filet en hierop een plakje augurk. Rol de filets vanaf de kop op en zet de rolletjes vast met een cocktailprikker. Doe de rolmopsen in een schone glazen pot met een inhoud van 1 liter, schenk er de kruidenazijn over en sluit goed af. Zet ten minste 2 dagen en maximaal 5 dagen in de koelkast. Serveer met zure room, ui en rondjes roggebrood (pumpernickel). Voor 4–6 personen.

VAN LINKS NAAR RECHTS: Ingelegde mosselen, ingelegde sardines, ingelegde garnalen, ingelegde octopus, rolmops

PIJLINKTVIS

Pijlinktvis wordt gevangen in tropische en subtropische wateren over de hele wereld en behoort tot een van de vaste bestanddelen van de Oosterse en mediterrane keuken. Het torpedovormige lichaam varieert in lengte van 5 cm tot wel 1 m. Pijlinktvissen hebben acht armen en twee tentakels aan de achterkant van het lichaam. Pijlinktvis is gemakkelijk te bereiden en het vlees is zacht en mals.

BOVEN: Zalmsalade met venkel

ZALMSALADE MET VENKEL

Voorbereidingstijd: 15 minuten
Kooktijd: geen
Voor 4 personen

☆

2 tl dijonmosterd
1 tl basterdsuiker
125 ml olijfolie
2 el citroensap
2 venkelknollen, fijngesneden
200 g gerookte zalm, in reepjes
2 el gehakt vers bieslook
1 el gehakt vers venkelgroen of gehakte verse dille
verse rucolablaadjes
partjes citroen

1 Klop de mosterd, suiker, olijfolie en citroensap in een grote kom tot een gladde dressing.

2 Voeg de gesneden venkel, zalm, het bieslook en venkelgroen toe. Breng op smaak met zout en peper en schep voorzichtig om. Serveer met rucolablaadjes, citroenpartjes en sneetjes toast.

PIJLINKTVIS MET SINT-JAKOBSSCHELPEN EN CHERMOULADRESSING

Voorbereidingstijd: 30 minuten + 30 minuten koelen
Kooktijd: 5 minuten
Voor 4 personen

☆☆

2 sinaasappels
8 kleine pijlinktvissen
200 g sint-jakobsschelpen
2 el olie
150 g rucola
3 rijpe pomodori, gesneden

Chermouladressing

50 g fijngehakte verse koriander
30 g fijngehakte verse bladpeterselie
2 tl komijnpoeder
1 tl paprikapoeder
60 ml limoensap
60 ml olijfolie

1 Schil de sinaasappels, verwijder het witte velletje en verdeel ze in partjes. Houd apart.
2 Maak de pijlinktvis schoon: trek de armen en tentakels voorzichtig uit de mantel; de ingewanden moeten gelijk meekomen. Snijd de tentakels net onder de ogen los van de ingewanden. Als de snavel nog midden in het kransje zit, drukt u hem met uw vingers omhoog en eruit. Trek het zachte, doorzichtige rugschild uit de mantel. Spoel de mantels en de tentakels onder koud stromend water schoon en laat alles goed uitlekken. Doe de inktvis in een kom water met 1/4 tl zout. Dek de kom af en zet hem 30 minuten in de koelkast. Laat goed uitlekken, snijd dan de mantels in dunne reepjes en de tentakels in stukjes.
3 Verwijder darmpjes, vliezen of harde witte spiertjes van de jakobsschelpen. Spoel ze af en dep ze droog met keukenpapier.
4 Verhit de olie in een grote, diepe koekenpan en bak de pijlinktvis 1–2 minuten boven hoog vuur tot hij ondoorschijnend wordt. Bak niet te lang, anders wordt het vlees taai. Laat uitlekken op keukenpapier. Doe de jakobsschelpen in de pan en bak ze goudbruin. Bak niet te lang.
5 Leg de rucola op een groot bord, doe hierop de zeevruchten, tomaat en partjes sinaasappel.
6 Klop de ingrediënten voor de dressing in een niet-metalen kom. Schenk over de zeevruchten.

GEMARINEERDE VISSALADE MET SPAANSE PEPER EN BASILICUM

Voorbereidingstijd: 30 minuten + en paar uur marineren
Kooktijd: geen
Voor 4 personen

☆

500 g filet van stevige witte vis (bijv. goudmakreel, snapper)
60 ml citroensap
60 ml kokosmelk
3 tomaten, in blokjes
3 Turkse komkommertjes, in blokjes
5 lente-uitjes, fijngesneden
2 rode Spaanse peper, zonder zaadjes en fijngesneden
2 teentjes knoflook, uit de knijper
1 tl geraspte verse gember
15 g verse basilicumblaadjes en gescheurde gemengde slablaadjes

1 Snijd de vis in dunne reepjes en doe ze in een glazen of aardewerken schaal.
2 Meng voor de marinade het limoensap, kokosmelk, 1 tl zout en 1/4 tl gekneusde zwarte peperkorrels in een kom. Schenk over de vis. Zet een paar uur of een hele nacht afgedekt weg in de koelkast. Keer een paar maal.
3 Doe de tomaat, komkommer, lente-ui, Spaanse peper, knoflook, gember en het basilicum bij de vis. Meng goed door elkaar en serveer op een bedje van slablaadjes.

TIPS: Door de werking van het zuur in het limoensap wordt de vis 'gaar'; het vlees wordt steviger en ondoorschijnend.

Als u mango's kunt krijgen, kunt u die in blokjes gesneden door de salade werken.

ONDER: Gemarineerde vissalade met Spaanse peper en basilicum

SARDINES
Deze visjes hebben vettig, zacht vlees met een fijne textuur. Ze hebben tamelijk veel graten, maar de ruggengraat is gemakkelijk te verwijderen en de rest van de graten is eetbaar. Sardines zijn gefileerd en ongefileerd te krijgen. Ze hebben een krachtige, kenmerkende smaak en zijn geschikt voor bakken, grillen en barbecuen.

RECHTERBLADZIJDE: Zoetzure sardines (boven), tonijnsalade met knoflookmayonaise

ZOETZURE SARDINES

Voorbereidingstijd: 20 minuten + marineren
Kooktijd: 15–20 minuten
Voor 4 personen

✯

12 verse schoongemaakte sardines
bloem
olijfolie
1/2 rode ui, in dunne ringen
1 teentje knoflook, uit de knijper
2 laurierblaadjes
1 el rozijnen
1 el pijnboompitjes
1/2–1 tl gesnipperde gedroogde Spaanse peper
1 tl bruine basterdsuiker
80 ml balsamicoazijn
80 ml rode wijn

1 Rol de sardines door de bloem en bestrooi ze met zout en peper.
2 Doe een laag van 1 cm olijfolie in een grote, zware koekenpan. Verhit de olie boven matig vuur en bak de sardines in porties in ongeveer 5–10 minuten knapperig en goudbruin. Laat ze uitlekken op keukenpapier; leg ze dan op een niet-metalen schaal.
3 Fruit de ui in een beetje olijfolie 5 minuten boven matig vuur tot hij zacht is maar niet bruin. Voeg de knoflook, laurierblaadjes, rozijnen, pijnboompitjes en gesnipperde Spaanse peper toe. Roer goed, voeg dan de suiker, azijn en rode wijn toe en breng alles even aan de kook. Schenk het mengsel over de sardines en zet afgedekt weg in de koelkast. Serveer op kamertemperatuur, eventueel op een bedje van peulkiemen of gemengde sla.
TIP: Als u geen schoongemaakte sardines kunt krijgen, kunt u ook hele sardines kopen. Snijd deze open bij de buik, haal de ingewanden eruit en snijd de kop eraf. Leg de sardines met het vel naar boven op een snijplank. Druk lichtjes maar stevig op de sardines om ze te openen. Draai ze om en trek de ruggengraat eruit; knip af bij de staart. Was in licht gezouten water en dep droog met keukenpapier.

TONIJNSALADE MET KNOFLOOKMAYONAISE

Voorbereidingstijd: 25 minuten
Kooktijd: 10 minuten
Voor 6 personen

✯✯

6 middelgrote aardappels
150 g peultjes (sugar snaps)
200 g groene asperges
250 g kerstomaten
850 g tonijn uit blik, uitgelekt

Knoflookmayonaise

3 eierdooiers
1 teentje knoflook, uit de knijper
1/2 tl Franse mosterd
2 el citroensap
250 ml olijfolie

1 Snijd de geschilde aardappels in blokjes van 2 cm en kook ze in 8–10 minuten net gaar. Giet ze af en laat ze uitlekken.
2 Kook de peultjes 1 minuut in kokend water; haal ze uit de pan met een schuimspaan en dompel ze in ijskoud water. Giet af en houd apart.
3 Snijd de houtige uiteinden van de asperges en blancheer op dezelfde manier als de peultjes.
4 Doe voor de knoflookmayonaise de eierdooiers, knoflook, mosterd en citroensap in een kom en klop 1 minuut met een elektrische mixer. Voeg in een dun straaltje de olie toe en blijf kloppen tot de mayonaise dik en smeuïg is. Schenk meer olie bij de mayonaise zo gauw de massa dikker wordt en blijf kloppen tot alle olie is gebruikt. Breng op smaak met zout en zwarte peper.
5 Schik de aardappel, peultjes, asperges, tomaten en stukken tonijn op borden. Doe op elk bord een lepel mayonaise en serveer direct.
TIP: U kunt de mayonaise ook in een blender of een keukenachine maken, of met de hand met een garde of staafmixer.

ZALMSALADE MET SPERZIEBONEN

Voorbereidingstijd: 20 minuten
Kooktijd: 30 minuten
Voor 4–6 personen

☆

350 g zalmfilet zonder vel
olie, om te frituren
4 teentjes knoflook, in dunne plakjes
200 g zoete aardappel, in dunne plakjes
100 g sperziebonen, gehalveerd
1 rode ui, in dunne ringen
20 g sesamzaadjes, geroosterd
1 krop krulsla, steeltjes verwijderd

Dressing

2 teentjes knoflook, uit de knijper
2 el tahin (sesamzaadpasta)
1 el rijstazijn
2 el limoensap
1 el sojasaus
60 ml olijfolie

1 Grileer de visfilet zodat hij van buiten mooi bruin maar van binnen nog enigszins rauw is. Laat afkoelen en snijd vervolgens in grote stukken.
2 Verhit de olie in een diepe pan tot 180°C. Frituur de knoflook en de zoete aardappel knapperig en goudbruin. Laat uitlekken op keukenpapier.
3 Kook de bonen in water gaar. Spoel ze af, dompel ze in ijskoud water en laat uitlekken. Meng met de ui, sesamzaadjes, zoete aardappel, knoflook en krulsla. Verdeel over borden. Besluit met de vis.
4 Klop voor de dressing de ingrediënten in een kom. Schenk over de salade en dien onmiddellijk op.

TIPS: U kunt voor dit recept ook zeeforel gebruiken.

Tahin wordt gemaakt van sesamzaadjes en is te krijgen bij reformwinkels en sommige Oosterse toko's. Als u de smaak te sterk vindt, kunt u het vervangen door 1 tl sesamolie en 2 el sinaasappelsap.

ONDER: Zalmsalade met sperziebonen

THAISE NOEDELSALADE

Voorbereidingstijd: 25 minuten
Kooktijd: 5 minuten
Voor 4 personen

☆

Dressing

2 el geraspte verse gember
2 el sojasaus
2 el sesamolie
80 ml rode-wijnazijn
1 el zoete chilisaus
2 teentjes knoflook, uit de knijper
80 ml ketjap manis

500 g gekookte grote garnalen
250 g instant-noedels
5 lente-uitjes, gesneden
2 el gehakte verse koriander
1 rode paprika, gesneden
100 g peultjes (sugar snaps), in reepjes

1 Doe de ingrediënten voor de dressing in een kom en klop ze met een vork goed door elkaar.
2 Pel de garnalen en trek voorzichtig het donkere darmpje eruit; begin bij de kop. Snijd de garnalen in de lengte doormidden.
3 Kook de noedels 2 minuten in een grote pan kokend water. Giet ze af. Doe ze bij de dressing en meng goed door elkaar. Laat afkoelen.
4 Doe de garnalen en de rest van de ingrediënten bij de noedels en schep voorzichtig om. Serveer op kamertemperatuur.

TONIJNSALADE MET WITTE BONEN

Voorbereidingstijd: 15 minuten
Kooktijd: geen
Voor 4–6 personen

☆

750 g tonijn uit blik
1 teentje knoflook, uit de knijper
1–2 tl verse tijmblaadjes
1–2 tl fijngehakte verse peterselie
60 ml witte-wijnazijn
80 ml olijfolie, extra vergine
400 g witte bonen uit blik, uitgelekt en afgespoeld
1 grote rode ui, grofgesneden
3 hardgekookte eieren, in partjes gesneden
3 tomaten, in partjes gesneden

1 Laat de tonijn uitlekken en haal het vlees uit elkaar. Doe de knoflook, tijm, peterselie, azijn en olijfolie in een kom en meng met een vork. Breng op smaak met zout en peper.
2 Doe de bonen en de ui in een grote kom, voeg de dressing toe en meng. Voeg de tonijn toe, schep voorzichtig om, en meng er de helft van de ei- en tomaatpartjes door. Garneer met de rest van het ei en tomaat en dien op.

BOVEN: Thaise noedelsalade

KRABSALADE
MET MANGO

Schil de mango met een scherp mes en snijd het vlees in stukjes.

Snijd het kokosnootvlees met een aspergeschiller in dunne plakjes.

Schenk de dressing over de krab, garnalen, mango en kokosnoot.

BOVEN: Krabsalade met mango

KRABSALADE MET MANGO

Voorbereidingstijd: 25 minuten
Kooktijd: 5 minuten
Voor 4 personen

☆

Dressing

80 ml lichte olijfolie
60 ml limoensap
1 tl (Thaise) vissaus
1/2 kleine groene Spaanse peper, fijngesneden
1 el fijngehakte verse koriander
2 tl geraspte verse gember

blokjes van 2 x 4 cm verse kokosnoot
1 tl olijfolie
60 g waterkers zonder steeltjes
100 g peulkiemen
100 g kleine gekookte garnalen
400 g gekookte verse krab of krab uit blik, uitgelekt
1 stevige rijpe mango, in dunne reepjes
verse korianderblaadjes, als garnering
1 limoen, in schijfjes, als garnering

1 Combineer de ingrediënten voor de dressing en breng op smaak met zout en versgemalen zwarte peper. Zet even weg zodat de smaken zich kunnen ontwikkelen.
2 Snijd de kokosnoot in flinterdunne plakjes met een aspergeschiller. Verhit de olijfolie in een pan en bak de kokosnoot goudbruin. Laat uitlekken op keukenpapier.
3 Meng de waterkers en de peulkiemen en verdeel op een bord.
4 Pel de garnalen en trek voorzichtig het donkere darmpje eruit; begin bij de kop. Meng het krabvlees, de garnalen, mango en driekwart van de gebakken kokosnoot losjes met de dressing. Schep in het midden van de waterkers, verdeel de rest van de kokosnoot erover en garneer met korianderblaadjes en plakjes limoen.

SPAANSE ZEEVRUCHTEN-SALADE

Voorbereidingstijd: 40 minuten + 2 uur koelen
Kooktijd: 10 minuten
Voor 6 personen

✯✯

750 g rauwe middelgrote garnalen
200 g sint-jakobsschelpen
12–15 mosselen
2 schijfjes citroen
2 laurierblaadjes
mespuntje gedroogde tijm
250 g broccoli, in roosjes verdeeld
3 tl kappertjes
20 gedroogde en gezouten zwarte olijven
3 lente-uitjes, gesneden
1/2 groene paprika, in blokjes
60 ml olijfolie
2 el citroensap
1 tl dijonmosterd
1 teentje knoflook, uit de knijper

1 Pel de garnalen en trek voorzichtig het donkere darmpje eruit; begin bij de kop.

2 Verwijder darmpjes, vliezen of harde witte spiertjes van de jakobsschelpen, maar laat eventueel kuit zitten.

3 Borstel de mosselen schoon en verwijder de baarden. Gooi geopende schelpen die niet sluiten als u de helften op elkaar drukt weg. Spoel ze af.

4 Doe citroenschijfjes, laurierblaadjes, tijm en 750 ml water in een grote pan en breng aan de kook. Voeg de jakobsschelpen toe en kook ze 30–60 seconden tot ze ondoorschijnend zijn. Haal ze uit de pan met eens schuimspaan en laat uitlekken op keukenpapier. Doe de garnalen in de pan en kook ze 2–3 minuten. Haal uit de pan en laat uitlekken op keukenpapier. Doe de mosselen in de pan en kook ze 4–5 minuten tot ze zich hebben geopend; schud de pan zo nu en dan. Laat de mosselen uitlekken op keukenpapier en gooi exemplaren weg die zich niet hebben geopend. Gooi de bovenste schelp van de mosselen weg. Doe alle zeevruchten in een kom.

5 Kook de broccoli 2 minuten in kokend water. Dompel de roosjes vervolgens in koud water en giet ze af. Doe ze bij de zeevruchten met de kappertjes, olijven, lente-uitjes en de in blokjes gesneden groene paprika.

6 Klop de olie, citroensap, mosterd, knoflook en wat zout en versgemalen zwarte peper in een kom. Schenk over de zeevruchten en meng goed zodat alle zeevruchten bedekt zijn. Zet afgedekt 2 uur in de koelkast en dien op.

GARNALEN
Voor de liefhebber van zeevruchten zijn er weinig dingen begeerlijker dan verse garnalen. Verse garnalen moeten altijd een frisse, ziltige geur hebben en mooi glanzen. De pantsers moeten stevig aanvoelen. Garnalen die naar ammoniak ruiken en die donkere verkleuringen bij de kop en poten hebben, dient u weg te gooien, aangezien dit tekenen zijn die duiden op bederf.

LINKS: Spaanse zeevruchtensalade

BAKKEN, FRITUREN & ROERBAKKEN

Er is vaak gezegd dat verse vis met heldere ogen en het zeezout nog klevend aan zijn vel niets anders nodig heeft dan wat schuimende boter en een hete pan (en misschien een paar druppels citroen) om volkomen tot zijn recht te komen. Dat wil niet zeggen dat gefrituurde vis niet zijn trouwe schare aanhangers heeft. Voor veel mensen is een gefrituurd lekkerbekje aan het strand het summum van culinaire perfectie. En geroerbakte zeevruchten? Sommige hoeven er alleen maar aan te denken of ze gaan al watertanden...

GEBAKKEN VIS

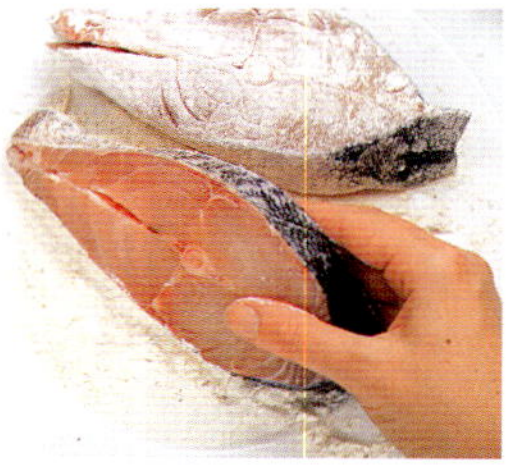

Haal beide kanten van de vis door de bloem en schud overtollige bloem eraf.

Bak de vis in 3 minuten aan een kant bruin en bak dan de andere kant.

Zet het vuur lager en bak de vis tot het vlees gemakkelijk met een vork is los te halen.

RECHTS: Gebakken vis

GEBAKKEN VIS

Voorbereidingstijd: 5 minuten
Kooktijd: 8 minuten
Voor 4 personen

☆

2–3 el bloem
4 filets van witte vis (bijv. tong, schol, snapper)
olijfolie, om te bakken

1 Zeef de bloem samen met wat zout en peper op een groot bord. Dep de vis droog met keukenpapier en haal beide kanten van de vis door de bloem. Schud overtollige bloem eraf.
2 Verhit ongeveer 3 mm olie in een grote koekenpan tot deze zeer heet is. Leg de vis in de hete olie en bak hem 3 minuten aan een kant, draai om en bak aan de andere kant 2 minuten, tot de vis bruin en knapperig is. Zet het vuur lager en bak de vis nog 2–3 minuten tot het vlees gemakkelijk los te halen is met een vork.
3 Haal de vis uit de pan en laat kort uitlekken op keukenpapier. Als u meerdere vissen moet bakken en deze kunnen niet tegelijk in de pan, houd de reeds gebakken vis dan warm terwijl u de andere vis bakt. Serveer direct.
TIP: Deze methode werkt voor alle visfilets en vismoten. De baktijd is echter afhankelijk van de dikte van de vis.

VIS MET EEN KORSTJE VAN KAAS EN KRUIDEN

Neem 4 x 200 g visfilet zonder vel (bijv. leng, snapper of zeebaars) en haal ze door de bloem. Doop ze in een met 1 el melk losgeklopt ei en bedek ze daarna met een mengsel van 50 g gedroogd broodkruim, 2 el verse dille, 2 el verse peterselie, 4 el geraspte Parmezaanse kaas en 4 el licht gekneusd amandelschaafsel. Druk stevig aan. Verhit 1 el olie en 30 g boter in een koekenpan, voeg de vis toe en bak deze boven matig vuur aan beide kanten goudbruin en gaar. Serveer hierbij guacamole of tartaarsaus (zie blz. 128). Voor 4 personen.

GEROERBAKTE GARNALEN EN SINT-JAKOBSSCHELPEN

Voorbereidingstijd: 30 minuten + 10 minuten marineren
Kooktijd: 15 minuten
Voor 4 personen

☆☆

500 g rauwe kleine garnalen
300 g sint-jakobsschelpen
2 tl vijfkruidenpoeder
1–2 kleine rode Spaanse pepers, zonder zaadjes en fijngesneden
2–3 teentjes knoflook, uit de knijper
2 el olie
2 tl sesamolie
200 g groene asperges, in korte stukjes gesneden
150 g peultjes (sugar snaps), schoongemaakt
125 g rucolablaadjes, in reepjes gescheurd
2 el lichte sojasaus
2 el citroensap
1 el sake of medium sherry
1 el olie, extra
1 el honing
6 lente-uitjes, fijngesneden
1 el gehakte verse koriander
1 el sesamzaadjes, lichtgeroosterd

1 Pel de garnalen, behalve de staart. Trek voorzichtig het donkere darmpje eruit; begin bij de kop. Verwijder darmpjes, vliezen of harde witte spiertjes van de jakobsschelpen, maar laat eventueel kuit zitten.
2 Doe het vijfkruidenpoeder, Spaanse peper, knoflook en de twee soorten olie in een niet-metalen kom. Voeg de garnalen en de jakobsschelpen toe en schep alles goed door elkaar. Zet 10 minuten afgedekt weg in de koelkast.
3 Blancheer de asperges en de peultjes kort in kokend water. Giet af en dompel ze in een pan met ijskoud water; giet dan opnieuw af. Schik de asperges, peultjes en rucola op vier borden.
4 Doe de sojasaus, citroensap, sake, extra olie en honing in een kom en meng goed door elkaar.
5 Verhit de wok en roerbak de garnalen, jakobsschelpen en lente-ui 3–4 minuten boven hoog vuur. Haal uit de wok en houd apart.
6 Doe de saus en de koriander in de wok en breng aan de kook. Kook 1–2 minuten boven hoog vuur. Doe de zeevruchten weer in de wok en schep door de saus. Verdeel over 4 borden en bestrooi met sesamzaadjes.

BOVEN: Geroerbakte garnalen en sint-jakobsschelpen

FISH AND CHIPS

Als de olie heet genoeg is, is een stukje brood binnen 30 seconden bruin.

Keer de vis eventueel met een tang.

RECHTERBLADZIJDE: Fish and chips (boven), scampi in een broodkorstje en calamari met chili-pruimensaus

FISH AND CHIPS

Voorbereidingstijd: 25 minuten + weektijd
Kooktijd: 25 minuten
Voor 4 personen

☆☆

150 g bloem
375 ml bier
4 kruimige aardappels
olie, om te frituren
4 filets van stevige witte vis (bijv. kabeljauw, koolvis, schol, pollak)
maïsbloem
partjes citroen

1 Zeef de bloem in een grote schaal en maak er een kuiltje in. Voeg langzaam het bier toe en klop tot een glad beslag. Dek af en hou apart.
2 Schil de aardappels en snijd ze in frites van 1 cm dik. Week ze 10 minuten in koud water. Laat ze uitlekken en dep ze droog. Vul een diepe pan met eenderde olie en verhit deze tot 160°C of tot een stukje brood in 30 seconden bruin wordt. Bak de frites in porties in 4–5 minuten goudgeel. Haal ze uit de olie met een schuimspaan. Laat uitlekken op keukenpapier.
3 Verhit vlak voor het serveren de olie opnieuw tot 180°C, of tot een stukje brood in 15 seconden bruin wordt. Bak de frites dan in porties tot ze knapperig en goudbruin zijn. Laat uitlekken op keukenpapier. Houd ze warm in de oven. Serveer met de vis.
4 Dep de vis droog met keukenpapier. Haal door de maïsbloem, doop in het beslag en laat overtollig beslag eraf lekken. Frituur in porties in 5–7 minuten gaar. Keer de vis eventueel met een tang. Laat uitlekken op keukenpapier. Serveer met partjes citroen.

CALAMARI MET CHILI-PRUIMENSAUS

Voorbereidingstijd: 25 minuten
Kooktijd: 12 minuten
Voor 4 personen

☆☆

500 g pijlinktvismantels
30 g bloem, gemengd met zout en peper
1–2 eieren, losgeklopt
250 g vers wit broodkruim
olie, om te frituren

Chili-pruimensaus
1 tl olie
1 teentje knoflook, uit de knijper
300 g donkere pruimenjam
80 ml witte-wijnazijn
1–2 el zoete chilisaus

1 Dep de inktvis droog met keukenpapier. Verwijder het schild en eventueel vel. Snij in ringen van 1 cm dik.
2 Doe de bloem in een plastic zak, voeg de ringen toe en schud door elkaar. Doop de ringen in het losgeklopte ei, laat het overtollige beslag eraf druipen en haal door het broodkruim. Schud het overtollige broodkruim eraf.
3 Vul een diepe pan met olie en verhit tot 180°C. Bak de ringen in porties in 3 minuten goudbruin. Laat uitlekken op keukenpapier. Houd warm. Haal tussendoor de restjes broodkruim uit de olie. Dien warm op met de saus.
4 Verhit voor de saus de olie in een kleine pan boven matig vuur en fruit de knoflook tot hij zacht is. Voeg de jam, azijn en chilisaus toe en roer op matig vuur door elkaar.

SCAMPI IN EEN BROODKORSTJE

Voorbereidingstijd: 15 minuten
Kooktijd: 10 minuten
Voor 4 personen als voorgerecht

☆☆

1 kg gepelde rauwe rivierkreeftjes of gepelde rauwe grote garnalen
60 g bloem
4 eieren, losgeklopt
200 g gedroogd broodkruim
1 el fijngehakte verse peterselie
olie, om te frituren
tartaarsaus (zie blz. 128)
partjes citroen

1 Dep de rivierkreeftjes of de grote garnalen droog met keukenpapier, haal ze door de bloem en schud het overtollige bloem eraf. Doop in het ei en haal vervolgens door het met de peterselie gemengde broodkruim.
2 Vul een zware, diepe pan voor eenderde met olie en verhit tot 180°C. Frituur de scampi in porties in 2 minuten goudgeel. Laat uitlekken. Serveer met tartaarsaus en partjes citroen.

GARNALENPASTA
Garnalenpasta, ook wel *trassie* genoemd, wordt gemaakt van gezouten en gefermenteerde garnalen, die gedroogd worden en dan in blokken geperst. Garnalenpasta heeft een indringende geur. Hoewel het niet koel hoeft te worden bewaard, kunt u de geur beperken door de pasta in plastic te verpakken en in een luchtdichte verpakking in de koelkast of vriezer te bewaren. Garnalenpasta wordt altijd eerst gebakken voordat het aan een gerecht wordt toegevoegd. In Thailand, Maleisië en Indonesië een populaire smaakmaker. Gebruik het met mate.

BOVEN: Thaise vis met zoete Spaanse-pepergelei

THAISE VIS MET ZOETE SPAANSE-PEPERGELEI

Voorbereidingstijd: 30 minuten + 2 uur marineren
Kooktijd: 35 minuten
Voor 4–6 personen

☆☆☆

2 hele vissen (bijv. snapper, zeebaars, roodbaars, platkopharder, elk ongeveer 1 kg)
1 stengel citroengras, alleen witte deel, gekneusd met een mes en in vieren gesneden
6 limoenblaadjes, gehalveerd
25 g verse korianderblaadjes en -steeltjes
125 ml vissaus
80 ml limoensap
pindaolie (arachideolie), om te frituren

Zoete Spaanse-pepergelei

1 tl olie
1 tl garnalenpasta
180 g geraspte palmsuiker of bruine suiker
1 stengel citroengras, alleen witte deel, gekneusd met een mes en gehalveerd
stukje verse galanga (laos) van 5 cm, gehalveerd
4 kleine rode Spaanse pepers, fijngesneden
2 tl geraspte limoenschil
80 ml limoensap

1 Was de vis en dep van binnen en van buiten droog. Maak op het dikste punt van de vis diepe inkepingen met een mes. Vul de openingen met de helft van het limoengras, de limoenblaadjes en koriander. Zet de openingen vast met cocktailprikkers. Leg in een lage, niet-metalen schaal.
2 Meng de vissaus met limoensap en schenk over de vis. Laat de vis ongeveer 2 uur in de koelkast marineren; draai de vis na een uur om. Laat uitlekken en dep droog met keukenpapier.
3 Verhit voor de gelei de olie in een kleine pan en bak de garnalenpasta tot de geur vrijkomt. Voeg suiker, limoengras, galanga, Spaanse peper, limoenrasp en -sap en 200 ml water toe. Roer boven matig vuur tot de suiker is opgelost, breng aan de kook, zet het vuur lager en laat 10 minuten zachtjes inkoken. Verwijder de galanga en het citroengras. Houd warm.
4 Vul een wok voor eenderde met olie en verhit tot 180°C. Frituur de vis in porties in 10 minuten knapperig en goudbruin; lepel de hete olie over de vis met een lange metalen lepel. Laat uitlekken op keukenpapier en sprenkel de gelei erover.

ZALM MET PREI EN CAMEMBERT

Voorbereidingstijd: 10 minuten
Kooktijd: 15 minuten
Voor 4 personen

☆

500 g zalmfilet zonder vel
60 g grove mosterd
1 el limoensap
2 el olie
1 prei, alleen witte deel, in lange, dunne reepjes
2 el tamari
2 tl vissaus
1 el honing
75 g peulkiemen
2 el verse korianderblaadjes
100 g camembert, in plakjes
verse korianderblaadjes, extra, als garnering
limoenpartjes

1 Snijd de zalm in dikke repen en leg deze in een glazen of aardewerken kom met de mosterd en limoensap. Schep om zodat alle zalm bedekt is.
2 Verhit de wok tot hij zeer heet is en voeg de olie toe; draai de wok zodat ook de kanten met olie bedekt worden. Voeg in porties de zalm toe en roerbak deze boven hoog vuur tot het vlees roze wordt en enigszins bruin aan de buitenkant. Haal uit de wok.
3 Doe 1 el water in de wok, voeg de prei toe en roerbak deze tot hij goudbruin is. Doe de zalm weer in de wok, met de tamari, vissaus en honing. Warm de zalm goed door.
4 Haal de wok van het vuur en schep de peulkiemen en korianderblaadjes door de zalm. Kruimel de camembert erover en serveer met extra koriander en partjes citroen als garnering.
TIPS: Tamari is een dikke sojasaus gemaakt van gegiste sojabonen, tarwe en zeezout en wordt veel in de macrobiotische keuken gebruikt.

Voor dit recept kunt u ook zeeforel gebruiken.

ONDER: Zalm met prei en camembert

ZWAARDVIS MET PAKSOI

Voorbereidingstijd: 20 minuten
Kooktijd: 10 minuten
Voor 4 personen

✯

500 g zwaarvismoten, in niet te grote stukken gesneden
1 el gekneusde zwarte peper
3 el olie
3 teentjes knoflook, in dunne plakjes
1 ui, in dunne ringen
1 kg paksoi, blaadjes losgehaald
100 g verse shiitake-paddestoelen, in reepjes
2 el hoisinsaus
2 el rijstwijn
1 el oestersaus
1 el sojasaus
1 el geroosterde sesamzaadjes
1 tl sesamolie

1 Rol de stukken zwaardvis door de gekneusde zwarte peperkorrels tot ze aan alle kanten bedekt zijn. Schud overtollige peper eraf.
2 Verhit een wok tot hij zeer heet is en doe er 2 el olie bij; draai de wok zodat ook de kanten met olie bedekt zijn. Roerbak de zwaardvis in porties boven hoog vuur tot hij zacht is, maar roerbak niet te lang. Haal uit de wok en houd warm.
3 Verhit de wok opnieuw, voeg 1 el olie toe en roerbak de knoflook tot hij knapperig en goedbruin is. Voeg de ui toe en roerbak deze tot hij goudbruin is. Voeg de paksoiblaadjes en de gesneden paddestoelen toe en roerbak tot de paksoiblaadjes slinken. Meng de hoisinsaus, rijstwijn, oestersaus en sojasaus in een kom. Schenk in de wok en warm goed door.
4 Doe de zwaardvis weer in de wok en schep alles goed door elkaar. Bestrooi met de sesamzaadjes en sprenkel er wat sesamolie over. Dien gelijk op.
TIP: In plaats van zwaardvis kunt u voor dit recept ook tonijn of – als dat te krijgen is – marlijn gebruiken.

ONDER: Zwaardvis met paksoi

TONIJN MET ZURING HOLLANDAISE

Voorbereidingstijd: 15 minuten
Kooktijd: 10 minuten
Voor 4 personen

✩✩

4 tonijnmoten (elk ongeveer 150 g)
2 el olijfolie

Zuring hollandaise

15 verse zuringblaadjes, steeltjes verwijderd
150 g boter
3 eierdooiers
1 el citroensap

1 Smeer de tonijn in met olie. Verhit de olie in een grote koekenpan en bak de tonijn aan iedere kant 2–3 minuten boven matig vuur. Haal uit de pan, dek af en houd warm.
2 Leg voor de zuring hollandaise de zuringblaadjes in een kom, giet er kokend water over, laat ze uitlekken en spoel ze af met koud water. Dep de blaadjes droog met keukenpapier en hak ze in grove stukken. Smelt de boter in een kleine pan. Meng de eierdooiers 20 seconden in een keukenmachine. Voeg ondertussen in een dun straaltje de hete boter toe en meng t ot er een dikke en romige saus ontstaat. Voeg het citroensap en de zuring toe en breng op smaak met zout en peper. Meng nog eens 20 seconden in de keukenmachine.
3 Leg de warme tonijn op borden, schep er de zuring hollandaise over en dien op.
TIP: In plaats van tonijn kunt u voor dit recept ook zalm of zwaardvis gebruiken.

GEBAKKEN GRAVAD LAX

Gravad lax (zie blz. 62) kan zowel warm als koud worden geserveerd. Snijd de gravad lax in moten van 4 x 150 g. Verhit een beetje olie in een koekenpan en leg hierin de moten vis. Bak 2–3 minuten tot de vis lichtbruin is en bak daarna de andere kant. Bak niet te lang – de zalm dient nog roze te zijn van binnen. De baktijd is afhankelijk van de dikte van de vismoten. Voor 4 personen.

BOVEN: Tonijn met zuring hollandaise

SAUZEN

Een eenvoudig stuk verse gekookte of gebakken vis wordt een onweerstaanbare lekkernij als u er een van deze populaire sauzen bij serveerd.

TARTAARSAUS

Meng 1 el gesnipperde ui, 1 tl citroensap, 1 el fijngehakte augurk, 1 tl fijngehakte kappertjes, 1/4 tl dijonmosterd, 1 el fijngehakte verse peterselie en 375 g mayonaise goed door elkaar. Breng op smaak met zout en peper en bewaar maximaal een maand afgedekt in de koelkast. Ongeveer 500 g.

COCKTAILSAUS

Meng 250 g mayonaise, 3 el tomatenketchup, 2 tl worcestershiresaus, 1/2 tl citroensap en 1 druppel tabasco in een kom. Breng op smaak met zout en peper. Bewaar maximaal een maand afgedekt in de koelkast. Ongeveer 250 g.

GROENE-KRUIDENDRESSING

Meng 375 g mayonaise, 4 fijngewreven ansjovisfilets, 4 fijngesneden lente-uitjes, 1 uitgeperst teentje knoflook, 3 el fijngehakte verse bladpeterselie, 3 el fijngehakt bieslook en 1 tl dragonazijn. Bewaar maximaal een maand afgedekt in de koelkast. Ongeveer 500 g.

CITROEN-KAPPERTJESBOTER

Meng 250 g zachte boter in een kom met 1 el fijngeraspte citroenschil, 1 el citroensap, 1 uitgeperst teentje knoflook en 1 el fijngehakte kappertjes. Rol stevig op in plasticfolie en bewaar maximaal een maand afgedekt in de koelkast. Snijd de rol voor het opdienen in plakjes. Serveer op kamertemperatuur. Ongeveer 300 g .

MONTPELLIERBOTER

Klop 250 g zachte boter romig. Blancheer 100 g jonge spinaziebladjes. Laat uitlekken en dompel ze in koud water. Knijp er zoveel mogelijk vocht uit. Hak in grove stukken en meng dan in de keukenmachine met 2 el gehakte verse peterselieblaadjes, 1 el gehakte verse dragon, 2 kleine gehakte augurken, 1 el kappertjes, 2 ansjovisfilets, 2 hardgekookte eierdooiers, 1 tl citroensap en 2 el olie. Meng tot alles goed fijn is. Roer door de boter en breng op smaak met zout en versgemalen zwarte peper. Zet afgedekt 3 dagen in de koelkast, of vries de boter in. Serveer op kamertemperatuur. De boter wordt in klontjes op warme vis gelegd. Ongeveer 250 g.

WITTE-WIJNSAUS

Verhit 1 el boter in een middelgrote pan, voeg 1 fijngesneden lente-ui toe en fruit deze op matig vuur tot de ui zacht is. Schenk hierover 125 ml witte wijn, breng aan de kook en laat 5 minuten zachtjes koken tot de wijn voor de helft is ingekookt. Voeg 125 ml room en 125 ml melk toe en breng aan de kook. Meng 3 tl zachte boter en 3 tl bloem tot een pasta, klop deze door de kokende vloeistof en laat het mengsel koken tot het is ingedikt. Breng op smaak met zout en peper. Als de saus te dik is, kunt u er een beetje melk doorheen doen. De saus moet zich gemakkelijk laten uitschenken. Bewaar afgedekt maximaal 3 dagen in de koelkast. Ongeveer 250 g.

VAN LINKS NAAR RECHTS: Tartaarsaus, cocktailsaus, groene-kruidendressing, citroen-kappertjesboter, Montpellierboter, witte-wijnsaus

GARNALEN MET KNOFLOOK EN GEMBER

Snijd de garnalen aan de achterkant open.

Verwijder voorzichtig het donkere darmpje.

Vouw de garnalen helemaal open en leg ze plat.

BOVEN: Garnalen met knoflook en gember

GARNALEN MET KNOFLOOK EN GEMBER

Voorbereidingstijd: 25 minuten
Kooktijd: 10 minuten
Voor 4 personen

☆

1 kg rauwe grote garnalen
2 el olie
3–4 teentjes knoflook, fijngesneden
stukje van 5 cm verse gember, in dunne reepjes
2–3 rode Spaanse pepertjes, zonder zaadjes
6 verse korianderworteltjes, fijngesneden
8 lente-uitjes, diagonaal in stukjes gesneden
1/2 rode paprika, fijngesneden
2 el citroensap
125 ml witte wijn
2 tl geraspte palmsuiker of bruine suiker
2 tl vissaus
1 el verse korianderblaadjes, als garnering

1 Pel de garnalen, behalve de staart. Snijd de garnalen aan de achterkant open en verwijder het donkere darmpje. Vouw de garnalen open.
2 Verhit een wok tot deze zeer heet is en doe er de olie bij; draai de wok zodat ook de zijkant met olie bedekt is. Roerbak de helft van de garnalen, knoflook, gember, fijngesneden Spaanse peper en korianderwortel ongeveer 1–2 minuten boven hoog vuur tot de garnalen roze zijn; haal van het vuur. Herhaal met de rest van de garnalen, knoflook, gember, fijngesneden Spaanse peper en korianderwortel. Haal de garnalen uit de wok en houd apart.
3 Doe de lente-ui[illegible] en de paprika in de wok. Bak 2–3 minuten boven hoog vuur. Voeg dan het citroensap, de wijn en palmsuiker toe en kook het mengsel voor tweederde in.
4 Doe de garnalen weer in de wok en sprenkel er naar smaak vissaus over. Warm de garnalen al omscheppend door. Haal van het vuur en strooi er de korianderblaadjes over. Serveer direct.

KROKANTE VISFILETS

Voorbereidingstijd: 10 minuten
Kooktijd: 6 minuten
Voor 4 personen

☆

75 g maïsmeel
4 filets van stevige witte vis (bijv. zeebaars, zonnevis, wijting, schelvis, kabeljauw)
60 ml olie
170 g mayonaise
2 el gehakt vers bieslook
1 el zoete chilisaus

1 Strooi het maïsmeel op een bord. Maak met een scherp mes diagonaal 4 ondiepe kerven in de huid van elke visfilet, zodat de vis tijdens het bakken niet gaat krullen.
2 Druk de visfilets stevig in het maïsmeel. Verhit de olie in een koekenpan boven niet te hoog vuur. Voeg de vis toe en bak met de velkant boven 3 minuten. Draai de filets om en bak nog eens 3 minuten tot het vlees zacht is en gemakkelijk met een vork is los te maken. Haal uit de pan en laat uitlekken op keukenpapier.
3 Meng mayonaise, bieslook en chilisaus in een kom en geef bij de vis.

SPAANSE MAKREEL MET KNOFLOOKBOTER

Voorbereidingstijd: 10 minuten
Kooktijd: 15 minuten
Voor 4 personen

☆

2 el olie
80 g boter
4 teentjes knoflook, uit de knijper
4 x 180 g Spaanse-makreelfilets
30 g geschaafde amandelen
2 el fijngehakte verse peterselie

1 Verhit de olie en de boter in een pan. Voeg de knoflook toe en fruit deze in 2 minuten boven laag vuur goudgeel. Haal uit de pan.
2 Doe de vis in de pan en bak hem boven hoog vuur aan iedere kant 2–3 minuten of tot het vlees gemakkelijk met een vork is los te halen. Haal uit de pan en houd warm.
3 Doe de amandelen bij het vet in de pan en rooster ze goudbruin. Voeg de peterselie en de apart gehouden knoflookboter toe en roer 1 minuut door.
4 Serveer de warme vis overdekt met het amandel-peterseliemengsel.

ZONNEVIS

De Engelse naam voor deze vreemd uitziende vis is John Dory, en in Frankrijk noemen ze hem Saint-Pierre (Sint-Pieter). De zonnevis heeft een groot hoofd, een enorme mond en een diep, dun lichaam. Aan weerszijden van het lichaam heeft hij een zwarte, op een vingerafdruk gelijkende vlek, die het onderwerp is van tal van legenden. Een daarvan is dat Petrus zijn vingerafdruk zou hebben achtergelaten nadat hij een angstige zonnevis had teruggegooid in het Meer van Tiberias. In een andere versie gooide Petrus de vis terug omdat hij hem zo lelijk vond. Aangezien het een zoutwatervis is, kan hij echter nooit in het meer zijn gevangen. Niettegenstaande zijn lelijkheid heeft de zonnevis een heerlijke smaak, die vooral gefrituurd goed tot zijn recht komt.

LINKS: Krokante visfilets

KROKANT GEBAKKEN VISCURRY

Voorbereidingstijd: 30 minuten + 15 minuten weken
Kooktijd: 10 minuten
Voor 4 personen

☆

4 gedroogde rode Spaanse pepertjes
100 g sjalotjes
3 teentjes knoflook, gesneden
2 stengels citroengras, alleen witte deel, fijngesneden
4 verse korianderworteltjes
2 tl geraspte limoenschil
1/2 tl groene peperkorrels (potje), in stukjes gehakt
125 ml olie
4 dikke visfilets zonder vel (bijv. snapper, leng, elk ongeveer 200 g)
125 ml kokosmelk
1 el vissaus
4 limoenblaadjes, in stukjes gescheurd
2 el limoensap

1 Week de gedroogde pepertjes 15 minuten in een kom heet water. Laat uitlekken en hak in kleine stukjes.

2 Draai de pepertjes, sjalotjes, knoflook, citroengras, korianderworteltjes, limoenrasp en de peperkorrels in een keukenmachine tot een gladde pasta. Voeg intussen 1 el olie toe om het proces te versnellen en schraap regelmatig de zijkanten van de kom schoon met een rubberen spatel. Smeer de pasta licht over een zijde van de visfilets.

3 Verhit de rest van de olie in een grote, zware koekenpan. Bak de vis 2–3 minuten aan iedere kant tot hij net gaar is; draai de vis om, maar zorg dat hij niet breekt.

4 Roer de kokosmelk, vissaus, limoenblaadjes en limoensap door elkaar. Schenk over de vis, zet het vuur lager en laat 3 minuten zachtjes koken. Haal de vis uit de pan en besprenkel met de saus die achterblijft in de pan.

ONDER: Krokant gebakken viscurry

GEKARAMELISEERDE GARNALEN

Voorbereidingstijd: 25 minuten
Kooktijd: 15 minuten
Voor 4 personen

☆☆☆

500 g rauwe middelgrote garnalen
6 lente-uitjes
4 el suiker
1 el olie
3 teentjes knoflook, fijngesneden
1 el vissaus
1 el limoensap
1 el bruine basterdsuiker
1/2 tl zout
1/4 rode paprika, in reepjes gesneden

1 Verwijder de koppen van de garnalen maar laat de rest intact. Maak een kleine inkeping in de rug van de garnalen over driekwart van het lichaam. Haal het donkere darmpje er met een fijne naald uit. Spoel de garnalen af onder de koude kraan en dep ze droog met keukenpapier.

2 Snijd de helft van de lente-uitjes fijn. Snijd de rest in stukjes van 4 cm en snijd deze weer in dunne reepjes.

3 Neem voor de karamelsaus een klein steelpannetje en los daarin de suiker op in 3 el water boven matig vuur. Breng het water daarna aan de kook, zet het vuur lager en laat het zonder te roeren 5 minuten zachtjes koken tot de siroop donker kleurt. Laat de suiker niet aanbranden. Haal de pan van het vuur en voeg 4 el water toe – het zal gaan spatten en sissen en de karamel gaat klonteren. Zet de pan weer op het vuur en roer tot de klontjes zijn opgelost.

4 Verhit de olie in een wok of zware koekenpan boven matig vuur. Voeg de knoflook en de gesneden lente-ui toe. Voeg in porties de garnalen toe en roerbak ze 3 minuten tot ze roze kleuren. Sprenkel er de karamelsaus en de vissaus over en roerbak nog 1 minuut. Voeg het limoensap, suiker, zout en de rest van de lente-uitjes toe en schep goed dooreen. Garneer met de snippers Spaanse peper en dien onmiddellijk op.

TIP: De garnalenpantsertjes kunnen gegeten worden als ze zacht zijn. Voor wie ze liever pelt, wordt een vingerkommetje met water en citroen klaargezet.

KNOFLOOK
Knoflook werd al in het Oude Egypte gebruikt en wordt ook genoemd in de eerste boeken over China. Knoflookteentjes worden veel gebruikt omdat ze een heerlijk aroma geven aan tal van gerechten. Als de teentjes fijngesneden of uitgeperst worden, is het aroma intenser dan wanneer de knoflook heel of gehalveerd door het gerecht wordt verwerkt en voor het serveren weer worden verwijderd. Van rauwe knoflook wordt gezegd dat het medicinale eigenschappen zou hebben.

BOVEN: Gekarameliseerde garnalen

GEFRITUURDE SPIERING

Voorbereidingstijd: 10 minuten
Kooktijd: 10 minuten
Voor 6 personen

✯✯

- 500 g spiering
- 2 tl zeezout
- 40 g bloem
- 30 g maïsmeel
- 2 tl fijngehakte verse bladpeterselie
- olie, om te frituren
- 1 limoen, in partjes

1 Doe de spiering met het zeezout in een kom en meng goed. Dek af en zet koel.
2 Meng de gezeefde bloem en het maïsmeel in een kom en breng op smaak met gemalen peper. Verhit een diepe, zware pan voor eenderde met olie en verhit tot 180°C. Meng eenderde van de spiering door het bloemmengsel en schud de bloem eraf. Frituur de spiering in 1½ minuut goudgeel en knapperig. Laat uitlekken op keukenpapier. Herhaal met de overige spiering.
3 Verhit de olie opnieuw en frituur de spiering een tweede keer, in porties, steeds in 1 minuut goudbruin. Laat uitlekken op keukenpapier en serveer warm met partjes citroen.

GEFRITUURDE PIJLINKTVIS

Voorbereidingstijd: 30 minuten + 30 minuten koelen
Kooktijd: 5 minuten
Voor 4 personen

✯✯

- 500 g kleine pijlinktvis (ongeveer 20 stuks)
- 40 g bloem
- olie, om te frituren
- partjes citroen

1 Maak de pijlinktvis schoon: trek de armen en tentakels voorzichtig uit de mantel; de ingewanden moeten gelijk meekomen. Snijd de tentakels net onder de ogen los van de ingewanden en druk de snavel met uw vingers omhoog en eruit. Trek het zachte, doorzichtige rugschild uit de mantel. Spoel de mantels en de tentakels onder koud stromend water schoon en laat alles goed uitlekken. Doe de inktvis in een kom en roer er wat zout door. Dek de kom af en zet hem 30 minuten in de koelkast.
2 Meng de bloem met een snufje zout en wat gemalen peper in een lage schaal. Vul een diepe, zware pan voor eenderde met olie en verhit tot 180°C. Rol de pijlinktvismantels door de bloem en frituur ze in porties in 30–60 seconden lichtbruin en zacht. Meng de tentakels door de bloem en frituur ze in 20–30 seconden lichtbruin en zacht. Dek de frituurpan tijdens het frituren af, want inktvis heeft de neiging om te gaan spatten. Laat uitlekken op keukenpapier. Schep de inktvis op een schaal en strooi er wat zout over. Serveer warm met partjes citroen.

VIS-TEMPURA

Voorbereidingstijd: 10 minuten
Kooktijd: 20 minuten
Voor 24 stuks

✯✯

- 1 vel nori (gedroogd zeewier)
- 3 el tempurabloem
- 500 g visfilet (bijv. snapper, zeebaars, schelvis, zonnevis, leng), in niet te grote stukken
- 250 ml ijswater
- 250 g tempurabloem
- olie, om te frituren

1 Knip de nori met een schaar in kleine vierkantjes en meng op een bord met de tempurabloem.
2 Voor het tempurabeslag mengt u het ijswater snel met de tempurabloem. Het beslag moet nog enigszins klonterig zijn. Als het te dik is, voeg dan nog wat water toe. Vul een diepe, zware pan voor eenderde met olie en verhit tot 180°C. De olie is goed als ¼ tl van het in de olie gedompelde beslag zijn vorm behoudt, gaat sissen en boven komt drijven. Zorg ervoor dat de olie op temperatuur blijft en niet te heet wordt. De vis moet gaar en bruin worden.
3 Doop de vis, in porties, in de nori en de bloem, en dan in het beslag. Frituur goudbruin en laat uitlekken op keukenpapier. Breng op smaak met zout en peper en houd warm op een bakplaat in een niet te hete (120°C) oven.
TIP: Tempurabloem kunt u kopen in Japanse en andere Oosterse winkels. Als u het niet kunt krijgen, kunt u het vervangen door 90 g rijstebloem en 185 g gewone bloem.

SPIERING
Spiering is een piepklein visje, dat in viswinkels vaak in bosjes wordt verkocht. Vooral in de lente en zomer is de aanvoer groot, maar diepgevroren zijn ze het hele jaar te krijgen. Omdat spiering zo klein is, kunt u ze het beste in hun geheel eten. Ze zijn heel goed te gebruiken in omeletten, fritots en viskoekjes. Ze kunnen twee dagen in een luchtdichte verpakking worden bewaard, maar u moet er wel voor zorgen dat het vocht kan weglopen; bewaar ze niet in een plastic zak. Om ze te kunnen invriezen moet u eerst het vocht laten weglopen. Diepgevroren in een goed afgesloten diepvrieszak zijn ze 6 maanden te bewaren.

LINKERBLADZIJDE: Gefrituurde spiering (boven), gefrituurde pijlinktvis

HETE BALINESE PIJLINKTVIS

Voorbereidingstijd: 30 minuten
Kooktijd: 10 minuten
Voor 4 personen

☆☆

750 g pijlinktvismantels
60 ml citroensap
3 el olie
1 grote rode Spaanse peper, zonder zaadjes en fijngesneden
3 lente-uitjes, in ringetjes gesneden
1 el tamarindeconcentraat
1 stengel citroengras, witte deel, in ringetjes
250 ml visbouillon
1 el verse Thaise basilicumblaadjes, gesnipperd

Specerijenpasta

2 grote rode Spaanse pepers, zonder zaadjes en fijngesneden
2 teentjes knoflook, gesneden
stukje van 2 cm verse gember, gesneden
stukje van 2 cm verse kurkuma, gesneden
3 lente-uitjes, gesneden
1 rijpe tomaat, zonder vel en zaadjes, gesneden
2 tl korianderzaadjes
1 tl garnalenpasta (trassie)

1 Snijd de pijlinktvismantels in de lengte doormidden, vouw ze open en leg ze plat neer met de binnenkant naar boven. Snijd een ruitjespatroon in de pijlinktvismantels, maar pas daarbij op dat u niet te diep snijdt. Snijd de inktvis in stukjes van 4 cm en meng in een kom met het citroensap. Bestrooi met zout en peper.
2 Snijd voor de specerijenpasta de ingrediënten in een keukenmachine zeer fijn.
3 Verhit 2 el van de olie in een wok of grote koekenpan. Bak de pijlinkvis, Spaanse peper en lente-ui in porties 2 minuten boven matig vuur tot de inktvis begint te krullen. Haal uit de wok.
4 Verhit de rest van de olie in de wok en voeg de specerijenpasta, tamarindeconcentraat en citroengras toe. Fruit 5 minuten boven matig vuur tot de geuren vrijkomen.
5 Doe de inktvis weer in de wok en voeg de bouillon toe. Breng op smaak met zout en peper en het basilicum. Breng aan de kook, zet het vuur lager en laat 2 minuten zachtjes koken.

BOVEN: Hete Balinese pijlinktvis

VENUSSCHELPEN IN SAMBALSAUS

Voorbereidingstijd: 15 minuten
Kooktijd: 12–15 minuten
Voor 4 personen

☆☆

1 kg verse venusschelpen
3 teentjes knoflook, fijngesneden
3 kleine rode Spaanse pepers, zonder zaadjes en in de lengte in reepjes gesneden
1 el lichte sojasaus
250 ml vis- of kipbouillon
5 el verse Thaise basilicumblaadjes

Sambalsaus

2 el olie
2 lente-uitjes, in ringetjes gesneden
2 teentjes knoflook, fijngesneden
85 g kleine gedroogde garnalen
6 kleine rode Spaanse pepers, zonder zaadjes
2 tl geraspte palmsuiker of bruine suiker
2 tl vissaus
2 tl tamarindepuree

1 Week de venusschelpen 30 minuten in koud water. Gooi beschadigde of open schelpen die niet sluiten als u ze dichtdrukt weg.
2 Verhit voor de sambal de olie in een wok en fruit de lente-ui, knoflook, gedroogde garnalen en Spaanse peper boven matig vuur in 3 minuten goudbruin. Haal uit de pan met een bakspaan en houd de olie apart.
3 Doe het garnalenmengsel met de suiker in een vijzel en maal alles goed fijn. Voeg de vissaus, tamarindepuree en een snufje zout toe. Maal het geheel tot een fijne pasta.
4 Verhit de apart gehouden olie in een wok. Voeg de knoflook, Spaanse peper, het gefruite Spaanse-pepermengsel en de sojasaus toe. Meng goed, voeg de bouillon toe en breng aan de kook. Voeg de venusschelpen toe en kook ze 2–3 minuten op hoog vuur. Gooi ongeopende schelpen weg. Roer het basilicum erdoor en serveer met gekookte jasmijnrijst.
TIP: Gedroogde garnalen zijn te krijgen bij Oosterse winkels. Ze smaken heerlijk in geroerbakte gerechten en in salades. Bewaar ze in een luchtdichte verpakking.

ONDER: Venusschelpen in sambalsaus

SPIERINGFRITOTS

Voorbereidingstijd: 20 minuten + 20 minuten staan
Kooktijd: 15 minuten
Voor 10 stuks

☆☆

30 g zelfrijzend bakmeel
30 g bloem
1/2 tl natriumbicarbonaat
1 ei, losgeklopt
60 ml droge witte wijn
2 tl gehakte verse bladpeterselie
1 teentje knoflook, uit de knijper
1/2 kleine ui, geraspt
200 g spiering
oliifolie, om te bakken
partjes citroen

1 Zeef bakmeel, bloem, natriumbicarbonaat, 1 tl zout en wat versgemalen zwarte peper in een schaal en maak een kuiltje in het midden. Voeg langzaam een mengsel van ei en wijn toe en klop met een garde tot een glad beslag. Roer de peterselie, knoflook, ui en de spiering erdoor. Dek af en zet 20 minuten weg.

2 Verhit een laagje van 2,5 cm olie in een zware koekenpan tot 180°C of tot een stukje brood in 15 seconden bruin wordt. Doe een paar eetlepels beslag in de olie; steeds 4 of 5 tegelijk. Als het beslag is uitgezet en er ontstaan belletjes op het oppervlak, draai de fritots dan om met een tang en bak ze aan de andere kant. Laat uitlekken op keukenpapier en herhaal met de rest van het beslag. Serveer met partjes citroen.

HOMARD À L'AMÉRICAINE

Voorbereidingstijd: 30 minuten + 1 uur koelen
Kooktijd: 40 minuten
Voor 4 personen

☆☆☆

4 kreeften van 500 g
4 el olijfolie
1 ui, fijngesnipperd
1 wortel, fijngesneden
1 stengel selderij, fijngesneden
1 teentje knoflook, geperst
500 g rijpe tomaten, zonder vel en zaadjes, fijngesneden

ONDER: Spieringfritots

2 el tomatenpuree
125 ml witte wijn
2 el cognac
250 ml visbouillon
60 g zachte boter
3 el gehakte verse peterselie

1 Leg de kreeften 1 uur in de vriezer om ze suf te maken. Snijd de kop eraf en verwijder de scharen. Verhit de olie in een grote koekenpan en fruit de koppen, staarten en scharen in porties boven matig vuur tot de kreeft rood kleurt. Laat even afkoelen en hak dan de koppen doormidden. Verwijder het rode koraal en de geelgekleurde lever – houd apart voor de saus.
2 Knip de beide kanten van de staart open met een schaar en haal het vlees er in zijn geheel uit; houd het staartpantser apart.
3 Doe de ui in de pan en fruit boven matig vuur in 3 minuten goudgeel. Voeg de wortel, selderij en knoflook toe en fruit deze 5 minuten tot ze zacht zijn. Voeg tomaten, tomatenpuree, wijn, cognac en visbouillon toe en breng aan de kook.
4 Leg de medallions boven op de saus, dek af en kook 5 minuten tot de kreeft gaar is. Doe de medallions weer in hun schaal en kook de saus voor de helft in.
5 Meng het apart gehouden kuit en de lever met de zachtgeroerde boter en doe bij de saus met de helft van de peterselie. Breng op smaak met zout en peper. Schep de saus over de kreeft en strooi er de rest van de peterselie over.

GEMARINEERDE INKTVIS

Voorbereidingstijd: 10 minuten + 2–3 uur marineren
Kooktijd: 15 minuten
Voor 4 personen

☆

500 g pijlinktvismantels
1 el fijngesneden verse gember
2–3 tl fijngesneden rode Spaanse peper
3 teentjes knoflook, fijngesneden
60 ml olie
2 uien, in dunne ringen
500 g paksoi, in grove stukken

1 Was de inktvis en dep droog met keukenpapier. Snijd in ringetjes van 1 cm en leg in een glazen of aardenwerken schaal. Meng de gember, Spaanse peper, knoflook en olie, schenk over de ringen en schep goed door elkaar. Zet afgedekt 2–3 uur koel weg.
2 Laat de ringen uitlekken en houd de marinade apart. Verhit de wok tot hij zeer heet is en roerbak de ringen in porties 1–2 minuten boven hoog vuur. Haal uit de wok zo gauw de ringen wit kleuren. Bak de inktvis niet te lang anders wordt hij taai.
3 Verhit de apart gehouden marinade in de wok. Voeg de ui toe en bak boven matig vuur 3–4 minuten tot hij enigszins zacht is. Voeg de paksoi toe en bak afgedekt 2 minuten tot hij is geslonken. Doe de ringen weer in de wok en meng ze door de groenten. Breng op smaak met zout en peper. Haal uit de wok en dien op.
TIP: Zorg dat de wok steeds goed heet is als u de ringen bakt – anders wordt de inktvis taai.

BOVEN: Gemarineerde inktvis

ROGVLEUGELS MET BRUINE BOTER

Verwijder met een scherp mes het kraakbeen tussen de vleugelstukken om de filets te snijden

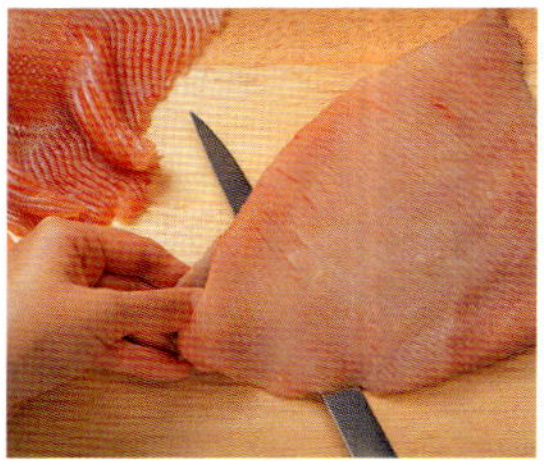

Leg de filets met het vel omlaag op een plank, zet een mes tussen vel en vlees en verwijder met een zagende beweging het vel.

Snijd de rogvleugels in gelijke stukken.

RECHTERBLADZIJDE: Rog met bruine boter (boven), romige sint-jakobsschelpen

ROGVLEUGELS MET BRUINE BOTER

Voorbereidingstijd: 20 minuten
Kooktijd: 25 minuten
Voor 4 personen

★★

185 g boter, in stukjes gesneden
1 kg kleine rogvleugels
600 ml visbouillon
80 ml azijn
2 el azijn, extra
1 el gehakte verse peterselie
2 el kappertjes

1 Smelt de boter in de pan boven laag vuur, zonder te roeren. Haal van het vuur en laat even afkoelen. Schep het schuim van het oppervlak. Schenk het lichtgele vocht uit de pan en houd apart. Dit is de geklaarde boter. Gooi het melkachtige sediment in de pan weg.
2 Dep de rogvleugels droog met keukenpapier. Verwijder met een scherp mes het kraakbeen tussen de vleugelstukken. Leg de filets op een snijplank met het vel naar beneden en stroop het vel eraf. Snijd de filets in gelijke stukken.
3 Doe de bouillon en de azijn in een grote pan en breng aan de kook. Voeg de rog toe en pocheer 12 minuten. Laat uitlekken en dep droog met keukenpapier. Leg op een warme schaal en houd warm.
4 Verhit de geklaarde boter in een pan tot hij bruin ziet en gaat schuimen. Sprenkel de extra azijn over de rog, schenk dan de boter erover. Bestrooi met peterselie en kappertjes.

ROMIGE SINT-JAKOBSSCHELPEN

Voorbereidingstijd: 30 minuten
Kooktijd: 20 minuten
Voor 4 personen

★★

500 g sint-jakobsschelpen, zonder schelp
60 g boter
6 lente-uitjes, alleen witte deel, fijngesneden
185 ml droge witte wijn
2 el bloem
1 eierdooier
125 ml room

1 Verwijder darmpjes, vliezen of harde witte spiertjes van de jakobsschelpen, maar laat eventueel kuit zitten. Verhit de helft van de boter in een pan en fruit daarin de lente-ui. Voeg de jakobsschelpen toe en fruit deze even mee. Voeg wijn, zout, witte peper en zoveel water toe dat alles net onder staat. Breng aan de kook, zet het vuur lager en kook 2–3 minuten op een matig vuur tot de jakobsschelpen zacht zijn.
2 Laat de jakobsschelpen uitlekken en houd het kooknat apart; verdeel de jakobsschelpen over 4 ovenschaaltjes. Houd warm.
3 Smelt de rest van de boter in een kleine pan boven matig vuur. Roer de bloem er 2 minuten door tot deze gaat schuimen. Haal van het vuur en schenk langzaam het gezeefde kooknat erbij. Zet weer op het vuur en blijf roeren tot het mengsel kookt. Zet het vuur lager en laat 2 minuten sudderen. Breng op smaak.
4 Verwarm de grill voor. Klop de eierdooier los en schenk al kloppend 2 el van de warme saus erdoor. Doe het eimengsel terug in de sauspan en warm alles al roerend goed door. Haal van het vuur en voeg voorzichtig de room erdoor. Schenk de saus over de jakobsschelpen en geef ze een bruin korstje onder de grill.

PORTUGESE VERSE TONIJN

Voorbereidingstijd: 30 minuten + 4–8 uur koelen
Kooktijd: 8 minuten
Voor 4 personen

★

4 tonijnsteaks
125 ml droge witte wijn
2 el citroensap
2 takjes verse peterselie
2 el olijfolie
2 teentjes knoflook

1 Leg de tonijn in een niet-metalen schaal. Meng de wijn, citroensap, peterselie en wat zout en peper in een kom. Schenk over de vis en zet afgedekt 4–8 uur in de koelkast. Keer af en toe. Laat de vis uitlekken, houd de marinade apart. Dep de vis droog met keukenpapier.
2 Verhit de olie in een grote pan en fruit de knoflook 2 minuten op laag vuur. Voeg de tonijn toe en bak deze op matig vuur aan elke kant 3 minuten.
3 Voeg de marinade toe en warm door. Verwijder de peterselie en dien op.

BOVEN: Blackened fish

BLACKENED FISH

Voorbereidingstijd: 5 minuten
Kooktijd: 6–8 minuten
Voor 6 personen

☆

6 grote filets van witte vis (bijv. snapper, leng, goudmakreel), 2 cm dik
125 g boter, gesmolten
2 el cajunkruiden (zie blz. 143)
2 tl zoete paprikapoeder
partjes citroen, als garnering

1 Bestrijk de vis rijkelijk met de boter.
2 Meng de cajunkruiden en paprikapoeder en strooi in een dikke laag over de vis. Wrijf het mengsel met uw vingers gelijkmatig over de vis.
3 Verhit een grote koekenpan boven hoog vuur. Leg twee visfilets in de pan en bak ze 1–2 minuten aan iedere kant tot de vis gemakkelijk met een vork los te halen is. De buitenkant mag er flink zwart uitzien. Voeg indien nodig extra boter toe. Bak de rest van de filets.
4 Sprenkel er de rest van de boter over. Ook de citroenpartjes kunnen even worden gebakken.

OESTERS NEW ORLEANS

Voorbereidingstijd: 10 minuten
Kooktijd: 4–6 minuten
Voor 4 personen

☆

24 grote verse oesters, zonder schelp
2 tl cajunkruiden (zie blz. 143)
1/2 tl hete paprikapoeder
1/4 tl gedroogde basilicum
60 g bloem
125 ml olie
45 g boter
partjes citroen
mayonaise

1 Droog de oesters op keukenpapier. Meng de cajunkruiden, paprikapoeder en het basilicum. Houd 2 tl van het mengsel apart. Meng de bloem door de rest van het specerijenmengsel.
2 Vet 8 dunne houten of metalen satépennen in met olie en steek op elk 3 oesters. Rol door het bloemmengsel en schud overtollige bloem eraf.
3 Verhit de olie en de boter in een grote

koekenpan die breed genoeg is voor de satépennen. Bak de oester boven matig vuur in 3–4 minuten goudbruin; draai ze een paar maal om. Laat uitlekken op keukenpapier. Bestrooi met het specerijenmengsel en dien op met partjes citroen en een schaaltje mayonaise.

CAJUN-'POPCORN'

Voorbereidingstijd: 10 minuten + 30 minuten staan
Kooktijd: 10 minuten
Voor 6 personen

☆☆

750 g rauwe middelgrote garnalen
1 ei
250 ml melk
35 g fijne maïsbloem
90 g gewone bloem
1/2 tl bakpoeder
1 1/2 tl cajunkruiden (zie het recept rechts)
1/4 tl gedroogde basilicum
1/2 tl selderijzout
olie, om te frituren

1 Pel de garnalen en trek voorzichtig het donkere darmpje eruit. Dep droog met keukenpapier.
2 Klop het ei los met de melk. Meng de twee soorten bloem met het bakpoeder, de cajunkruiden, het basilicum en het selderijzout. Maak een kuiltje in het midden en schenk daarin langzaam de helft van het eimengsel; klop met een garde glad. Voeg de rest van het eimengsel toe, meng goed en laat 30 minuten staan.
3 Vul een diepe, zware pan voor eenderde met olie en verhit tot 180°C of tot een stukje brood in de olie in 15 seconden bruin wordt.
4 Doop de garnalen in het beslag en laat overtollig beslag eraf druipen. Frituur de garnalen in kleine porties in de olie goudbruin en knapperig. Haal uit de pan met een schuimspaan en laat uitlekken op keukenpapier. Serveer warm met een sausje naar uw keuze.

CAJUNKRUIDEN

De cajunkeuken vindt zijn oorsprong in Louisiana, in het zuiden van de VS. Deze karakteristieke keuken is beïnvloed door de Fransen, Spanjaarden, Afrikanen en Amerikaanse indianen. De kruidenmix die in veel cajunrecepten wordt gebruikt, wordt verkregen door het mengen van 1 el knoflookpoeder, 1 el uienpoeder, 2 tl witte peper, 2 tl grofgemalen zwarte peper, 1 1/2 tl cayennepeper, 2 tl gedroogde tijm en een 1/2 tl gedroogde oregano. Het mengsel kan in een luchtdichte verpakking drie maanden worden bewaard.

LINKS: Cajun-'popcorn'

COATINGS & BESLAG

De recepten die hier worden gegeven zijn voor vier middelgrote visfilets. Het eiwitbeslag is voldoende voor zes filets. De mengsels zijn ook geschik voor andere zeevruchten.

Voor alle gefrituurde gerechten geldt: vul een diepe, zware pan voor eenderde met olie en verhit deze tot 180°C of tot een stukje brood in de olie in 15 seconden bruin wordt. Frituur de gerechten in porties, voor een gelijkmatiger resultaat.

BASISBESLAG

Zeef 125 g zelfrijzend bakmeel in een schaal en maak een kuilje in het midden. Klop in een diepe kom een ei los met 250 ml melk en 1 el olie. Schenk dit mengsel langzaam in het kuiltje, terwijl u met een garde het mengsel tot een glad beslag klopt. Zet afgedekt 10 minuten weg. Het mengsel moet de consistentie van dikke room hebben. Verdun het eventueel met een beetje melk. Dep de vis droog met keukenpapier, bestuif licht met bloem, doop in porties in het beslag en laat overtollig beslag eraf druipen. Dompel de vis in de olie en frituur hem goudbruin. Laat uitlekken op keukenpapier.

EIWITBESLAG

Zeef 125 g zelfrijzende bloem in een grote kom, maak een kuiltje in het midden en klop er langzaam met een garde 250 ml water doorheen. Laat het gladde beslag 5 minuten staan. Klop in een schone kom 2 eiwitten met een elektrische mixer stijf; schep de stijfgeslagen eitwitten door het beslag. Gebruik direct. Dep de vis droog met keukenpapier, bestuif hem licht met bloem, doop in porties in het beslag en laat overtollig beslag eraf druipen.

Dompel de vis in de olie en frituur hem goudbruin. Laat uitlekken op keukenpapier.

BIERBESLAG

Zeef 125 g bloem in een grote kom, maak een kuiltje in het midden en klop er langzaam 250 ml gekoeld bier doorheen. Dep de vis droog met keukenpapier, bestuif licht met bloem en doop dan in porties in het beslag; laat overtollig beslag eraf druipen. Dompel de vis in de olie en frituur goudbruin. Laat uitlekken op keukenpapier. (In plaats van bier kan ook sodawater worden gebruikt.)

SESAMZAADCOATING

Meng wat bloem met peper en zout in een kom. Doe 150 g sesamzaadjes in een andere kom. Klop een ei los in een andere kom. Dep de vis droog met keukenpapier, bestuif licht met bloem, doop in het ei en laat overtollig ei eraf druipen. Bedek met de sesamzaadjes. Verhit 3 cm olie in een zware koekenpan tot 180°C of tot een stukje brood in de olie in 15 seconden bruin wordt. Bak de vis in delen goudbruin, draai eenmaal om. Laat uitlekken op keukenpapier.

NORI-KRUIMCOATING

Doe 90 g broodkruim in een kom. Scheur of knip een vel nori in kleine stukjes en roer door het broodkruim. Meng in een kom wat bloem met zout en peper. Klop een ei los in een andere kom. Dep de vis droog met keukenpapier en bestuif licht met bloem. Doop in het ei en laat overtollig ei eraf druipen. Bedek dan met de nori. Frituur de vis in delen goudbruin; laat uitlekken op keukenpapier.

BIESLOOK-CITROEN-COATING

Meng 100 g vers broodkruim met 6 el fijngehakte verse bieslook en 1 tl geraspte citroenschil. Meng wat bloem met zout en peper. Klop een ei los in een andere kom. Dep de vis droog met keukenpapier en bestuif licht met bloem. Doop in het ei; laat overtollig ei eraf druipen. Bedek dan met het broodkruim. Smelt 30 g boter en 2 el olie in een grote koekenpan. Voeg de vis toe en bak boven matig vuur aan beide kanten goudbruin. Doe er eventueel nog wat boter en olie bij.

VAN LINKSBOVEN NAAR RECHTSONDER: Basisbeslag, bierbeslag (met garnalen), nori-kruimcoating (met inktvis), bieslook-citroencoating, sesamzaadcoating, eiwitbeslag

BOVEN: Carpetbag steak

CARPETBAG STEAK

Voorbereidingstijd: 15 minuten
Kooktijd: 15 minuten
Voor 4 personen

☆

4 ribeye-steaks, 4 cm dik
8 verse oesters, zonder schelp
1 tl gehakte verse peterselie
2 tl citroensap
2 el olie
250 ml runderbouillon
2 tl worcestershiresaus
60 g boter, in stukjes gesneden

1 Verwijder van de steaks het overtollige vet en zenuwweefsel. Snijd met een scherp mes een diepe holte in de zijkant van elke steak. Meng de oesters, peterselie, citroensap en wat versgemalen zwarte peper. Vul hiermee de steaks en sluit de holte af met cocktailprikkers.
2 Verhit de olie in een zware koekenpan en schroei de steaks op hoog vuur aan iedere kant in 2 minuten dicht. Wilt u de steaks rood van binnen, bak ze dan aan elke kant nog 1 minuut door. Voor steaks die rosé zijn van binnen zet u het vuur lager en bakt ze nog 2–3 minuten aan elke kant. Voor een goed doorbakken steak zet u het vuur lager en bakt het vlees nog 4–6 minuten aan elke kant. Haal de steaks uit de pan en laat uitlekken op keukenpapier. Dek af en zet warm.
3 Breng de bouillon en de saus aan de kook in een steelpan. Zet het vuur lager, roer de boter erdoor tot deze gesmolten is en schenk over het vlees. Serveer met jonge peultjes en spruitjes, en desgewenst bestrooid met fijngesneden Spaanse peper. Garneer met tijm.

GEROERBAKTE CALAMARI MET GROENE PEPER

Voorbereidingstijd: 10 minuten + 15 minuten staan
Kooktijd: 10 minuten
Voor 4 personen

☆

500 g pijlinktvisringen
2 el olie
1 el groene peperkorrels, fijngehakt
4 teentjes knoflook, fijngesneden
1 tl gehakte rode Spaanse peper
2 el vissaus
2 tl sojasaus
verse basilicumblaadjes, als garnering

1 Meng de inktvisringen, olie en groene peperkorrels in een kom, dek af een laat 15 minuten staan.
2 Verhit een wok of een zware koekenpan tot hij zeer heet is, neem 2 tl olie van de gemarineerde inktvisringen, doe in de pan en draai goed rond. Voeg de knoflook en de Spaanse peper toe en bak deze 5 seconden. Doe de calamari in porties in de pan en roerbak ze 2 minuten per portie. Leg iedere portie op een schaal. Verhit de wok na ieder portie opnieuw.

3 Doe de vissaus en sojasaus in de wok; zo gauw het mengsel gaat borrelen, schenkt u het voorzichtig over de warme calamari. Serveer onmiddellijk met gekookte rijst en een groene salade. Garneer met verse basilicumblaadjes.

ZEEVRUCHTENFAJITA'S

Voorbereidingstijd: 30 minuten
Kooktijd: 20 minuten
Voor 4 personen

☆

250 g sint-jakobsschelpen
300 g rauwe middelgrote garnalen
250 g filets van witte vis (bijv. leng, snapper, zeebaars), zonder vel
3 rijpe tomaten, fijngesneden
1 kleine rode Spaanse peper, fijngesneden
2 lente-uitjes, in ringetjes
80 ml citroensap
1 teentje knoflook, uit de knijper
1 rijpe avocado, in reepjes
2 el citroensap
4 harina-tortilla's
1 ui, in dunne ringen
1 groene paprika, in dunne reepjes

1 Verwijder darmpjes, vliezen of harde witte spiertjes van de jakobsschelpen, maar laat eventueel kuit zitten.
2 Pel de garnalen en trek voorzichtig het donkere darmpje eruit; begin bij de kop. Snijd de visfilet in niet te grote stukken.
3 Verhit de oven voor op 160°C (gasstand 2–3). Meng de tomaat, Spaanse peper en lente-ui in een kom en breng op smaak met zout en peper.
4 Meng de jakobsschelpen, garnalen, vis, citroensap en knoflook in een kom, dek af en zet koel weg.
5 Snijd de avocado in reepjes en sprenkel er citroensap over om te voorkomen dat de avocado bruin wordt.
6 Wikkel de tortilla's in aluminiumfolie en zet ze 10 minuten in de warme oven om ze zachter te maken.
7 Verhit een lichtjes met olie ingesmeerde gietijzeren pan tot hij zeer heet is, doe hierin de ui en de groene paprika en bak de groente, regelmatig omscheppend, zacht en lichtbruin. Duw de groente naar een kant van de pan. Laat de zeevruchten goed uitlekken en schroei het vlees snel dicht; bak even door.
8 Schep de zeevruchten, paprika, ui, avocado en het tomatenmengsel in de tortilla's en dien op.
TIP: Fajita's, afkomstig uit de Tex-Mex-keuken, werden oorspronkelijk gemaakt met vlees, maar tegenwoordig ook met gemarineerde kip en zeevruchten. Ze worden gebakken op een gloeiendhete ijzeren plaat en, omwikkeld met tortilla's, geserveerd met salsa, avocado en andere salade-ingrediënten.

GEBAKKEN ZALM MET GREMOLATA

Meng 4 el fijngesneden verse peterselie, 2 tl geraspte citroenschil, 2 tl geraspte sinaasappelschil en 2 uitgeperste teentjes knoflook in een kleine kom met 3 tl kleine kappertjes. Meng goed door elkaar en houd apart. Verhit een grote koekenpan en doe hierin 30 g boter en 1 el olijfolie. Leg hierin vier verse zalmfilets van 200 g en bak deze aan beide kanten 2–3 minuten op hoog vuur – of langer naar smaak. Dien de zalm op overdekt met het gremolatamengsel. Voor 4 personen.

ONDER: Zeevruchtenfajita's

CHILI-KRAB

Voorbereidingstijd: 25 minuten + 1 uur vriezen
Kooktijd: 25 minuten
Voor 4 personen

✯✯✯

2 x 1 kg verse mangrovekrab
2 el olie
1 ui, gesnipperd
4 teentjes knoflook, uit de knijper
3 tl geraspte verse gember
2–3 rode Spaanse peper, fijngesneden
440 g tomaten uit blik, gepureerd
1 el sojasaus
1 el bruine basterdsuiker
2 tl rijstazijn

1 Leg de krabben 1 uur in de vriezer om ze suf te maken. Borstel ze goed schoon, trek de rok aan de onderkant van de krab weg en haal het pantser los. Verwijder de kieuwen en de ingewanden. Draai de scharen eraf. Hak het pantser in stukken met een hakmes. Kraak de scharen met een houten hamer.
2 Verhit een wok tot deze zeer heet is en doe er de olie in; draai de wok zodat de olie ook de kanten bedekt. Roerbak de krab in porties 2–3 minuten tot de krab rood kleurt. Haal uit de pan en houd apart. Doe de ui in de wok en bak 3 minuten. Voeg de knoflook, gember en Spaanse peper toe en bak 1–2 minuten. Voeg de gepureerde tomaten, sojasaus, suiker, azijn en 125 ml water toe. Breng aan de kook en laat de saus in 5 minuten iets indikken.
3 Doe de krab weer in de wok en schep hem goed door de saus. Laat 8 minuten sudderen; schep de krab tussendoor een paar keer om.

GEROERBAKTE VERSE TONIJN MET SPERZIEBONEN

Voorbereidingstijd: 25 minuten
Kooktijd: 10 minuten
Voor 4 personen

✯

300 g kleine sperziebonen
2 el olie
600 g verse tonijn, in blokjes gesneden
250 g kleine kerstomaatjes
16 kleine zwarte olijven
2–3 el citroensap
2 teentjes knoflook, fijngesneden
8 ansjovisfilets, afgespoeld, drooggedept en fijngesneden
3 el kleine verse basilicumblaadjes (of gescheurde basilicumblaadjes)

1 Haal de bonen indien nodig af en kook ze 2 minuten in een kleine pan kokend water. Giet af en spoel af onder de koude kraan. Houd apart.
2 Verhit een wok tot deze zeer heet is en doe er de olie in; draai de pan zodat ook de randen met olie bedekt zijn. Roerbak steeds delen van de tonijn 5 minuten, zodat de vis aan de buitenkant bruin is maar nog roze van binnen.
3 Voeg de kerstomaatjes, olijven en bonen toe en warm deze al omscheppend goed door. Voeg het citroensap, de knoflook en ansjovis toe. Breng op smaak met zout en peper. Strooi er de basicilicumblaadjes over en dien op.

ANSJOVIS IN EEN KORSTJE

Voorbereidingstijd: 10 minuten
Kooktijd: 15 minuten
Voor 4 personen

✯✯

800 g verse ansjovis
2 eieren
gedroogd broodkruim, voor het korstje
150 g boter

1 Maak de ansjovis schoon.Verwijder de schubben met de achterkant van een mes; begin bij de staart. (Dit kunt u het beste doen onder koud stromend water.) Snijd de buik open. Snijd de kop af en trek deze voorzichtig van het lichaam zodat tegelijk de ingewanden meekomen. Leg de vis open op een snijplank, duw met de palm van uw hand op de ruggengraat en verwijder deze voorzichtig. Was de vis kort en dep droog met keukenpapier.
2 Klop de eieren los met een beetje zout. Doop de ansjovis in het eimengsel, laat even uitdruipen en rol de visjes dan door het broodkruim.
3 Smelt de boter in een grote koekenpan en bak de ansjovis in porties goudbruin; draai ze eenmaal om. Laat uitlekken op keukenpapier. Bestrooi met zout en dien op met partjes citroen.
TIP: In plaats van verse ansjovis kunt u verse sardines gebruiken.

MANGROVEKRABBEN
Mangrovekrabben hebben heerlijk sappig, zoetig smakend vlees, vooral in hun scharen. Levende mangrovekrabben hebben een donkerbruin pantser, maar eenmaal gekookt worden ze fel oranje. Levende mangrovekrabben kunnen zeer actief zijn. Zorg er dan ook voor dat de scharen goed bijeen zijn gebonden. Is een krab traag, dan is hij bijna dood. Daarmee gaat de smaak snel achteruit. Koop een krab die zwaar aanvoelt in verhouding tot zijn formaat, dan weet u zeker dat u voldoende vlees hebt. De ledematen moeten intact zijn en het pantser moet stevig aanvoelen, niet zacht.

LINKERBLADZIJDE: Chili-krab (boven), geroerbakte verse tonijn met sperziebonen

VISROLLETJES

Voorbereidingstijd: 45 minuten
Kooktijd: 25 minuten
Voor 12 stuks

☆☆

BOVEN: Visrolletjes

500 g mosselen
300 g zalm- of zeeforelfilet
300 g rauwe middelgrote garnalen
300 g filet van stevige witte vis (bijv. kabeljauw, leng, snapper)
1 eiwit
125 ml room
1 el gehakte verse dille
1 el gehakt vers bieslook
80 g boter
1 el citroensap
1 tl dunne reepjes citroenschil
1 el gehakte verse peterselie
2 el kleine kappertjes

1 Borstel de mosselen schoon en verwijder de baarden. Gooi beschadigde of open mosselen die niet sluiten als u ze dichtdrukt weg. Verhit 250 ml water in een pan, voeg de mosselen toe, dek af en kook 4–5 minuten tot ze open zijn. Gooi ongeopende mosselen weg. Haal de mosselen uit hun schelp, snijd ze in grove stukken en zet afgedekt koel weg. Snijd de zalm fijn en zet ook afgedekt koel weg.

2 Pel de garnalen en trek voorzichtig het donkere darmpje eruit; begin bij de kop. Snijd de garnalen, visfilet en het eiwit in een keukenmachine fijn. Doe de room erbij en meng deze door het vismengsel. Doe alles over in een grote kom en roer mosselen, zalm, dille, bieslook, zout en peper erdoor. Bak een klein beetje van het mengsel in een pan om de smaak te testen. Verdeel in 12 porties. Leg elke portie op een stuk plasticfolie en maak er een rolletje van. Wikkel de rolletjes in nog een stuk plasticfolie en draai de einden goed aan. Doe de rolletjes in een pan met zacht kokend water en kook ze 5–8 minuten. Haal uit de pan, snijd de uiteinden eraf en bak ze even in de pan of op de barbecue. Serveer op warme borden.

3 Verhit dezelfde pan boven matig vuur, smelt de boter en doe hierin het citroensap, citroenschil, peterselie en kappertjes. Garneer eventueel met extra reepjes citroenschil.

FOREL MET AMANDELEN

Voorbereidingstijd: 25 minuten
Kooktijd: 10 minuten
Voor 2 personen

☆☆

2 regenboogforelen of kleine zalmen
bloem
60 g boter
25 g geschaafde amandelen
2 el citroensap
1 el fijngehakte peterselie
partjes citroen of limoen, als garnering

1 Was de vis en dep hem droog met keukenpapier. Open de vis met het vel naar boven. Rol met een deegrol zachtjes over de ruggengraat; begin bij de staart. Draai de vis om en knip met een schaar de ruggengraat aan beide kanten van de vis los. Verwijder de ruggengraat en de rest van de graten. Knip de vinnen af met een schaar.
2 Rol de vis door de bloem. Verhit de helft van de boter in een grote koekenpan en leg de vis erin. Bak hem aan elke kant 4 minuten tot hij goudbruin is. Haal de vis uit de pan en leg op voorverwarmde borden. Dek af met folie.
3 Verhit de rest van de boter, voeg de geschaafde amandelen toe en bak ze lichtbruin. Voeg het sap, de peterselie, zout en versgemalen peper toe. Warm de saus door. Schenk over de vis en dien op met partjes limoen of citroen.

CITROENVIS

Haal twee bot- of scholfilets van 350 g door de bloem en schud overtollige bloem eraf. Verhit wat boter in een grote koekenpan en bak de vis boven matig vuur aan beide kanten lichtbruin en gaar. Het vlees moet gemakkelijk met een vork zijn los te halen. Leg op een bord en houd warm. Veeg de pan schoon en smelt 60 g boter. Doe er 1½ el citroensap en 2 tl gehakte verse peterselie bij en breng op smaak. Bak tot het mengsel gaat schuimen en schenk over de vis. Bestrooi met wat extra peterselie. Voor 2 personen.

ONDER: Forel met amandelen

ZONNEVIS MET GARNALEN EN ROMIGE DILLESAUS

Voorbereidingstijd: 15 minuten
Kooktijd: 20 minuten
Voor 4 personen

☆☆

12 rauwe grote garnalen
600 ml visbouillon
30 g boter
1 teentje knoflook, fijngesneden
2 el bloem
2 el room
4 x 200 g zonnevisfilets
1 el gehakt vers bieslook
1 el gehakte verse dille

1 Pel de garnalen en trek het donkere darmpje eruit; begin bij de kop.
2 Verwarm de bouillon in een pan en breng aan de kook. Zet het vuur lager en laat het mengsel 10 minuten zachtjes inkoken. U hebt 375 ml visbouillon nodig.
3 Smelt de boter in een steelpan en voeg de knoflook toe. Roer de bloem erdoor en bak 1 minuut tot de boter gaat schuimen. Haal van het vuur en roer langzaam de bloem erdoor. Zet weer op het vuur en breng de saus al roerend aan de kook. Zet het vuur lager en laat 1 minuut zachtjes koken zodat de saus iets indikt. Haal van het vuur en roer de room erdoor. Breng op smaak met zout en peper. Houd warm terwijl u de vis en de garnalen bereidt.
4 Verhit een beetje olie in een koekenpan en bak de visfilets aan beide kanten 2 minuten boven matig vuur tot het vlees gemakkelijk met een vork is los te halen. Verdeel de vis over 4 borden.
5 Doe de garnalen in dezelfde pan (doe eventueel wat extra olie in de pan) en bak 2–3 minuten tot de garnalen roze kleuren.
6 Roer het verse bieslook en de dille door de warme saus, leg de garnalen boven op de visfilets en schep de saus erover. Garneer eventueel met verse bieslook of takjes dille.

RECHTS: Zonnevis met garnalen en romige dillesaus

VIS À LA MEUNIÈRE

Voorbereidingstijd: 5 minuten
Kooktijd: 10 minuten
Voor 4 personen

☆

4 filets van dikke witte vis (bijv. kabeljauw of tarpon)
bloem
125 g boter
1–2 el citroensap
1 el gehakte verse peterselie

1 Haal de filets door de bloem en schud overtollige bloem eraf. Verhit wat olie in een pan en bak de vis aan elke kant in 5–8 minuten goudgeel. Leg op borden. Veeg de pan schoon met keukenpapier.

2 Verhit de pan boven hoog vuur, voeg de boter toe en laat deze bruin worden terwijl u de pan snel heen en weer beweegt. Haal van het vuur, voeg direct het citroensap, peterselie en wat grofgemalen zwarte peper toe. Schenk over de vis. Serveer met extra partjes citroen.

TIP: De baktijd is afhankelijk van de dikte van de vis. Dit recept, met zijn eenvoudige saus, is geschikt voor de meeste soorten en maten vis.

AARDAPPELKOEKJES MET GEROOKTE ZALM

Neem 1,5 kg geschilde en geraspte vaste aardappels, bijvoorbeeld désirées of bintjes. Spoel af onder koud water en knijp overtollige vocht eruit. Meng de geraspte aardappel in een grote kom met een losgeklopt ei en 1 el olie. Breng op smaak met zout en peper en roer er 2 el bloem door. Doop uw handen in wat bloem, neem iedere keer 2 el van het mengsel en vorm hiervan koekjes. Bak deze in een laagje olie aan beide kanten goudbruin. Laat uitlekken op keukenpapier. Leg een paar warme aardappelkoekjes op een bord, leg hierop wat gerookte zalm, een paar lepels zure room, een paar ringen rode ui en een handje gehakte verse bieslook. Voor 4–6 personen.

BOVEN: Vis à la meunière

VISBURGERS MET AARDAPPELPARTJES

Zorg dat visfilets helemaal onder water staan; verwarm het water langzaam

Meng de stukjes vis met de kruiden, aardappel, citroensap, kappertjes, augurk, zout en peper.

RECHTERBLADZIJDE: Visburgers met aardappelpartjes

VISBURGERS MET AARDAPPELPARTJES

Voorbereidingstijd: 30 minuten + 1 uur koelen
Kooktijd: 25 minuten
Voor 4 personen

✯

500 g visfilet zonder vel (bijv. kabeljauw)
2 el fijngehakte verse peterselie
2 el fijngehakte verse dille
2 el citroensap
1 el kappertjes, fijngehakt
2 augurken, fijngesneden
350 g aardappels, gekookt en gepureerd
bloem
1 el olijfolie
4 hamburgerbroodjes, doormidden gesneden
slablaadjes
2 pomodori, in plakjes
tartaarsaus (zie blz. 128)

Aardappelpartjes

6 ongeschilde aardappels, in partjes gesneden
1 el olie
1/2 tl bouillonpoeder
25 g gedroogd broodkruim
2 tl gehakt vers bieslook
1 tl selderijzout
1/4 tl knoflookpoeder
1/2 tl gehakte verse rozemarijn

1 Leg de vis in een koekenpan en overgiet hem met water. Verwarm het water langzaam, maar zorg dat het niet gaat koken. Laat de vis afgedekt op laag vuur gaar worden. Dep droog met keukenpapier. Leg de vis in een schaal en haal het vlees los met een vork; verwijder alle graten. Voeg de peterselie, dille, citroensap, kappertjes, augurken en aardappel toe. Breng op smaak met zout en peper. Vorm 4 visburgers. Haal deze door de bloem en zet 1 uur in de koelkast.
2 Verhit de olie in een grote koekenpan met anti-aanbaklaag, voeg de visburgers toe en bak ze 5–6 minuten aan elke kant.
3 Rooster de broodjes en smeer er eventueel wat boter op. Leg er wat sla en tomaat op, doe hierop een visburger en besluit met een lepel tartaarsaus. Sluit het broodje.
4 Verhit de oven voor op 200°C (gasstand 6). Meng de aardappelpartjes met de olie en de rest van de ingrediënten. Leg ze op een ingevette bakplaat en bak ze in 40 minuten goudbruin.

GARNALENBURGER MET COCKTAILSAUS

Voorbereidingstijd: 35 minuten + 10 minuten koelen
Kooktijd: 5–10 minuten
Voor 4 personen

✯✯

12 rauwe grote garnalen
2 el citroensap
1 el sesamzaadjes
120 g vers wit broodkruim
2 el gehakte verse koriander
1 ei, losgeklopt
2 tl chilisaus
bloem
olijfolie, om te bakken
80 g mayonaise
1 lente-uitje, fijngesneden
1 el tomatensaus
1 tl worcestershiresaus
chilisaus, naar smaak, extra
1 el citroensap, extra
4 hamburgerbroodjes, doormidden gesneden
rucolablaadjes
1 stevige, rijpe avocado, in dunne plakjes
1 tl grofgemalen peper

1 Pel de garnalen en trek het donkere darmpje eruit; begin bij de kop. Vouw ze een beetje open. Meng met het citroensap.
2 Meng de sesamzaadjes, het broodkruim en koriander op een vel vetvrij papier. meng het ei en de chilisaus in een kom. Rol de garnalen door de bloem en schud overtollige bloem eraf. Doop ze in het eimengsel, druk ze daarna stevig in het broodkruim. Leg een stuk bakpapier op een bakplaat en leg daarop de garnalen. Zet afgedekt 10 minuten in de koelkast.
3 Verhit een beetje olie in een koekenpan. Bak de garnalen in porties boven matig vuur aan iedere kant in 2–3 minuten knapperig en goudbruin. Haal uit de pan en laat uitlekken op keukenpapier.
4 Meng de mayonaise, lente-ui, tomaten, worcestershiresaus, extra chilisaus en extra limoensap in een kom.
5 Rooster de broodjes en besmeer ze eventueel met boter. Leg er wat rucola en avocado op. Bestrooi met grofgemalen peper. Doe hierop de garnalen en een lepel cocktailsaus. Leg het andere broodhelftje erop.

BOVEN: Rode mul in tomaten-olijvensaus

RODE MUL IN TOMATEN-OLIJVENSAUS

Voorbereidingstijd: 15 minuten
Kooktijd: 35 minuten
Voor 4 personen

☆

8 kleine, hele rode mullen (ongeveer 1 kg), schoongemaakt en geschubd
2 el gehakte verse peterselie

Tomaten-olijvensaus

1 1/2 el olijfolie
1 grote ui, in ringen
2 teentjes knoflook, fijngesneden
800 g tomaten uit blik, in stukjes
1 1/2 el rode-wijnazijn
2 el tomatenpuree
1 el suiker
60 ml witte wijn
185 ml visbouillon
1 el gehakte verse oregano
1 el gehakte verse basilicum
100 g zwarte olijven

1 Dep de vis van binnen en van buiten droog met keukenpapier. Zet tot gebruik koel weg.
2 Verhit de olie in een grote diepe koekenpan, waarin alle vis tegelijk naast elkaar gebakken kan worden. Bak de ui en knoflook 5 minuten boven matig vuur tot ze zacht geworden zijn. Voeg de rest van de sausingrediënten toe en breng aan de kook. Zet het vuur lager en laat 15 minuten zachtjes koken, zodat de saus kan indikken.
3 Leg de vis naast elkaar in de pan en laat afgedekt 10–12 minuten zachtjes koken. Daarna is het vlees gemakkelijk met een vork los te halen bij het dikste deel van de vis. Omdat het vlees van de rode mul zacht is, hoeft hij tijdens het koken niet te worden omgekeerd (de vis zal uit elkaar vallen). Serveer met peterselie.
TIPS: De saus kan vooraf worden gemaakt en gekoeld worden bewaard.

In plaats van rode mul kan voor dit recept geep of kleine roodbaars worden gebruik.

VIS MET AUBERGINE EN GEROOSTERDE PAPRIKA-AIOLI

Voorbereidingstijd: 15–20 minuten + 20 minuten staan
Kooktijd: 10 minuten
Voor 4 personen

☆☆

8 dikke plakken aubergine
1 grote rode paprika
2 el olie
4 x 200 g filet van witte vis (bijv. snapper, zonnevis, zeebaars, kabeljauw), diagonaal gesneden in 6 stukken

Geroosterde paprika-aïoli

2 teentjes knoflook, in grove stukjes gehakt
1 eierdooier
2–3 tl citroensap
125 ml olijfolie
2 el gehakte verse peterselie

1 Wrijf de plakken aubergine in met zout, leg ze op een bord en zet ze 20 minuten apart. Spoel het zout eraf en dep de plakken aubergine droog met keukenpapier. Houd apart.

2 Snijd de paprika in grote, platte stukken. Leg deze met het vel naar boven onder de hete grill tot het vel zwart wordt en gaat 'blaren'. Laat afkoelen in een plastic zak, verwijder het velletje en snijd de zaadjes en zaadlijsten weg. Snijd in reepjes. Reserveer de helft voor de aïoli.

3 Meng voor de geroosterde paprika-aïoli de knoflook, eierdooier en citroensap in een keukenmachine of blender tot een gladde massa. Voeg terwijl de motor loopt in een dun straaltje de helft van de olie toe. Voeg de apart gehouden rode paprika toe en meng tot een gladde massa. Doe de aïoli in een kom en breng op smaak met zout en peper. Voeg de peterselie toe, dek af en zet koel weg.

4 Zet de grill hoog. Vet de plakken aubergine in met de helft van de olie en laat ze onder de grill aan beide kanten bruin en zacht worden.

5 Verhit de rest van de olie in een koekenpan en bak de vis aan iedere kant 1–2 minuten tot het vlees gemakkelijk los te halen is met een vork. Kook de vis niet te lang, anders wordt hij taai.

6 Leg op elk bord twee plakken aubergine en hierop wat stukjes geroosterde paprika. Leg op de paprika 3 stukjes vis en schep er ten slotte wat aïoli over.

ONDER: Vis met aubergine en geroosterde paprika-aïoli

VISSCHOTELS

Presentatie is essentieel als u een mooi bord met vis wilt serveren. Houd warme en koude visgerechten gescheiden en serveer de vis met partjes citroen of limoen en een saus naar keuze.

VOORBEREIDEN EN SERVEREN

Het meeste werk kunt u verrichten voordat uw gasten arriveren. Op een warme dag kunt u de schaal waarop u de koude vis gaat serveren, koel zetten of u kunt de vis opdienen op een bedje van geschaafd ijs. Serveer bij de visschotels tartaarsaus (zie blz. 128), zure room met zoete chilisaus of sojasaus met een beetje honing. Serveer de schotels altijd met partjes citroen of limoen en vingerkommetjes.

KOUDE VISSCHOTEL

Voor deze schotel hebt u nodig: 500 g tijgergarnalen, 2 gekookte en in vieren gesneden krabben, 12 oesters en 100 g gerookte zalm. U kunt aan deze schotel ook nog 2 gehalveerde en gekookte kreeften toevoegen.

WARME VISSCHOTEL

Een warme visschotel kan zeer eenvoudig zijn. U kunt hiervoor inktvisringen, gepaneerde vis of garnalen gebruiken, die u bij de visboer of de supermarkt in diepvries kunt vinden. De vis hoeft niet te worden ontdooid voordat u deze gaat frituren. Vul voor het frituren een diepe pan voor eenderde met olie. De olie heeft de juiste temperatuur als een dobbelsteentje brood

in de olie binnen 15 seconden goudbruin wordt. Frituur nooit te veel vis tegelijk, omdat de temperatuur van de olie dan omlaag gaat en de olie door het beslag wordt opgezogen. Verwijder steeds de achtergebleven stukjes vis uit de olie.

GARNALEN EN PIJLINKTVIS

Meng 120 g paneermeel met 1 tl fijngehakte verse peterselie. Roer door 2 losgeklopte eieren 1 tl sesamolie en 1 teentje knoflook uit de knijper. Breng 125 g bloem op smaak met zout en peper. Pel 1 kg rauwe, middelgrote garnalen, trek de darmpjes uit de garnalen en vouw ze open. Snijd de mantels van 4 pijlinktvissen in ringen. Bestrooi de garnalen en de inktvis met het bloem-kruidenmengsel. Doop de inktvisringen en de garnalen nu in de eieren en bedek ze met paneermeel. Schud overtollig paneermeel af. Leg de garnalen nu in kleine porties in de olie en frituur ze tot ze goudbruin zijn. Laat uitlekken. Doe hetzelfde met de inktvisringen.

JAPANSE OESTERS

Doe 12 verse oesters in een stoommandje van bamboe en bedek ze met dunne snippers lente-ui en een beetje geraspte verse gember. Besprenkel de oesters met teriyaki-saus. Stoom de oesters 4 minuten met het deksel op de pan, tot ze volledig doorgewarmd zijn.

KNAPPERIGE VISSTICKS MET CITROEN

Doe 60 g bloem in een kom. Maak een kuiltje in het midden en giet er 125 ml koolzuurhoudend mineraalwater in. Rasp hierover de schil van 1 hele citroen. Snijd 2 ontvelde snapperfilets in dunne reepjes. Bestuif ze met een mengsel van bloem en kruiden en doop ze in het beslag. Leg de vis voorzichtig in de olie en frituur hem. Laat uitlekken op een stuk keukenpapier.

SINT-JAKOBSSCHELPEN IN HAM

Maak 16 sint-jakobsschelpdieren schoon en dep ze droog. Snijd 4 dunne plakken ham in vieren en verpak in ieder plakje ham een schelpdier. Prik door ieder pakketje een klein satéstokje. Leg de pakketjes 5 minuten onder een voorverwarmde grill of op de barbecue en draai ze tijdens het grillen verschillende keren om.

BOVEN: Koude visschotel (links), warme visschotel

BOVEN: Pijlinktvis met zout en peper

PIJLINKTVIS MET ZOUT EN PEPER

Voorbereidingstijd: 30 minuten + marineren
Kooktijd: 10 minuten
Voor 6 personen

☆☆

1 kg pijlinktvismantels, in de lengte doormidden gesneden
250 ml citroensap
250 g tarwebloem
1 1/2 el zout
1 el gemalen witte peper
2 tl basterdsuiker
4 losgeklopte eiwitten
olie, om te frituren
partjes citroen, als garnering
blaadjes verse koriander, ter garnering

1 Vouw de gehalveerde inktvismantels uit, was ze en dep ze droog. Leg ze op een snijplank, met de binnenkant naar boven. Snijd een ruitjespatroon in de inktvis, maar prik er met het mes niet helemaal doorheen. Snijd de inktvis in stukjes van 5 x 3 cm en leg deze op een schaal van aardewerk. Giet het citroensap over de vis en zet de schaal 15 minuten in de koelkast. Laat de vis uitlekken en dep hem droog.
2 Meng in een kom de tarwebloem, het zout, de witte peper en de basterdsuiker. Doop de inktvis in het eiwit en bestuif hem met het bloemmengsel. Schud de overtollige bloem af.
3 Vul een diepe pan met een zware bodem voor eenderde met olie en verhit deze tot een dobbelsteentje brood in de olie binnen 15 seconden goudbruin wordt. Frituur de inktvis in kleine porties in 1–2 minuten, tot de inktvis wit wordt en opkrult. Laat uitlekken op keukenpapier. Dien direct op met partjes citroen en garneer met blaadjes of takjes koriander.
TIP: Pijlinktvis met zout en peper is een prachtig voorgerecht. Als u de inktvis echter als hoofdgerecht wilt opdienen, serveer er dan Aziatische bladgroente bij.

STOKVISKROKETJES MET SKORDALIA

Voorbereidingstijd: 50 minuten + 8–12 uur wellen
Kooktijd: 55 minuten
Voor 24 kroketjes

☆☆

400 g stokvis
300 g bloemige aardappels, geschild
1 kleine ingemaakte ui, fijngehakt
2 el verse peterselie, fijngehakt
1 losgeklopt ei
½ tl gemalen zwarte peper
olie, om te frituren

Skordalia

250 g bloemige aardappels, geschild
2 teentjes knoflook, uit de knijper
1 el witte-wijnazijn
2 el olijfolie

1 Leg de stokvis in een grote kom, giet er koud water over en laat de vis 8–12 uur wellen. Ververs het water 3 keer. Zo haalt u het overtollige zout uit de vis. Laat de vis uitlekken.

2 Kook of stoom de aardappelen tot ze bloemig zijn. Schil ze en maak er een puree van. Laat afkoelen. Voeg de knoflook, de azijn en de olie toe. Breng op smaak met zout en de gemalen zwarte peper en meng alle bestanddelen met een vork goed door elkaar. Zet apart.

3 Doe de stokvis in een pan met water en breng het water aan de kook. Draai het vuur laag en laat de vis 15 minuten zachtjes doorkoken. Laat de stokvis uitlekken op keukenpapier. Verwijder, wanneer de vis is afgekoeld, vel en graten en verkruimel de stokvis met uw vingers in een grote kom.

4 Kook of stoom ondertussen de overige aardappels tot ze bloemig zijn. Schil ze en maak er een puree van. Vermeng de puree met de stokvis, de ingemaakte ui, de peterselie, het ei en de peper. Roer dit mengsel tot een gladde massa ontstaat. Voeg naar smaak peper en zout toe.

5 Schep steeds een eetlepel van het vismengsel in de olie en frituur het 2–3 minuten, tot het mooi goudbruin is geworden. Laat uitlekken op keukenpapier. Serveer warm met de skordalia.

ONDER: Stokviskroketjes met skordalia

SURF 'N' TURF

Voorbereidingstijd: 20 minuten
Kooktijd: 15–20 minuten
Voor 4 personen

☆☆

Citroen-mosterdsaus

30 g boter
1 lente-ui, fijngesneden
1 teentje knoflook, uit de knijper
1 el bloem
250 ml melk
2 el room
1 el citroensap
2 tl Dijonmosterd

1 grote of 2 kleine rauwe kreeftenstaarten
2 el olie
170 g verse krab of krab uit de diepvries
4 biefstukken van 200 g

1 Smelt de boter in een pan. Voeg ui en knoflook toe en blijf 1 minuut in de boter roeren, tot de ui glazig is geworden. Roer de bloem door de boter en laat deze 1 minuut meebakken, tot een lichte, schuimige roux is ontstaan. Neem de pan van het vuur en roer er geleidelijk de melk doorheen. Zet de pan weer op het vuur en blijf roeren tot de saus is ingekookt. Draai het vuur laag en laat de saus 2 minuten zachtjes doorkoken. Neem de pan weer van het vuur en roer de room, het citroensap en de mosterd door de saus. Houd de saus warm.
2 Knip de kreeft van onder in met een keukenschaar. Haal het vlees uit de schaal. Verhit de helft van de olie in een koekenpan en bak de kreeft in 3 minuten op middelhoog vuur aan beide kanten (als u een dikke staart gebruikt, moet u de kreeft iets langer bakken). Haal de kreeft uit de pan en houd hem warm. Doe nu de krab in de pan en blijf roeren tot de krab goed doorgewarmd is. Haal het krabvlees uit de pan en houd het warm. Maak de pan schoon.
3 Verhit de rest van de olie in de pan en schroei hierin de biefstuk dicht (2 minuten aan iedere kant). Als u een rosé biefstuk wilt, bakt u het vlees aan beide zijden 1 minuut langer. Bak het vlees 2–3 minuten langer voor een doorbakken biefstuk en 4–6 minuten langer voor een goed doorbakken biefstuk. Schik de krab op het vlees en leg op de krab schijfjes kreeft. Giet ten slotte de citroen-mosterdsaus over het gerecht.

ONDER: Surf 'n' turf

GEFRITUURDE KRAB

Voorbereidingstijd: 30 minuten + 1 uur in de diepvries + 1 nacht marineren
Kooktijd: 15 minuten
Voorgerecht voor 4 personen

☆☆☆

1 kg verse krab
1 losgeklopt ei
1 rode Spaanse peper, fijngehakt
1/2 tl knoflook, uitgeperst
1/2 tl zout
1/4 tl gemalen witte peper
olie, om te frituren

Coating

40 g bloem
60 g gezeefde bloem
3 tl basterdsuiker
1 tl gemalen witte peper

1 Leg de krab 1 uur in de diepvries. Borstel de krab schoon. Trek de rok van de krab en verwijder het rugschild (het moet gemakkelijk en in een keer loslaten). Verwijder de ingewanden. Trek de poten en de scharen van de krab. Snijd met een scherp mes het krabvlees in vier stukken.

2 Klop de Spaanse peper, knoflook, zout en peper door het ei. Roer het in stukken gesneden krabvlees door dit mengsel. Dek het mengsel af en zet het 1 uur in de diepvries.

3 Bedek een groot werkvlak met de ingrediënten van de coating. Doop de alle stukken krab in het bloemmengsel en schud overtollige bloem af.

4 Vul een pan met een zware bodem voor eenderde met olie en verhit deze tot een dobbelsteentje brood in de olie binnen 15 seconden goudbruin wordt. Frituur het schaarvlees van de krab 7–8 minuten, het lichaamsvlees 3–4 minuten en de poten 2 minuten. Laat de krab uitlekken op keukenpapier. Serveer met partjes citroen.

TIP: Frituur de krab kort voor het opdienen. Eet de krab uit de hand. Breek de scharen van de krab met een kreeftentang en haal het vlees eruit.

BOVEN: Gefrituurde krab

ZALMMOTEN MET VRUCHTENSAUS

Voorbereidingstijd: 20 minuten + 2 uur marineren
Kooktijd: 10 minuten
Voor 4 personen

☆

4 zalmmoten
1 1/2 el peper
2 el citroensap
125 ml limoensap
1 el verse tijm, fijngehakt

Vruchtensaus

1/2 kleine papaja, in dobbelsteentjes
1/2 kleine ananas, in dobbelsteentjes
3 lente-uitjes, fijngehakt
1 el verse koriander, fijngehakt
2 el limoensap
3 tl basterdsuiker

1 Bestrooi de zalm volledig met peper en leg hem op een aardewerken schaal. Maak een mengsel van citroensap, limoensap en tijm en giet dat over de zalm. Dek de zalm af en zet hem 2 uur in de koelkast.

2 Roer in een kom de papaja, de ananas, de lente-ui, de koriander, het limoensap en de basterdsuiker door elkaar. Voeg naar smaak zout toe.

3 Verhit de olie in een koekenpan, leg de zalm in de olie en bestrijk hem met de rest van de marinade. Bak de zalm 3–5 minuten aan beide kanten, tot de vis van buiten lichtbruin is geworden en van binnen gaar is. Serveer met de vruchtensaus.

TIPS: U kunt voor dit recept ook zeeforel gebruiken.

Leg de zalm niet langer dan 2 uur in de marinade, want dan verliest deze zijn glans door de sappen van de citrusvruchten. Mocht dit toch gebeuren, halveer dan de baktijd. Maak de vruchtensaus kort voordat u de vis serveert.

BOVEN: Zalmmoten met vruchtensaus

GARNALEN MET HONING

Voorbereidingstijd: 20 minuten
Kooktijd: 12 minuten
Voor 4 personen

☆☆

16 grote, rauwe garnalen
60 g maïsbloem
125 g zelfrijzend bakmeel
1/4 tl citroensap
1 el olie
3 el honing
olie, om te frituren
3 el sesamzaad, lichtgeroosterd

1 Pel de garnalen en trek voorzichtig het donkere darmpje eruit, begin bij de kop. Dep de garnalen droog met keukenpapier en bestuif ze vervolgens lichtjes met de helft van de maïsbloem.
2 Doe de bloem en de rest van de maïbloem in een kom. Meng het citroensap, de olie en 250 ml water. Maak een kuiltje in de bloem en giet het mengsel er al roerend in.
3 Verwarm de honing op laag vuur. Neem de pan van het vuur en houd de honing warm.
4 Vul een diepe pan voor eenderde met olie en verhit deze tot een dobbelsteentje brood in de olie binnen 15 seconden goudbruin wordt. Doop de garnalen in het beslag en laat het overtollige beslag afdruipen. Leg een paar garnalen tegelijk met een schuimspaan in de hete olie en frituur ze 2–3 minuten, tot de garnalen knapperig en goudbruin zijn. Laat de garnalen uitlekken en houd ze warm.
5 Roer de garnalen voorzichtig door de verwarmde honing. Bestrooi de garnalen met wat sesamzaad en serveer ze direct.

IN HAVERMOUTBESLAG GEFRITUURDE HARING

Voor 8 porties. Snijd de koppen van 8 verse haringen achter de kieuwen en de vinnen af. Snijd de buik open, verwijder de ingewanden en vouw de haringen open. Verwijder voorzichtig de graat; begin bij de staart. Verwijder met een pincet ook de kleinste graatjes. Giet 125 ml melk in een kom. Strooi 185 g fijne havermout op een bord en voeg naar smaak peper en zout toe. Doop de vis in de melk en haal hem door de havermout. Verhit een laagje van 3 cm olie in een diepe koekenpan. Frituur de haringen in 3–5 minuten goudbruin. Laat de vis uitlekken op keukenpapier. Serveer met partjes citroen.

TIJGERGARNALEN
Tijgergarnalen zijn sappige garnalen met een rijke smaak en een stevige structuur. Deze garnalen hebben rode of bruine 'tijgerstrepen' op hun schaal en zijn rauw of gekookt verkrijgbaar. Deze garnalensoort wordt gevangen of gekweekt. Het kweken van garnalen geniet tegenwoordig een grote populariteit, omdat dit de enige manier is om in de behoefte te voorzien zonder dat de garnalenpopulatie in de oceaan uitgeput raakt. Gekweekte tijgergarnalen hebben duidelijk zichtbare strepen op hun schaal en als de garnalen gekookt zijn blijft de kleur mooier dan bij wilde garnalen. Wilde garnalen zijn doorgaans wel groter dan gekweekte.

LINKS:
Garnalen met honing

BOVEN: Fritto misto di mare

FRITTO MISTO DI MARE

Voorbereidingstijd: 30 minuten
Kooktijd: 12 minuten
Voor 4 personen

☆☆☆

125 g zelfrijzend bakmeel
30 g maïsbloem
1 el olie
8 grote rauwe garnalen
8 sint-jakobsschelpen
12 verse sardines
500 g witte visfilets, (bijvoorbeeld roodbaars, snapper, leng of zonnevis), zonder vel en julienne gesneden
1 pijlinktvismantel, in ringen
bloem, om de vis mee te bestuiven
olie, om te frituren
tartaarsaus (zie blz. 128)
partjes citroen, als garnering

1 Doe de bloem en het bakmeel met wat zout en peper in een kom en maak er een kuiltje in. Doe de olie in 250 ml water en giet dit mengsel in de bloem en blijf roeren tot een glad beslag ontstaat.

2 Pel de garnalen en trek het donkere darmpje eruit, begin bij de kop. Verwijder darmpjes, vliezen of harde stukjes van de sint-jakobsschelpen.

3 Snijd de buik van de sardines open en verwijder de ingewanden. Spoel de vis uit met zout water. Snijd de kop van de vissen en leg de sardines met het vel naar boven op een werkvlak. Plet de sardines met uw handpalm, keer ze om en trek de graat uit de vis. Knip vervolgens de vinnen af.

4 Dep de schoongemaakte vis droog met keukenpapier. Doop de vis in de bloem en schud overtollige bloem af.

5 Vul een diepe pan met zware bodem voor eenderde met olie en verhit deze tot een dobbelsteentje brood in de olie binnen 15 seconden goudbruin wordt. Haal de vis door het beslag en frituur kleine porties in 2–3 minuten goudbruin en knapperig. Haal de vis met een tang of een schuimspaan uit de olie en laat uitlekken op keukenpapier. Houd de vis warm. Serveer met de tartaarsaus en de partjes citroen.

TIP: U kunt de vis een paar uur voor het frituren preparen, afdekken en in de koelkast zetten.

ZALM IN NORI MET MIE

Voorbereidingstijd: 30 minuten
Kooktijd: 10 minuten
Voor 4 personen

☆☆

2 lente-uitjes, in dunne ringen
4 zalmmoten, uit het middendeel van de vis
1 vel nori (gedroogd zeewier)
2 tl olie
250 g mie

Dressing

1/2–3/4 tl wasabipasta
2 el wijnazijn
2 el mirin
1 el limoensap
2 tl bruine suiker
1 el olie
2 tl sojasaus
2 tl zwart sesamzaad

1 Doe de lente-ui in een kom koud water. Verwijder het vel en de graten van de zalm, maar laat de zalmmoten verder intact. Snijd het norivel in stroken en leg deze strak om de vis. Plak de uiteinden van de stroken met een beetje water stevig aan elkaar. Kruid de zalm met zout en peper.

2 Verhit een beetje olie in een koekenpan en bak de zalm 2–3 minuten aan beide kanten (de zalm is goed gaar als deze middenin een lichtroze kleur heeft).

3 Bereid tijdens het bakken van de zalm de dressing en de mie. Doe alle ingrediënten voor de dressing in een kom en meng ze goed door elkaar.

4 Leg de mie in een grote kom en giet er kokend water over. Laat 5 minuten staan tot de mie zacht geworden is. Laat de mie goed uitlekken. Verdeel de mie over de borden en leg op ieder hoopje mie een zalmmoot. Besprenkel het gerecht met de dressing. Laat de ringen lente-ui uitlekken en leg ze op de zalm.

TIPS: U kunt voor dit gerecht ook zeeforel gebruiken.

Er zijn verschillende soorten sesamzaad. Zwart sesamzaad wordt vaak als garnering gebruikt. Het is verkrijgbaar bij de toko.

BOVEN:
Zalm in nori met mie

POCHEREN & STOMEN

Het is eigenlijk niet meer dan logisch dat we vis bereiden in zijn natuurlijke element en misschien is het pocheren en stomen van vis juist daarom wel zo populair. Als u de vis op deze eenvoudige manier bereidt, moet u er wel vanuit kunnen gaan dat deze vers is. Met vis of schaal- en schelpdieren die zachtjes zijn gekookt in water of bouillon, hoeft eigenlijk niets meer te gebeuren. U hoeft aan gepocheerde of gestoomde vis bijvoorbeeld geen kruiden meer toe te voegen. Het gaat er in de eerste plaats om of de vis vers en sappig is.

GEPOCHEERDE ZALM

Steek de kruidnagels in de uien.

Leg de schoongemaakte vis in de pan.

Trek voorzichtig het vel van de vis.

RECHTS:
Gepocheerde zalm

GEPOCHEERDE ZALM

Voorbereidingstijd: 50 minuten
Kooktijd: 1 uur
Voor 8–10 personen

☆☆

2 l witte wijn
60 ml witte-wijnazijn
2 uien
10 hele kruidnagels
4 wortels, in plakjes
1 citroen, in partjes
2 laurierblaadjes
4 takjes verse peterselie
1 tl zwarte peperkorrels
2,5 kg zalm, schoongemaakt en geschubd

Dillemayonaise

1 ei, op kamertemperatuur
1 eidooier, op kamertemperatuur
1 tl citroensap
1 tl witte-wijnazijn
375 ml lichte olijfolie
1–2 tl fijngehakte dille

1 Doe de wijn, de wijnazijn en 2,5 l water in een grote pan met dikke bodem.

2 Steek de kruidnagels in de uien en leg deze in de pan. Voeg de wortels, de partjes citroen, de laurierbladeren, de peterselie en de peperkorrels toe. Breng aan de kook en zet het vuur laag. Laat 30–35 minuten zachtjes doorkoken. Laat afkoelen. Overgieten in de vispan.

3 Leg de hele vissen in de vispan en dek ze af. Breng de zalm aan de kook en zet het vuur lager. Pocheer 10–15 minuten op laag vuur, tot de vis, zelfs bij het dikste deel, goed gaar is. Neem de pan van het vuur en laat de vis afkoelen in het kookvocht.

4 Meng het ei, de eidooier, het citroensap en de azijn in de keukenmachine, totdat alle bestanddelen goed zijn vermengd. Voeg vervolgens langzaam de olijfolie toe, totdat de mayonaise dik en stevig is geworden. Giet de mayonaise in en kom en voeg al roerend dille, zout en peper toe.

5 Haal de afgekoelde vis uit de bouillon en leg deze op een plat oppervlak. Ontdoe de vis nu van zijn vel. Serveer met waterkers, schijfjes citroen en de mayonaise.

TIP: U kunt voor dit gerecht ook zeeforel, snapper of zeebaars gebruiken. U kunt de zalm ook 20–30 minuten bakken in een matig warme oven (gasstand 4).

GEPOCHEERDE ZALMFILET MET HOLLANDAISESAUS

Voorbereidingstijd: 20 minuten
Kooktijd: 10 minuten
Voor 4 personen

☆☆

250 ml witte wijn
500 ml visbouillon
1 tl citroensap
1 grote schijf ui
4 moten zalmfilet, met een dikte van 2,5 cm
verse dille, als garnering

Hollandaisesaus

3 eidooiers
125 g gesmolten, hete boter
1/2 tl geraspte citroenschil
1 el citroensap

1 Doe de wijn, de bouillon, het citroensap en de schijf ui in een ondiepe pan en breng aan de kook. Zet het vuur lager zodat de bouillon licht blijft pruttelen.

2 Leg de zalmfilets plat in de bouillon. Pocheer de vis ongeveer 7 minuten of laat er even de kook overheen komen. Haal de vis uit de pan en laat deze uitlekken op keukenpapier. Wikkel de filets in folie, zodat ze op temperatuur blijven.

3 Klop de eidooiers 10 seconden in de keukenmachine en giet er tijdens het kloppen langzaam de kokendhete boter bij. Zorg ervoor dat het mengsel geen eiwit bevat. Voeg de citroenrasp en het citroensap toe en laat de machine nog eens 30 seconden draaien, tot een stijve massa is ontstaan. Dien onmiddellijk op.

4 Serveer de zalm met de hollandaisesaus. Garneer met de verse dille.

TIP: U kunt voor dit gerecht ook filets van zeeforel gebruiken. Als u een hele zalm gebruikt, inclusief de kop, kunt u de vis na het pocheren het best ontvellen. Laat, als u de zalm koud opdient, de vis afkoelen in de bouillon en ontdoe deze vervolgens van zijn vel.

HOLLANDAISESAUS

Deze saus stond vroeger bekend onder de naam *Sauce Isigny*. De saus was genoemd naar een stad in Normandië, die bekend stond om haar boterproductie. Tijdens de Eerste Wereldoorlog werd er in deze stad geen boter meer gemaakt. Deze moest toen uit Nederland worden geïmporteerd. Aan dit historische feit heeft de hollandaisesaus zijn naam te danken.

BOVEN:
Gepocheerde zalmfilet met hollandaisesaus

GEPOCHEERDE HELE SNAPPER

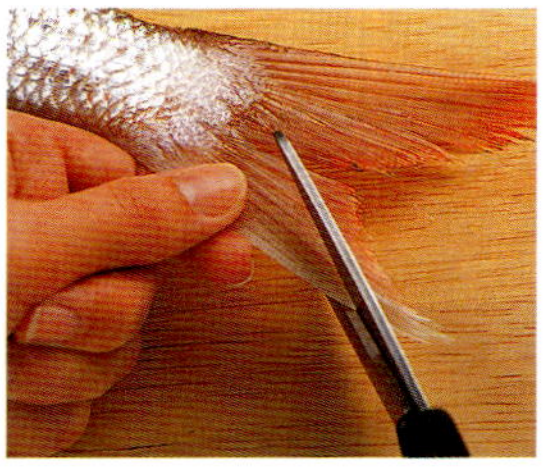

Knip met een keukenschaar de vinnen van de vis.

Wikkel de vis in de geblancheerde slabladen.

Leg de omwikkelde vis in een diepe ovenschaal.

RECHTERBLADZIJDE: Gepocheerde snapper met een saus van verse tomaten (boven), gepocheerde hele snapper

GEPOCHEERDE HELE SNAPPER

Voorbereidingstijd: 15 minuten
Kooktijd: 40 minuten
Voor 4–6 personen

☆☆

10–15 bladen sla
een hele snapper van 1,25 kg, zonder ingewanden en schubben
2 uien, in dunne ringen
1 citroen, in dunne schijfjes
170 ml visbouillon
170 ml witte wijn
12 hele zwarte peperkorrels
1 laurierblad
155 g ongezouten boter, in klontjes
1 el citroensap

1 Verwarm de oven voor op 180°C (gasstand 4). Leg de slabladen in een grote kom en giet er kokend water over zodat de bladen zacht worden. Spoel ze vervolgens af met koud water.
2 Verwijder de vinnen van de snapper met een keukenschaar. Vul de vis met een van de gesneden uien en de citroen. Wikkel de vis volledig in de slabladen en leg hem in een diepe ovenschaal.
3 Giet de bouillon en de wijn over de vis en voeg de andere ui, de peperkorrels en het laurierblad toe. Leg op de slabladen 30 g boter, in klontjes. Wikkel stevig in folie en bak 30 minuten tot de vis gemakkelijk van de graat loslaat wanneer u er met een vork in prikt.
4 Haal de snapper uit de ovenschaal, leg deze op een schaal en houd de vis warm. Giet de bouillon in een pan en laat 10 minuten lang tot de helft inkoken. Haal de pan van het vuur en spatel de rest van de boter door de bouillon, totdat een stevige saus is ontstaan. Roer hier het citroensap doorheen en voeg naar smaak peper en zout toe. Leg de vis op zijn zij en dien op.
TIP: U kunt de snapper ook vervangen door een zeeforel of een kabeljauw.

GEPOCHEERDE SNAPPER MET EEN SAUS VAN VERSE TOMATEN

Voorbereidingstijd: 20 minuten
Kooktijd: 45 minuten
Voor 4 personen

☆☆

een hele snapper van 1 kg, zonder ingewanden, geschubd
4 rijpe tomaten
1 ui, in dunne ringen
4 lente-uitjes, fijngesneden
2 el verse peterselie, fijngehakt
315 ml visbouillon
60 g boter
1 el bloem

1 Verwarm de oven voor op 190°C (gasstand 5). Spoel de vis af met koud water en dep hem met keukenpapier van binnen en van buiten droog.
2 Snijd een kruis in de onderkant van de tomaten en leg ze in een ovenvaste schaal. Giet er kokend water overheen en laat 30 seconden staan. Leg de tomaten in koud water en pel ze. Snijd de tomaten vervolgens doormidden en verwijder de zaadjes met een theelepel. Snijd de tomaten in stukjes.
3 Vet een ovenschaal in met weinig boter. Bedek de bodem van de schaal met de helft van de tomaten, de ui, en de lente-uitjes. Leg hier de vis overheen en dek hem af met de rest van de groenten. Strooi de helft van de peterselie over de vis en giet de bouillon er overheen.
Leg daarop de helft van de boterklontjes.
4 Bak de vis in 30 minuten gaar.
5 Neem de vis voorzichtig uit de schaal, laat goed uitlekken en leg hem op een voorverwarmde schaal. Giet de bouillon en de groenten over in een steelpannetje. Proef de bouillon en voeg zonodig peper en zout toe. Breng de bouillon aan de kook en laat 5 minuten zachtjes doorkoken, tot hij voor een kwart is ingekookt.
6 Meng in een kleine kom de rest van de boter en de bloem. Roer dit mengsel in delen door de bouillon en blijf in de saus roeren tot een mooie gladde substantie is ontstaan. Voeg zout en peper toe en giet de saus over de vis. Garneer met de rest van de fijngehakte peterselie.
TIP: U kunt de snapper ook vervangen door een zeeforel of een kabeljauw.

QUENELLES VAN ZEEVRUCHTEN

Voorbereidingstijd: 30 minuten + 3 uur afkoelen
Kooktijd: 40 minuten
Voor 4 personen

☆☆☆

Quenelles

200 g ontvelde filets van een stevige witte vis (bijvoorbeeld snoek, kabeljauw, leng of zeeduivel)
150 g sint-jakobsschelpen, schoongemaakt
150 g rauwe garnalen
1 eiwit
1 tl fijngeraspte citroen
125 ml room
3 el fijngehakt vers bieslook
1 l visbouillon

Tomatencoulis

1 el olijfolie
1 teentje knoflook, fijngesneden
425 g gepelde tomaten (uit blik)
170 ml visbouillon of water
2 el room
2 el fijngehakt vers bieslook

1 Dep voor het maken van de quenelles de vis en de zeevruchten droog met keukenpapier. Hak de vis 30 seconden in keukenmachine in grove stukken en doe hetzelfde met de sint-jakobsschelpen en de garnalen. Doe alles in de keukenmachine, voeg het eiwit en de citroenrasp toe en laat de keukenmachine nog eens 30 seconden draaien, totdat het mengsel fijn is.
2 Voeg, terwijl de keukenmachine draait, de room toe, zodat een dikke massa ontstaat. Laat de keukenmachine niet te lang aan staan. Roer er nu het bieslook doorheen en doe het mengsel in een kom. Dek deze af en zet ten minste 3 uur in de koelkast.
3 Vorm nu met twee vochtige eetlepels eivormige quenelles van het mengsel. Leg deze op een bakplaat die met bakpapier is bedekt. Dek de quenelles af en zet ze 30 minuten in de koelkast.
4 Verhit olie in een pan en bak hierin 30 seconden de knoflook op een matig vuur. Voeg de tomaten, de visbouillon of water en een snufje zout en peper toe. Laat dit mengsel 30 minuten pruttelen tot het is ingekookt.
5 Wrijf het tomatenmengsel door een fijne zeef en gooi de pulp weg. Doe het gezeefde mengsel weer in een pan en voeg hieraan de room en het bieslook toe, terwijl u af en toe roert.
6 Breng de visbouillon in een grote koekenpan tegen het kookpunt aan, maar zorg ervoor dat hij

BOVEN: Quenelles van zeevruchten

niet kookt. Laat nu de quenelles in de bouillon glijden en doe een deksel op de pan. Draai het vuur laag en pocheer de quenelles 5–6 minuten. Schep de quenelles met een schuimspaan uit de pan en laat ze uitlekken op keukenpapier.

7 Lepel wat tomatencoulis op de borden en leg daar de quenelles van zeevruchten in.

BEERKREEFTJES MET MANGOSAUS

Voorbereidingstijd: 10 minuten + 1 uur in de vriezer
Kooktijd: 5 minuten
Voor 4 personen

☆☆

- 8 grote, verse beerkreeftjes
- 1 grote of 2 kleine mango's
- 2–3 el zure room
- 60 ml citroen- of limoensap
- 1 tl bruine suiker
- 2–3 tl zoete chilisaus
- 1 extra mango, als garnering

1 Zet voordat u gaat koken de beerkreeftjes 1 uur in de vriezer. Doe de beerkreeftjes in een grote pan met kokend water waaraan een beetje zout is toegevoegd. Pocheer de beerkreeftjes 4–5 minuten, totdat de schalen een oranje-rode kleur hebben gekregen.

2 Verwijder voorzichtig de kopjes van de kreeftjes. Snijd de schaal bij de zachte onderzijde in. Trek nu met behulp van de keukenschaar, van voor naar achter de schaal van de kreeftjes en verwijder het vlees. Snijd ieder stukje vlees over de lengte doormidden.

3 Snijd de mango in grove stukken en doe ze in de keukenmachine. Voeg de zure room, het citroensap en de chilisaus toe en mix deze ingrediënten gedurende 20–30 seconden, totdat een gladde saus is ontstaan. Zet deze voor gebruik afgedekt in de koelkast. Als de saus te dik is, kunt u zure room of citroensap toevoegen.

4 Serveer het vlees van de beerkreeftjes op een bedje van gemengde salade en de extra mango. Besprenkel het geheel met de saus en geef de rest van de saus erbij.

TIP: U kunt ook mango's uit blik gebruiken.

BEERKREEFTJES

Beerkreeftjes zijn rauw, ingevroren of gekookt verkrijgbaar. Als u rauwe beerkreeftjes koopt, moet u erop letten dat de pootjes intact zijn en de staarten gekruld. Let er tevens op dat de kreeftjes bij de pootjes of de buikjes niet donker van kleur zijn geworden. De schaal moet hard zijn en naar de zee ruiken. Als de kreeftjes enigszins naar knoflook ruiken, kunnen ze bedorven zijn.

LINKS: Beerkreeftjes met mangosaus

GEROOKTE SCHELVIS
De gerookte schelvis komt uit het Schotse plaatsje Finnan in Aberdeenshire. De schelvis werd oorspronkelijk zonder de kop boven turf gerookt. Eerst werd de vis van zijn ingewanden ontdaan en ruggelings opengesneden, waarna hij werd ondergedompeld in een pekelbad. Vervolgens werden de schelvissen aan stokken geregen voordat ze werden gerookt. De gerookte schelvis die u tegenwoordig koopt is niet altijd op deze manier geprepareerd. Hoewel de vis soms mooie, gevariëerde kleuren heeft, kan deze toch kunstmatig geverfd zijn.

RECHTS: Gerookte schelvis in romige saus

GEROOKTE SCHELVIS IN ROMIGE SAUS

Voorbereidingstijd: 12 minuten
Kooktijd: 20 minuten
Voor 4 personen

☆

1 grote ui, in dunne ringen
500 g gerookte schelvisfilets
420 ml melk
1/4 tl gemalen zwarte peper
1 1/2 tl mosterd
20 g zachte boter
2 tl bloem
1 lente-ui, fijngesneden

1 Spreid de uienringen uit in een grote pan. Snijd de vis in plakken van 2 cm en leg deze op de uien.
2 Meng de melk, de peper en de mosterd in een kom en giet over de vis. Breng aan de kook en draai het vuur laag. Laat de vis eerst met het deksel op de pan 5 minuten zachtjes koken en daarna 5 minuten zonder deksel op de pan.
3 Leg de vis op een schaal en houd hem warm. Kook het mengsel in de pan nog eens 5 minuten in, terwijl u af en toe roert.
4 Meng de boter en de bloem tot een gladde massa. Spatel deze beetje bij beetje door het kokende melkmengsel. Voeg het lente-uitje toe, houd het vuur laag en blijf roeren, tot het mengsel inkookt. Laat het nu nog 1–2 minuten doorkoken. Giet het over de vis en dien op.

TWEED KETTLE (GEPOCHEERDE ZALM)

Voorbereidingstijd: 5 minuten
Kooktijd: 13 minuten
Voor 4 personen

☆

375 ml visbouillon
1/2 tl gemalen zwarte peper
mespunt gemalen nootmuskaat
125 ml droge witte wijn
2 lente-uitjes, fijngesneden
4 zalmfilets (staartstukken)
3 el verse peterselie, fijngehakt

1 Doe de visbouillon, de peper, de nootmuskaat, de wijn, de lente-ui en een beetje zout in een ondiepe pan en kook dit mengsel 1 minuut.

2 Pocheer de zalm 8–10 minuten in de bouillon en leg de vis op verwarmde borden.
3 Kook de bouillon nog 1 minuut. Breng op smaak en voeg de peterselie toe. Schep de bouillon over de zalm en dien op. Garneer met peterselie.
TIP: U kunt de zalm ook vervangen door zeeforel.

GEROOKTE VIS IN WITTE SAUS

Voorbereidingstijd: 15 minuten
Kooktijd: 8 minuten
Voor 6–8 personen

☆

Witte saus
750 ml melk
1 ui, gehalveerd
1 kruidnagel
1 laurierblad
60 g boter
40 g bloem
1–2 el fijngehakt bieslook of peterselie

1 kg gerookte kabeljauw- of schelvisfilets
250 ml melk

1 Giet de melk in een kleine pan, samen met de ui, de kruidnagel, het laurierblad en wat witte peper. Breng langzaam tegen de kook aan, neem van het vuur af en laat 3 minuten afkoelen. Giet het mengsel in een kom. Smelt de boter op laag vuur en roer er de bloem doorheen. Laat 1 minuut zachtjes doorkoken, tot een lichte, schuimige roux ontstaat. Neem de pan van het vuur en roer er scheutje voor scheutje de melk doorheen.
2 Zet de pan weer op het vuur en blijf roeren tot de saus is ingekookt. Draai het vuur laag en laat de saus 2 minuten sudderen. Neem de pan van het vuur en voeg naar smaak zout en peper toe. Roer het bieslook of de peterselie door de saus.
3 Snijd de filets in porties en leg ze in een grote koekenpan. Giet de melk en 250 ml water over de vis. Breng aan de kook en draai het vuur laag. Pocheer de vis tot hij goed gaar is. Schep de vis met een schuimspaan uit de pan. Laat even uitlekken op keukenpapier en leg dan op de borden. Giet de witte saus over de vis en garneer met takjes vers bieslook.
TIP: Gerookte vis is meestal behoorlijk zout van smaak. Als u de vis minder zout wilt maken, kunt u het volgende doen: giet een kopje melk en een kopje water in een kom en laat de vis hierin een paar uur weken. Druk het opgenomen vocht uit de vis.

BOVEN:
Gerookte vis in witte saus

MOSSELEN MET CITROENGRAS, BASILICUM EN WITTE WIJN

Voorbereidingstijd: 30 minuten
Kooktijd: 15 minuten
Voor 4–6 personen

☆

1 kg kleine mosselen
1 el olie
1 ui, in dunne ringen
4 teentjes knoflook, fijngehakt
2 stengels citroengras, fijngesneden
1–2 verse rode Spaanse pepers, zonder zaadlijsten, fijngehakt
250 ml witte wijn of water
1 el vissaus
50 g vers basilicum, grof gesneden

1 Borstel de mosselen schoon en verwijder de baarden. Gooi alle beschadigde en open mosselen die niet sluiten als u ze dichtdrukt weg. Was de mosselen goed.

2 Verhit de olie in een grote pan. Bak hierin 4 minuten op laag vuur de ui, de knoflook, het citroengras en de Spaanse peper. Roer af en toe. Voeg de wijn en de vissaus toe en laat het geheel 3 minuten doorkoken.

3 Doe de mosselen in de pan en schud ze goed door elkaar. Dek de pan af, zet het vuur hoger en kook de mosselen 4–5 minuten, tot de schelpen zich openen. Gooi alle ongeopende mosselen weg. Voeg het basilicum toe en serveer met rijst.

BOVEN: Mosselen met citroengras, basilicum en witte wijn

VIS IN GEMBERBOUILLON

Voorbereidingstijd: 5 minuten
Kooktijd: 15 minuten
Voor 4 personen

☆

1 el olie
8 lente-uitjes, in dunne ringen
2 el fijngehakte verse gember
4 el vissaus
4 el geraspte palmsuiker of bruine suiker
4 x 200 g zalmfilet of forelfilet
2 el limoensap
200 g erwtjes, uit de diepvries
verse korianderblaadjes, als garnering

1 Verhit de olie in een grote koekenpan. Bak hierin 2 minuten de lente-uitjes en de gember, op laag vuur. Roer af en toe. Voeg de vissaus, de suiker en 1,5 l water toe en breng aan de kook. Draai het vuur laag, doe de vis in de pan en pocheer deze 3–4 minuten, tot de vis goed gaar is. Schep de vis uit de pan met een schuimspaan en leg hem in een warme, ondiepe kom. Dek deze af met folie zodat de vis warm blijft.
2 Breng de bouillon in de pan aan de kook. Draai het vuur laag en laat het vocht langzaam inkoken tot de helft. Voeg het limoensap toe.
3 Kook de erwtjes tot ze beetgaar zijn.
4 Leg de filets op de borden en schep de bouillon erover. Serveer de erwtjes erbij. Garneer met de koriander.

GESTOOMDE VISFILETS MET GEMBER EN SPAANSE PEPER

Voorbereidingstijd: 15 minuten
Kooktijd: 10 minuten
Voor 4 personen

✯

- 4 middelgrote, stevige witte visfilets (bijvoorbeeld snapper, zeebaars of kabeljauw)
- 5 cm verse gemberwortel, geraspt
- 2 teentjes knoflook, fijngehakt
- 2 tl verse rode Spaanse peper, fijngehakt
- 2 el verse koriandertakjes, fijngehakt
- 3 lente-uitjes, fijngesnipperd
- 2 el limoensap

1 Bedek de binnenkant van een stoommandje van bamboe met bananenbladeren of bakpapier.
2 Leg de vis in het mandje en bedek hem met de gember, de knoflook, de Spaanse peper en de koriandertakjes. Dek het stoommandje af en stoom de vis 8–10 minuten boven een pan of een wok met kokend water. Voeg lente-uien en limoensap toe en stoom de vis nog 30 seconden.
Serveer de vis direct.

VIS STOMEN

Voor het stomen van vis vult u een wok of een pan voor eenderde met water. Controleer voordat u de vis gaat stomen of het stoommandje niet in contact komt met het water. Als u te veel water gebruikt, zal het tijdens het koken tegen het mandje aankomen en als u te weinig water gebruikt, kookt de pan droog. Plaats, als het water kookt, het mandje met de vis in de pan en sluit het af met een deksel. Zorg dat het water in de wok of de pan goed doorkookt. Wees voorzichtig als u het deksel van de pan tilt, want daarbij kan een hete wolk stoom vrijkomen.

LINKS: Gestoomde visfilets met gember en Spaanse peper

DIM SUM

Met een samosa- of wan tan-vormpje kunt u op een eenvoudige manier de gevulde deegkussentjes dichtmaken. Het vormpje is verkrijgbaar bij de speciaalzaak of bij de toko.

CHINESE PADDESTOELEN MET SINT-JAKOBSSCHELPEN

Voor 16 paddestoelen. Kook 16 gedroogde Chinese paddestoelen 30 minuten. Laat ze uitlekken en doe ze in een pan, samen met 375 ml water, 2 el mirin, 2 el sojasaus en een grof gehakt stuk gember van 5 cm. Laat de paddestoelen 20 minuten sudderen en daarna afkoelen. Verwijder de steeltjes. Maak 16 sint-jakobsschelpen schoon en leg ieder schelpdier midden op een paddestoel. Snijd een stuk verse gember van 3 cm, een lente-uitje en een rode Spaanse peper julienne (dunne reepjes). Leg deze ingrediënten samen met 2 tl fijngehakt citroengras op de paddestoelen. Stoom de paddestoelen 3–5 minuten boven een grote pan met kokend water, tot de schelpdieren zacht zijn geworden. Meng 1 tl zoete sherry en 1 tl oestersaus met een 1/2 tl sesamolie en een 1/2 tl basterdsuiker. Besprenkel de schelpen met dit mengsel.

ZEEVRUCHTENKNOEDELS

Voor 30 stuks. Maak een mengsel van 250g fijngesneden sint-jakobsschelpen, het vlees van 250 g fijngesneden rauwe garnalen, 2 fijngesnipperde lente-uitjes, 3 tl grof gehakte tamme kastanjes, 1 tl sesamolie, 1 tl sojasaus en 1 tl Chinese rijstwijn. Leg 1 tl van dit mengsel midden op een uitgespreid plakje wan tan-deeg en besprenkel de randen van het deeg met water. Druk de randen op elkaar met een

wan tan- of samosa-vorm. Verhit 1 tl olie in een koekenkpan en bak 10 van de meelballetjes 3 minuten, tot ze goudbruin zijn. Doe 125 ml visbouillon in de pan en laat 5 minuten koken met het deksel op de pan. Neem het deksel van de pan en laat de bouillon inkoken tot de knoedels knapperig zijn geworden. Doe hetzelfde met de rest van de knoedels.

PAKKETJES MET ZALM EN CHILISAUS

Voor 24 pakketjes. Maak een mengsel van 250 g fijngehakte, ontvelde en graatloze zalmfilets, 1 fijngesneden lente-ui, 3 tl zoete chilisaus, 1 tl limoensap, 60 g geblancheerde en fijngehakte jonge bladspinazie, 2 tl fijngesneden bieslook en 1 eiwit. Breng op smaak. Leg een tl van dit mengsel midden op een plakje deeg, maak de randen van het deeg vochtig en druk ze tegen elkaar aan met een samosa- of wan tan-vorm. Herhaal deze handeling tot het volledige mengsel is gebruikt. Stoom de pakketjes in 5–10 minuten gaar in een stoommandje van bamboe dat u in een pan met kokend water hebt geplaatst.

GESTOOMDE OF GEFRITUURDE WAN TANS MET GARNALEN

Voor 24 wan tans. Leg 15 g gesneden gedroogde Chinese paddestoelen 5 minuten in kokend water. Laat uitlekken en snijd in kleine stukjes. Vermeng de paddestoelen met 1 tl sake, 1 tl geraspte verse gember, 1 tl sesamolie en 2 tl zoete chilisaus. Pel 24 garnalen en trek het darmpje eruit. Laat de staarten intact. Halveer de garnalen en houd de staarten apart. Snijd het garnalenvlees klein en voeg het aan de paddestoelen toe. Leg een tl van dit mengsel midden op een wan tan-vel. Zet een garnalenstaartje rechtop in het mengsel. Bevochtig de randen van het deeg met water en vouw het deeg tot een pakketje, waarbij u de staart laat uitsteken. Maak 24 van deze pakketjes. Stoom de pakketjes 5 minuten in een met weinig olie ingevet stoommandje van bamboe, tot ze gaar zijn. Meng voor het maken van een dipsaus 60 ml sojasaus, 1 tl vissaus, 1 tl limoensap en 60 ml zoete chilisaus. U kunt ook garnalen uit de diepvries gebruiken.

VAN LINKS NAAR RECHTS:
Chinese paddestoelen met sint-jakobsschelpen, zeevruchtenknoedels, pakketjes met zalm en chilisaus, gestoomde of gefrituurde wan tans met garnalen

GESTOOMDE ZAAGJES IN WITTE WIJN EN KNOFLOOK

Voorbereidingstijd: 25 minuten + 1 uur wellen
Kooktijd: 5 minuten
Voor 4 personen

☆

1 kg zaagjes
60 g zachte boter
2 teentjes knoflook, uit de knijper
2 el verse dille, fijngehakt
2 el vers bieslook, fijngehakt
1 tl verse tijm, fijngehakt
2 el geroosterde pijnboompitten
1/4 tl gemalen zwarte peper
1 kleine rijpe tomaat
125 ml witte wijn
1 kleine ui, fijngesneden

1 Wel de zaagjes 1 uur en verwijder het eventuele zand. Gooi beschadigde en open zaagjes die niet gelijk sluiten als u ze dichtdrukt weg.
2 Spatel de boter en de knoflook goed door elkaar tot de boter licht van kleur geworden is. Voeg de kruiden, de pijnboompitten en de peper toe.
3 Kruis de tomaat aan de onderkant in en leg hem in een ovenschaal. Giet kokend water over de tomaat en laat 30 seconden staan; dompel hem dan in koud water. Ontvel de tomaat en verwijder de zaadjes. Snijd de tomaat in kleine stukjes.
4 Doe de wijn, de ui en 125 ml water in een grote pan. Breng aan de kook. Voeg de zaagjes toe en laat op hoog vuur – terwijl u af en toe met de pan schud – 35 minuten doorkoken, tot de zaagjes zijn opengegaan.
5 Voeg de kruiden en de knoflookboter toe en roer alles goed door elkaar tot de boter is gesmolten. Schep de zaagjes in kommetjes en dien direct op met geroosterd brood om in het vocht te dopen. Gooi alle ongeopende zaagjes weg.

ONDER: Gestoomde zaagjes in witte wijn en knoflook

TIMBAALTJES VAN SINT-JAKOBSSCHELPEN MET ROMIGE OESTERSAUS

Voorbereidingstijd: 20 minuten
Kooktijd: 35 minuten
Voor 6 personen

☆☆

400 g sint-jakobsschelpen
200 g ontvelde filets van witte vis (bijvoorbeeld snapper, brasem, snoek of platkopharder)
2 eiwitten
1 tl geraspte citroen
185 ml room

Romige oestersaus

15 g boter
1/2 wortel, in kleine dobbelsteentjes
1/2 stronk selderij, in kleine dobbelsteentjes
2 lente-uitjes, fijngesneden
1 laurierblad
60 ml witte wijn
125 ml visbouillon
125 ml room
1 tl boter
1 tl bloem
18 verse oesters, uit de schelp gehaald
2 el zure room
1 tl verse dille, fijngehakt

1 Verwijder ingewanden, vliezen of harde stukjes van de sint-jakobsschelpen. Meng de schelpdieren en de vis in de keukenmachine tot een gladde massa is ontstaan. Voeg de eiwitten, de citroenrasp, zout en witte peper toe en laat de keukenmachine draaien tot alle ingrediënten zijn vermengd. Giet de room erbij en zet de machine kort op de hoogste stand. Mix niet te lang, want dan gaat de substantie klonteren. Pocheer, voordat u het mengsel op smaak brengt, een kleine hoeveelheid van het mengsel en proef dit.
2 Verwarm de oven voor op 170°C (gasstand 3). Vet 6 ovenvaste puddingvormpjes (125 ml) in met een beetje olie. Schep het mengsel in de vormpjes en druk het goed aan zodat er geen luchtbellen kunnen ontstaan. Dek de vormpjes af met licht ingevette folie en zet ze op een bakplaat. Giet kokend water op de plaat, zodat de vormpjes tot de helft in het water komen te staan. Bak de timbaaltjes 15–20 minuten, tot ze gaar zijn.
3 Maak tijdens het bakken van de timbaaltjes de oestersaus. Smelt de boter in een kleine sauspan en voeg de groenten en het laurierblad toe. Roer 5 minuten tot de boter wel zacht van kleur, maar niet bruin is geworden. Voeg de wijn toe en laat 1 minuut zachtjes pruttelen. Doe de visbouillon en de room erbij en breng aan de kook. Draai het vuur laag en laat 5 minuten doorkoken. Maak een pasta van boter en bloem en spatel deze door de saus, tot hij indikt. Roer hierdoor de oesters, samen met hun vocht, de zure room en de dille. Voeg naar smaak zout en de zwarte peper toe.
4 Giet het vocht af en stort de timbaaltjes op de borden. Schep er een beetje oestersaus over.

BOVEN: Timbaaltjes van sint-jakobsschelpen met romige oestersaus

VIS OP INDIASE WIJZE

Knip de vinnen en de staart van de vis .

Snijd het dikste deel van de vis op verschillende plaatsen diep in.

RECHTERBLADZIJDE: Snapper, gepocheerd in kokosmelk

VIS OP INDIASE WIJZE

Voorbereidingstijd: 20 minuten
Kooktijd: 20 minuten
Voor 2–4 personen

✯

500 g witte vis (bijvoorbeeld zeekarper, roodbaars, wijting of snapper), schoongemaakt en zonder schubben
15 g geroosterde amandelen
2 laurierblaadjes
1/2 groene Spaanse peper, fijngesneden
1 el olie
315 g yoghurt (naturel)
1/2 tl garam masala
1/2 tl suiker

1 Was de vis en dep deze met keukenpapier van binnen en van buiten droog. Knip met de keukenschaar de vinnen en de staart van de vis. Snij de vis aan beide kanten bij het dikste gedeelte verschillende malen in en leg hem in een stoommandje dat van binnen is bedekt met bananenbladeren of bakpapier.
2 Meng de overige ingrediënten en schep ze over de vis. Stoom de vis 20 minuten boven een pan met zachtjes kokend water, tot de vis makkelijk van de graat loslaat.

SNAPPER, GEPOCHEERD IN KOKOSMELK

Voorbereidingstijd: 20 minuten
Kooktijd: 30–40 minuten
Voor 4 personen

✯

1 l kokosmelk
2 tl verse gember, geraspt
3 kleine rode Spaanse pepers, fijngehakt
1 el koriander, wortels en stelen, fijngehakt
6 sjalotjes, fijngehakt
6 limoenblaadjes, fijngehakt
2 steeltjes citroengras, witte deel, gesneden
2 tl geraspte citroen
500 ml visbouillon
80 ml vissaus
80 ml uitgeperst limoensap
4 x 250 g filets van snapper, met vel
korianderblaadjes, als garnering
1 kleine rode Spaanse peper, julienne gesneden, als garnering
2 limoenblaadjes, fijngehakt, als garnering

1 Breng de kokosmelk aan de kook en laat 3 minuten doorkoken. Voeg de gember, de Spaanse peper, de wortels en stelen van de koriander, de sjalotten, de limoenblaadjes, het citroengras en de citroenrasp toe en breng dit mengsel weer aan de kook. Giet de visbouillon en de vissaus erbij en laat 15 minuten zachtjes doorkoken. Giet het mengsel af door een vergiet en voeg het limoensap toe. Voeg naar smaak vissaus toe.
2 Verwarm de saus in een grote koekenpan en leg de vis in de saus wanneer de saus die aan de kook is. Draai het vuur lager en laat de saus 10–15 minuten zachtjes doorkoken.
3 Leg de vis voorzichtig op een bord. Dien op met een beetje van de saus en garneer met koriander, Spaanse peper en de fijngesneden limoenblaadjes.
TIPS: U kunt ook zeeforel of kabeljauw gebruiken.
De limoenblaadjes kunt u vervangen door djeroek poeroet.

GEPOCHEERDE VISFILETS IN DILLESAUS

Voorbereidingstijd: 15 minuten
Kooktijd: 20 minuten
Voor 4 personen

✯

500 g visfilets zonder vel (bijvoorbeeld zeebaars, roodbaars, snapper of trevalla)
1 ui, fijngesneden
1 laurierblaadje
1 el boter
1 el bloem
125 ml zure room
2 el verse dille, fijngehakt

1 Ontdoe de vis van alle graten. Doe 625 ml water in een grote koekenpan en voeg de ui en het laurierblad toe. Breng aan de kook en draai het vuur laag. Pocheer de vis 5 minuten op laag vuur, totdat deze gemakkelijk van de graat loslaat. Haal de vis uit de pan en leg hem op een voorverwarmd bord.
2 Giet het vocht af en houd 250 ml van het vocht apart. Smelt de boter op laag vuur. Roer de bloem erdoor en laat 1 minuut koken, tot een lichte en schuimige roux is ontstaan. Haal de pan van het vuur en roer beetje bij beetje de apart gehouden bouillon door de saus. Zet de pan weer op het vuur en blijf roeren tot de saus inkookt. Draai het vuur laag en laat de saus 2 minuten zachtjes doorkoken. Neem de pan van het vuur en roer de zure room en de dille door de saus. Voeg naar smaak zout en witte peper toe. Giet de saus over de vis en garneer met dille.

JAPANSE ZALMPAKKETJES

Snijd de stelen van de selderij eerst in stukjes en vervolgens julienne.

Leg de julienne gesneden selderij, lente-uitjes en de gemberplakjes op de zalm.

Verpak de zalmfilets goed in bakpapier zodat alle natuurlijke sappen van de vis bewaard blijven.

BOVEN: Japanse zalmpakketjes

JAPANSE ZALMPAKKETJES

Voorbereidingstijd: 40 minuten
Kooktijd: 20 minuten
Voor 4 personen

☆

- 2 tl sesamzaad
- 4 x 150 g zalmmoten of -filets
- 2½ cm verse gember
- 2 struikjes selderij
- 4 lente-uitjes
- ¼ tl dashi-korrels
- 60 ml mirin
- 2 el tamari

1 Snijd een stuk bakpapier in vier stukken ter grootte van de zalmfilets. Verwarm de oven voor op 230°C (gasstand 8). Bak de sesamzaadjes in een steelpannetje, tot ze goudbruin zijn en haal ze vervolgens uit de pan.
2 Was de zalm en dep droog met keukenpapier. Leg de filets midden op een stuk bakpapier.
3 Snijd de gember in flinterdunne plakjes. Snijd de selderij en de lente-uitjes julienne. Leg bundeltjes selderij, lente-ui en een paar plakjes gember op iedere zalmfilet.
4 Doe de dashi-korrels, mirin en tamari in een steelpannetje. Verwarm de pan op laag vuur en blijf roeren tot de dashi-korrels zijn opgelost. Besprenkel de zalmfilets met dit mengsel en strooi er de sesamzaadjes overheen. Verpak de filets goed in het bakpapier, zodat de natuurlijke sappen van de vis niet verloren kunnen gaan. Leg de pakketjes in een stoommandje van bamboe en stoom de zalmfilets 15 minuten boven een pan met zachtjes kokend water (het bakpapier bolt op wanneer de zalm gaar is). Dien direct op met gekookte rijst.
TIP: U kunt voor dit gerecht ook zeeforel gebruiken.

Dashi-korrels, mirin en tamari zijn verkrijgbaar bij de Japanse toko.

GESTOOMDE SINT-JAKOBSSCHELPEN

Voorbereidingstijd: 20 minuten
Kooktijd: 10 minuten
Voor 4 personen

☆

1 kleine rode paprika
90 g boter
1 el vers bieslook, fijngehakt
2 tl dijonmosterd
1/4 tl zwarte peper, gemalen
2 tl limoensap
24 sint-jakobsschelpen
6 lente-uitjes, julienne gesneden

1 Snijd de paprika in vieren en verwijder de zaadlijsten. Leg de paprika onder een hete grill, tot de schil blaren trekt en blakert en laat afkoelen in een plastic zakje. Pel de paprika. Pureer het vlees van de paprika.
2 Roer de boter in een kom tot hij licht van kleur is geworden en voeg vervolgens het bieslook, de mosterd, de gemalen zwarte peper, het limoensap en de gepureerde Spaanse peper toe. Zet dit mengsel apart.
3 Verwijder de sint-jakobsschelpen uit hun schelp en verwijder evenueel darmpjes, vliezen of harde stukjes. Leg in iedere schelp een paar stukjes van de julienne gesneden lente-ui en leg het schelpdier er bovenop. Stoom de sint-jakobsschelpen in kleine hoeveelheden 2–3 minuten. Leg tijdens het stomen de schelpen die klaar zijn op een voorverwarmde schaal. Leg een krul boter op ieder schelpdier en dien op.

GARNALENLOEMPIA'S

Voor 4 loempia's. Rol 4 loempiavellen (verkrijgbaar bij de toko) uit en halveer de vellen met een scherp mes. Pel 24 rauwe garnalen en trek het donkere darmpje eruit. Leg in een hoek van een deegvel 3 garnalen, een paar plakjes dungesneden verse gember, knoflook, een klein bundeltje van de julienne gesneden lente-ui en een paar broccoliblaadjes. Vouw de uiteinden van het deegvel in en rol een loempia. Bekleed een stoommandje met bakpapier en stoom 3–4 loempia's tegelijk in 7–10 minuten, tot de garnalen gaar zijn. Dek tijdens het stomen de loempia's die klaar zijn af met folie. Serveer de loempia's met een kommetje sojasaus om in te dippen.

ONDER Gestoomde sint-jakobsschelpen

GESTOOMDE FOREL MET LIMOENBOTER

Voorbereidingstijd: 15 minuten
Kooktijd: 15 minuten
Voor 2 personen

☆

Limoenboter

90 g zachte boter
1 tl fijne geraspte limoen
1 el limoensap

2 kleine, verse regenboogforellen, gewassen en drooggedept
4 el limoensap
gemengde, gedroogde kruiden (tijm, rozemarijn, majoraan en oregano)

1 Doe de boter in een kommetje en roer glad met een houten lepel. Voeg de limoenrasp en het limoensap toe en roer de ingrediënten goed door elkaar. Zet de limoenboter apart.

2 Scheur 2 stukken folie van ongeveer 30 cm (afhankelijk van de grootte van de vis) af en vet ze lichtjes in. Leg op ieder stuk folie een forel en beboter de vissen aan de binnenkant met 1 tl limoenboter. Besprenkel de vissen met beetje limoensap, het kruidenmengsel (zie onderstaande tip) en een beetje zwarte peper. Verpak de forellen goed in de folie. Leg de vissen in een stoommandje van bamboe of metaal en stoom ze ongeveer 15 minuten, tot de vis gemakkelijk van de graat loslaat als u er met een vork in prikt. Serveer de forellen met de resterende limoenboter.

TIP: Voor dit gerecht kunt u in plaats van regenboogforel jonge zalm, moten zeeforel of zeeforelfilets gebruiken.

Gebruik altijd tweemaal zoveel verse kruiden als gedroogde kruiden.

ONDER: Gestoomde forel met limoenboter

GEPOCHEERDE BOTFILETS MET EEN SAUS VAN WITTE WIJN EN OESTERS

Voorbereidingstijd: 10 minuten
Kooktijd: 15 minuten
Voor 4 personen

✭✭

2 tl boter
1 sjalotje, fijngehakt
125 ml mousserende witte wijn
1 el witte-wijnazijn
visbouillon
1 tl suiker
150 g boter, in klontjes
2 tl verse dille, fijngehakt
2 laurierblaadjes
hele zwarte peperkorrels
4 x 150 g botfilets
12 verse oesters
partjes citroen, ter garnering

1 Smelt de boter in een steelpannetje en bak de sjalotjes in een 1 minuut glazig op middelhoog vuur. Voeg de wijn, de wijnazijn en de visbouillon toe en breng aan de kook. Draai het vuur laag en laat het mengsel zachtjes doorkoken tot het is ingekookt tot 3 el. Roer de suiker erdoor en haal de pan van het vuur.

2 Spatel de boter door het mengsel, tot deze gesmolten is en de saus is ingedikt. Voeg naar smaak dille, zout en peper toe. Houd de saus warm tijdens het pocheren van de vis.

3 Doe 600 ml water, de laurierblaadjes en de peperkorrels in een grote koekenpan. Breng aan de kook, draai het vuur laag en leg de filets in de pan. Laat ongeveer 3 minuten zachtjes doorkoken, tot de vis gaar is en gemakkelijk van de graat loslaat.

4 Verwarm kort voor het opdienen de oesters in de wijnsaus. Schep bij het opdienen de saus van witte wijn en oesters over de vis en garneer iedere visfilet met een partje citroen.

TIP: In plaats van bot kunt u voor dit recept ook tongschar, schol of zonnevis gebruiken.

ONDER: Gepocheerde botfilets met een saus van witte wijn en oesters

BOVEN: Tong Véronique

TONG VERONIQUE

Voorbereidingstijd: 45 minuten
Kooktijd: 20 minuten
Voor 4 personen

☆☆

12 tongfilets of 3 hele tongen, gefileerd en zonder vel
250 ml visbouillon
60 ml witte wijn
1 sjalotje, in dunne ringen
1 laurierblad
6 zwarte peperkorrels
2 takjes verse peterselie
3 tl boter
3 tl bloem
125 ml melk
60 ml room
125 g witte druiven, zonder pitten en velletjes

1 Verwarm de oven voor op 180°C (gasstand 4). Rol de filets op met de velkant naar binnen en prik in ieder rolletje een satéstokje. Leg de rolletjes naast elkaar in een goed ingevette ovenschaal.
2 Doe de bouillon, de witte wijn, het sjalotje, het laurierblad, de peperkorrels en de peterselie in een kom en giet dit mengsel over de vis. Bak de vis, afgedekt met ingevette folie, ongeveer 15 minuten, tot de vis gemakkelijk van de graat loslaat. Til de rolletjes met een schuimspaan uit de ovenschaal en leg ze op een bord. Dek de vis af en houd warm.
3 Giet de bouillon over in een pan en en laat 2 minuten doorkoken, tot het vocht voor de helft is ingekookt. Zeef het vocht door een vergiet.
4 Smelt de boter, voeg de bloem toe en blijf 1 minuut roeren, tot er een lichte en schuimige roux is ontstaan. Haal de pan van het vuur en voeg al roerend, de melk, de room en het ingekookte kookvocht toe. Zet de pan weer op het vuur en blijf roeren tot de saus is ingedikt. Kruid de saus en roer de druiven door de saus tot ze goed doorgewarmd zijn.
TIP: U kunt voor dit gerecht ook bot gebruiken.

GEFILLTE FISCH

Voorbereidingstijd: 5 minuten
Kooktijd: 1 uur en 35 minuten
Voor 4 personen

☆☆

1 kg stevige moten witte vis (bijvoorbeeld kabeljauw, roodbaars, snoek of schelvis), met vel en graten
2 takjes selderij, fijngesneden
2 uien, gesneden
2 wortels, in schijfjes
1 el verse peterselie, fijngehakt
2 el amandelschaafsel
2 losgeklopte eieren
fijngestampte matses (zie Tips)

1 Ontdoe de vis van vel en graten. Doe het visafval, de selderij, 1 ui en 1 wortel in een grote pan. Voeg 750 ml water toe en kook dit mengsel 20 minuten op laag vuur. Giet de bouillon af.

2 Snijd de vis in grove stukken en doe deze samen met de andere ui en de peterselie in de keukenmachine. Hak deze ingrediënten fijn, voeg de amandelen, de eieren, zout en peper en de fijngestampte matses toe, tot een gladde massa ontstaat. Het hangt van de textuur van de vis af hoeveel gestampte matses u moet toevoegen. Bepoeder uw handen met bloem en kneed van het mengsel 8 balletjes.

3 Kook de andere helft van de wortelschijfjes 10 minuten in de visbouillon en schep de schijfjes uit de bouillon. Leg de visballetjes in de bouillon, doe het deksel op de pan en laat de bouillon met de balletjes 1 uur zachtjes doorkoken. Leg de balletjes op een bord. Leg op ieder balletje een wortelschijfje.

4 Giet de visbouillon af en schep over ieder visballetje een kleine hoeveelheid bouillon.

TIPS: Matses zijn dunne crackers die worden gemaakt van water en bloem.

U kunt de bouillon in de koelkast zetten tot zich een dikke gelei heeft gevormd.

U kunt de visballetjes garneren met schijfjes van deze gelei.

GEFILLTE FISCH

Dit beroemde joodse gerecht is volgens de traditie de eerste gang van het diner op de sabbat en andere joodse feestdagen. *Gefillte* betekent gevuld. Oorspronkelijk werd er eerst een gehakt gemaakt van zoetwatervis waarmee de huid van een snoek of een karper werd gevuld. Op sommige plaatsen, bijvoorbeeld in Polen, werd een enigszins zoete variant van dit gerecht gemaakt. Het visgehakt is in de loop der tijd vervangen door visballetjes die worden gepocheerd in bouillon. Vaak wordt voor dit gerecht in plaats van zoetwatervis zoutwatervis gebruikt.

LINKS: Gefillte fisch

GRILLEN & BARBECUEN

Liefhebbers van vis, schelp- en schaaldieren kunnen zich naar hartelust uitleven op de barbecue. Of u ze nu op z'n Thais eet, gemarineerd in limoensap, als sappige moten of op naar citroengras geurende spiesjes: vis en zeevruchten zijn onverslaanbaar. Verse vis is bovendien veel sneller gaar dan een lapje vlees en een stuk opwindender dan een worstje en is dan ook bij uitstek geschikt voor de grill of de barbecue. Het leukste is natuurlijk om na een dagje vissen een vuurtje te stoken en daar uw vangst boven te roosteren – maar als dat niet lukt, kunt u altijd nog uw toevlucht nemen tot de vishandel en de grill.

GEBARBECUEDE GARNALEN OP Z'N AZIATISCH

Voorbereidingstijd: 10 minuten + 3 uur marineren
Kooktijd: 5 minuten
Voor 4 personen

☆

500 g grote rauwe garnalen

Marinade

2 el citroensap
2 el sesamolie
2 teentjes knoflook, uit de knijper
2 tl geraspte verse gember

1 Pel de garnalen, behalve het staartje. Trek het donkere darmpje er voorzichtig uit; begin bij de kop. Snijd de rug over de lengte in tot op driekwart van het vlees.
2 Meng het citroensap en de sesamolie, knoflook en gember in een kom. Voeg de garnalen toe en schep ze voorzichtig om. Dek de kom af en zet de garnalen minimaal 3 uur in de koelkast.
3 Zorg dat de barbecue heet is. Rooster de garnalen 3–5 minuten op een hete, licht ingevette barbecueplaat, tot ze roze en gaar zijn. Bestrijk ze tijdens het roosteren regelmatig met de marinade. Dien meteen op.

TIPS: U kunt de garnalen ook aan een satéstokje rijgen. Laat de stokjes ongeveer 30 minuten in koud water weken, totdat ze zinken. Zo voorkomt u dat ze op de barbecue gaan schroeien. Rijg de gemarineerde garnalen op gelijke afstand van elkaar aan de stokjes en rooster ze als hierboven. Keer de spiesjes en bestrijk ze af en toe met de marinade.

Dit recept is ook heerlijk als u de helft van de garnalen vervangt door sint-jakobsschelpen.

U kunt naar smaak meer of minder knoflook gebruiken. Gebruik een dubbele hoeveelheid knoflook en laat de gember weg als u een sterkere smaak wilt. Gebruik in plaats van knoflook 2 fijngesneden verse Spaanse pepers voor een pittiger gerecht.

RECHTS: Gebarbecuede garnalen op z'n Aziatisch

CITRUSVIS MET EEN SALSA VAN AVOCADO

Voorbereidingstijd: 25 minuten + marineren
Kooktijd: 10 minuten
Voor 4 personen

☆

4 moten stevige vis (bijv. snapper, zalm, tarpon), 185 g per moot
3 tl fijngeraspte sinaasappelschil
3 tl fijngeraspte citroenschil
1 el limoensap
2 el olijfolie

Salsa van avocado

1 kleine verse rode Spaanse peper
1 1/2 tl gemalen komijn
1 grote avocado, fijngehakt
1 rode ui, fijngesnipperd
2 tl citroensap
2 tl olijfolie

1 Leg de vis in een ondiepe schaal (geen metaal). Meng de sinaasappel- en citroenrasp en olijfolie in een kommetje en breng de marinade op smaak met versgemalen zwarte peper. Giet de marinade over de vismoten en laat ze ongeveer 5 minuten staan.
2 Vet een hete grillpan of barbecueplaat in met een klein beetje olie en bak de vismoten 3–5 minuten per kant, totdat ze lichtbruin en gaar zijn. De vis is klaar als het vlees gemakkelijk loslaat wanneer u erin prikt.
3 Verwijder de zaadjes uit de Spaanse peper en snijd hem fijn. Rooster de komijn ongeveer 40 seconden in een niet-ingevette koekenpan; blijf de pan heen en weer schudden, totdat de komijn sterk geurt. Meng de komijn met de avocado, de ui, de Spaanse peper, het citroensap en de olijfolie in een kom.
4 Serveer de vismoten met de avocadosalsa en gegrilde halve kerstomaatjes, gestoomde peultjes en gestoomde krielaardappeltjes.
TIP: Maak de salsa kort van tevoren klaar, zodat de avocado niet verkleurt. Als u liever een wat hetere salsa wilt, kunt u de Spaanse peper met zaadlijst en al fijnsnijden.

LIMOENEN
Limoenen groeien in tropische en subtropische streken. U kunt ze in veel gerechten gebruiken in plaats van citroenen. Neem dan iets minder, want limoenen zijn wat zuurder. Koop stevige limoenen die relatief zwaar aanvoelen en geen vlekjes op de schil hebben.

LINKS: Citrusvis met een salsa van avocado

BOVEN: *Vis met dille en citroen-botersaus*

VIS MET DILLE EN CITROEN-BOTERSAUS

Voorbereidingstijd: 10 minuten + 3 uur marineren
Kooktijd: 10 minuten
Voor 4 personen

☆

4 visfilets zonder vel (bijv. roodbaars, snapper, tarpon, rode mul, zeeforel, zonnevis)
1 1/2 el citruspeper (peper met citroenschilletjes)
1–2 el gehakte verse dille
80 ml citroensap

Citroen-botersaus

2 el citroensap
125 ml room
40 g boter, in stukjes gesneden
2 el gehakt vers bieslook

1 Bestrooi de visfilets met citruspeper en leg ze in een ondiepe schaal (geen metaal). Roer de dille door het citroensap; giet het over de vis. Dek de schaal af en zet hem enkele uren in de koelkast.
2 Zorg dat de barbecue heet is. Bak de vis 2–3 minuten op een hete, licht ingevette barbecueplaat. De vis is gaar als het vlees gemakkelijk loslaat wanneer u erin prikt.
3 Kook het citroensap in een pannetje tot de helft in. Roer de room erdoor. Neem de pan van het vuur en klop de vlokjes boter één voor één door de saus totdat ze gesmolten zijn. Roer het bieslook erdoor.
4 Leg de vis op een bord en giet de citroen-botersaus erover. Garneer de vis met een toefje verse dille en geef er bijvoorbeeld gebarbecuede schijfjes citrusvruchten en vers brood bij.

PIKANTE RIVIERKREEFTJES

Voorbereidingstijd: 10 minuten + 1 uur marineren
Kooktijd: 15 minuten
Voor 6 personen

☆

12 rauwe rivierkreeftjes of Noorse kreeftjes
2 verse rode Spaanse pepers, zonder zaadjes, fijngesneden
125 ml gezeefde tomaat
2 teentjes knoflook, uit de knijper
6 lente-uitjes, in dunne ringen
2 el gehakt vers basilicum
3 tl gekneusde zwarte peperkorrels

1 Vul een grote kom met veel ijs, wat water en een snufje zout. Laat de nog levende kreeftjes hier 20–30 minuten in staan. Haal ze uit het ijswater en maak een kleine inkeping aan de onderzijde van de staarten, zodat de marinade goed kan intrekken.
2 Roer fijngesneden Spaanse pepers, gezeefde tomaat, knoflook, lente-uitjes, basilicum en de gekneusde peperkorrels in een grote kom door elkaar. Voeg de kreeftjes toe aan de marinade. Dek de kom af en zet hem 1 uur in de koelkast.
3 Rooster de kreeftjes in een hete grillpan of op een hete barbecueplaat met marinade en al in 10–15 minuten net gaar. Heerlijk met een knapperige gemengde salade. Geef er een kreeftentang (of notenkraker) en vingerkommetje bij.
TIP: Gezeefde tomaat is in de supermarkt te koop. Er is alleen wat zout aan toegevoegd.

ZOETZURE VISSPIESJES

Voorbereidingstijd: 20 minuten + 3 uur marineren
Kooktijd: 10 minuten
Voor 12 spiesjes

☆

750 g dikke visfilet zonder vel (bijv. leng, kabeljauw, marlijn)
225 g ananasstukjes uit blik
1 grote rode paprika
3 tl sojasaus
1 1/2 el bruine suiker
2 el witte azijn
2 el tomatensaus

1 Laat 12 satéstokjes ongeveer 30 minuten in koud water weken, totdat ze zinken. Zo voorkomt u dat ze op de barbecue gaan schroeien.

2 Snijd de vis in stukjes van ongeveer 2,5 cm. Laat de ananas uitlekken; bewaar 2 el van het vocht. Snijd de paprika in stukjes van 2,5 cm. Rijg de paprika, vis en ananas om en om aan de stokjes.

3 Leg de spiesjes op een ondiepe schaal (geen metaal). Roer de sojasaus, het ananasvocht en de suiker, azijn en tomatensaus goed door elkaar in een kom. Giet de marinade over de spiesjes, dek de schaal af en zet hem 3 uur in de koelkast.

4 Zorg dat de barbecue heet is. Leg de spiesjes op een licht ingevet rooster en laat ze 2–3 minuten aan beide kanten roosteren, totdat ze net gaar zijn; bestrijk ze regelmatig met de marinade. Dien meteen op met gekookte noedels en een groene salade met een dressing.

TIP: Laat de spiesjes niet langer dan 3 uur marineren, anders begint de vis al 'voor te garen' door de azijn. Deze manier van vis bereiden met azijn, citroen- of limoensap of iets anders zurigs wordt in veel recepten gebruikt.

KABELJAUW

Zeevissen zoals kabeljauw en tonijn hebben grotere, zwaardere graten dan zoetwatervissen als forel. De graten zijn gemakkelijker te zien en te verwijderen. Daarom is kabeljauw ook zo populair bij mensen die er een hekel aan hebben kleine graatjes uit hun eten te vissen. Kabeljauw heeft mager, stevig wit vlees met een laag oliegehalte. Visolie is rijk aan meervoudig onverzadigde vetzuren. In nietvette vis wordt de olie niet zozeer in het vlees als wel in de lever opgeslagen. Dat is de reden dat een lepeltje levertraan zo gezond is.

LINKS:
Zoetzure visspiesjes

SPIESJES VAN GARNALEN EN SINT-JAKOBSSCHELPEN

Voorbereidingstijd: 15 minuten + 3 uur marineren
Kooktijd: 5 minuten
Voor 8 spiesjes

☆

500 g rauwe middelgrote garnalen
250 g sint-jakobsschelpen

Marinade

60 ml honing
2 el sojasaus
60 ml kant-en-klare barbecuesaus
2 el zoete sherry

1 Laat 8 satéstokjes ongeveer 30 minuten in koud water weken, totdat ze zinken. Zo voorkomt u dat ze op de barbecue gaan schroeien.
2 Pel de garnalen, behalve het staartje. Trek het donkere darmpje er voorzichtig uit; begin bij de kop.
3 Verwijder darmpjes, vliezen of harde witte spiertjes van de sint-jakobsschelpen, maar laat eventueel kuit zitten.
4 Rijg de garnalen en sint-jakobsschelpen om en om aan de satéstokjes (ongeveer 2 garnalen en 3 sint-jakobsschelpen per stokje). Leg ze op een ondiepe schaal (geen metaal). Roer de honing, sojasaus, barbecuesaus en sherry door elkaar en giet de marinade over de spiesjes. Dek de schaal af en laat hem 3 uur (of een hele nacht) in de koelkast staan.
5 Zorg dat de barbecue heet is. Rooster de spiesjes in ongeveer 5 minuten op een licht ingevette plaat gaar. Keer ze regelmatig en bestrijk ze met de marinade.
TIP: U kunt voor dit recept ook stevige, in dobbelsteentjes gesneden vis gebruiken.

GARNALEN MET LIMOEN EN ZOETE CHILISAUS

Verwijder de koppen van 24 rauwe garnalen, snijd ze in de lengte doormidden en haal het darmpje eruit. Roer 2 teentjes knoflook uit de knijper, 2 el zoete chilisaus, 2 el limoensap en 1 el olijfolie door elkaar. Voeg de garnalen toe en haal ze door de marinade. Dek de kom af en zet hem 30 minuten in de koelkast. Barbecue of grill de garnalen tot ze gaar zijn; bestrijk ze af en toe met de marinade. Voor 48 stuks.

VISKOEKJES

Voorbereidingstijd: 25 minuten + 15 minuten opstijven
Kooktijd: 10 minuten
Voor 8–10 viskoekjes

☆

750 g filet van stevige vis, zonder vel (bijv. heek, schelvis, kabeljauw, snoek), in stukken gesneden
80 g kruim van oud witbrood
3 lente-uitjes, gesnipperd
60 ml citroensap
2 tl Season All
1 el gehakte verse dille
2 el gehakte verse peterselie
90 g gemalen Cheddar
1 ei
witte bloem

Kruidenmayonaise

125 g goede mayonaise
1 el gehakte verse peterselie
1 el gehakt vers bieslook
2 tl kappertjes, uitgelekt en fijngehakt

1 Maak de barbecue aan. Draai de vis 20–30 seconden in een keukenmachine tot een gladde massa. Schep deze in een grote schaal.
2 Voeg het broodkruim, de lente-uitjes, peper, kruiden, kaas en het ei toe. Meng het geheel goed door elkaar, verdeel het in 8–10 porties en kneed daar ronde koekjes van. Leg ze op een plaat en laat ze 15 minuten in de koelkast opstijven.
3 Haal de koekjes aan beide kanten door de bloem en schud het overtollige meel eraf. Bak ze 2–3 minuten per kant op een hete, licht ingevette barbecueplaat, totdat ze bruin en gaar zijn.
4 Roer de mayonaise, kruiden en kappertjes in een kommetje door elkaar.
5 Serveer de hete viskoekjes met een lepel kruidenmayonaise en een salade.
TIP: U kunt de viskoekjes maximaal 3 uur van tevoren maken; bewaar ze afgedekt in de koelkast. Bak ze vlak voordat u ze wilt opdienen.

KAPPERTJES
Kappertjes zijn de bloemknoppen van een struik uit het Middellandse-Zeegebied. Ze worden geplukt als ze nog gesloten zijn en dan ingelegd of gezouten, waarna ze als smaakmaker in sauzen of als garnering worden gebruikt. Spoel gezouten kappertjes voor gebruik goed af.

LINKERBLADZIJDE: Spiesjes van garnalen en sint-jakobsschelpen (boven), viskoekjes

PIJLINKTVIS MET KNOFLOOK EN PARMEZAANSE KAAS

Voorbereidingstijd: 30 minuten + 10 minuten marineren
Kooktijd: 5 minuten
Voor 2–4 personen

✯

350 g pijlinktvismantels
4 teentjes knoflook, gesneden
2 el olijfolie
2 el fijngehakte verse peterselie
1 grote tomaat
25 g gemalen Parmezaanse kaas

1 Snijd de inktvismantels in de lengte door, spoel ze schoon en dep ze droog. Maak een ruitjespatroon aan de vlezige kant van de mantel; zorg dat u niet door het vlees heen snijdt. Leg de inktvis plat neer en snijd hem in stukken van 6 x 2,5 cm.
2 Meng de knoflook, de olie, de helft van de peterselie en wat zout en peper in een kom. Voeg de inktvis toe en zet de kom ten minste 10 minuten in de koelkast.
3 Kruis de tomaat aan de onderkant in. Leg hem 30 seconden in kokend water in een hittebestendige kom, dompel hem dan in koud water en laat hem uitlekken. Ontvel de tomaat, schep de zaadlijsten eruit en snijd het vlees fijn.
4 Laat een licht ingevette grillpan of barbecueplaat goed heet worden. Rooster de inktvis in twee porties. Blijf de stukjes regelmatig omscheppen, totdat ze omkrullen en wit zijn. Voeg de tomaat toe en laat deze eventjes meewarmen.
5 Leg de inktvis op een bord; bestrooi met de Parmezaanse kaas en de rest van de peterselie.

VISSPIESJES MET MAÏSSALSA

Laat 8 satéstokjes 30 minuten in koud water weken. Meng 125 ml citroensap, 1 el gehakte verse peterselie, 1 el gehakte verse koriander en een teentje knoflook uit de knijper in een kom. Roer de helft hiervan door 500 g in stukken gesneden stevige vis (heek of zalm). Rijg de vis aan de stokjes en rooster de spiesjes in 5 minuten gaar op een ingevette barbecueplaat; keer ze 1 à 2 keer om. Laat een blik (270 g) maïskorrels uitlekken. Vermeng ze met een in dobbelsteentjes gesneden avocado en tomaat, 2 in ringen gesneden lente-uitjes en de rest van het citroensapmengsel. Dien op bij de vis. Voor 4 personen.

ONDER:
Pijlinktvis met knoflook en Parmezaanse kaas

GEGLACEERDE VISFILETS VAN DE GRILL

Voorbereidingstijd: 10 minuten + 1 uur marineren
Kooktijd: 8 minuten
Voor 4 personen

☆

2 el olijfolie
2 el citroensap
2 el vruchtenchutney
1 el honing
1 el gehakte verse koriander
2 teentjes knoflook, uit de knijper
4 filets van stevige vis (bijv. snapper, bot, karper)

1 Meng het citroensap en de olijfolie, vruchtenchutney, honing, koriander en knoflook in een kleine kom.
2 Leg de visfilets op een schaal (geen metaal) en giet de marinade erover. Dek de schaal af en zet hem 1 uur in de koelkast.
3 Verhit de grill voor op een hoge stand en leg de filets in een licht ingevet bakblik. Grill ze ongeveer 4–6 minuten per kant en bestrijk ze af en toe met de resterende marinade. De filets zijn gaar als het vlees gemakkelijk loslaat wanneer u erin prikt.

GEBARBECUEDE ZALMMOTEN MET EEN ZOETE KOMKOMMERDRESSING

Voorbereidingstijd: 15 minuten
Kooktijd: 5 minuten
Voor 4 personen

☆☆

2 kleine Turkse komkommers, geschild, zonder zaadlijst, in dobbelsteentjes gesneden
1 rode ui, fijngesnipperd
1 verse rode Spaanse peper, fijngesneden
2 el ingelegde gember (amazu shoga), in zeer dunne reepjes gesneden
2 el rijstwijnazijn
1/2 tl sesamolie
4 zalmmoten
1 vel nori (gedroogd geroosterd zeewier), in dunne reepjes

1 Meng de komkommer, ui, Spaanse peper, gember, rijstwijnazijn en sesamolie in een middelgrote kom. Dek de kom af en zet hem op kamertemperatuur weg terwijl u de zalm bakt.
2 Laat een barbecueplaat goed heet worden en vet hem in met een beetje olie. Bak de zalm ongeveer 2 minuten aan beide kanten, eventueel wat korter of langer. Zorg er wel voor dat de zalm niet te gaar wordt: hij moet nog een beetje roze zijn van binnen. Serveer de zalm met de komkommerdressing en strooi er de reepjes nori overheen.
TIPS: U kunt hier ook moten zeeforel voor gebruiken.

U kunt de nori het beste in dunne reepjes knippen met een droge, schone schaar.

BOVEN: Geglaceerde visfilets van de grill

PIRI PIRI-GARNALEN

Voorbereidingstijd: 20 minuten + 3 uur marineren
Kooktijd: 10 minuten
Voor 4 personen

☆

6 el olie
2 tl grofgesneden, gedroogde Spaanse pepers
4 grote tenen knoflook, uit de knijper
1 tl zout
1 kg rauwe middelgrote garnalen
75 g boter
60 ml citroensap

1 Meng de olie, Spaanse peper, knoflook en het zout in een glazen kom. Pel de garnalen, behalve het staartje. Trek het donkere darmpje eruit; begin bij de kop. Schep de garnalen door de marinade, dek de kom af en zet hem 3 uur in de koelkast. Schep af en toe om.
2 Verwarm de grill voor op een zeer hoge stand. Leg de garnalen naast elkaar in een bakblik, bestrijk ze met de resterende marinade en grill ze ongeveer 5 minuten, totdat ze gaar zijn.
3 Smelt intussen boter met citroensap in een pannetje. Dien de garnalen heet op en giet er wat gesmolten citroenboter overheen.

BARRAMUNDASPIESJES

Voorbereidingstijd: 20 minuten + 1 uur marineren
Kooktijd: 30 minuten
Voor 4 personen

☆

Marinade

2 el olie
1 flinke mespunt gedroogde tijm
1 flinke mespunt gedroogde majoraan
125 ml citroensap
2 laurierblaadjes
1 tl gehakte verse peterselie

8 gepelde inmaakuien
500 g barramundafilet zonder vel, in dobbelsteentjes van 2,5 x 2,5 cm
12 kleine champignons
1 rode paprika, in blokjes gesneden

BOVEN:
Piri piri-garnalen

1 Meng de ingrediënten voor de marinade in een ondiepe schaal (geen metaal).
2 Breng een pannetje water aan de kook en laat de uien hierin 15 minuten sudderen. Rijg de vis om en om met de uien, champignons en paprika aan pennen. Leg de spiesjes in de schaal en keer ze een paar maal. Dek de schaal af en zet hem 1 uur in de koelkast. Keer de spiesjes regelmatig.
3 Verwarm de grill voor op een hoge stand. Grill de spiesjes 10–15 minuten; keer ze af en toe.

GEBARBECUEDE VIS MET UI EN GEMBER

Voorbereidingstijd: 25 minuten + 20 minuten marineren
Kooktijd: 25 minuten
Voor 4–6 personen

✯✯

1 kg kleine, hele, stevige witte vis (bijv. rode poon, karper, snapper), schoongemaakt, geschubd
2 tl groene peperkorrels uit een potje, uitgelekt en licht gekneusd
2 tl fijngesneden rode Spaanse pepers
3 tl vissaus
3 el olie
2 uien, in dunne ringen
1 stuk verse gember van 4 cm, in dunne schijfjes
3 teentjes knoflook, in flinterdunne plakjes
2 tl suiker
4 lente-uitjes, julienne

Dipsaus met citroen en knoflook

60 ml citroensap
2 el vissaus
1 el suiker
2 verse rode Spaanse pepertjes, fijngesneden
3 teentjes knoflook, gesneden

1 Spoel de vissen schoon en dep ze droog. Snijd ze op het dikste stuk aan weerskanten 2 of 3 keer diagonaal in. Meng de peperkorrels, Spaanse peper en vissaus in een blender en bestrijk de vis met de pasta. Zet de vis 20 minuten in de koelkast.
2 Vet een zeer hete grill- of barbecueplaat in met 1 el olie. Rooster de vis 8 minuten aan beide kanten, of totdat het vlees gemakkelijk loslaat. (Zet de vis niet te dicht bij het grillelement.)
3 Verhit de rest van de olie intussen in een pan en bak de uien op een matig vuur goudbruin. Voeg de gember, knoflook en suiker toe en bak ze nog 3 minuten mee. Schep de uimassa over de vis en strooi de lente-uitjes eroverheen.
4 Roer de dipsausingrediënten door elkaar, totdat de suiker is opgelost. Serveer bij de vis.

ONDER: Gebarbecuede vis met ui en gember

MARINEREN & BEDRUIPEN

Met een friszure marinade of pikant sausje geeft u vis, schaal- en schelpdieren op de barbecue net dat beetje extra pit.

PIKANTE YOGHURTMARINADE

(Voor filets zonder vel van stevige vissen als snapper, karper, roodbaars, haai.)
Meng 400 g yoghurt, 1 el geraspte verse gember, 1 el gemalen komijn, 1 el kaneel, 1 el gemalen koriander, 1 el gemalen foelie, 1–2 el geraspte limoenschil, 1–2 el limoensap en 2 el gehakte verse munt door elkaar. Voeg 1 kg visfilet toe, dek de schaal af en zet hem 3 uur in de koelkast. Rooster de filets op een hete barbecueplaat tot ze gaar zijn.
Voor 4–6 personen.

ZOETE PIKANTE SAUS

(Voor rivierkreeftjes, beerkreeftjes en Noorse kreeftjes.)
Meng 250 ml zoete chilisaus, 2 teentjes knoflook uit de knijper, 1–2 el citroensap, 1 el arachideolie, 50 g gesmolten boter en 2 el gehakte verse koriander in een grote beker door elkaar. Schep 1 kg gepelde kreeftjes door wat olie en rooster ze in porties op een hete barbecueplaat. Keer ze tijdens het garen en bestrijk ze regelmatig met de saus. Serveer de kreeftjes met de resterende saus.
Voor 4–6 personen.

LIMOEN-PEPERMARINADE

(Voor garnalen, vismoten of visfilets, bijvoorbeeld tonijn, zwaardvis, zalm.) Rooster 60 g zwarte of Sichuan-peperkorrels in een wok tot ze gaan geuren. Stamp ze dan met 4 gesnipperde sjalotjes fijn in een vijzel; u kunt hiervoor ook een blender gebruiken. Doe het mengsel in een ondiepe glazen schaal en roer er 80 ml limoensap, 1 el zout, 1 tl sesamolie en 60 ml arachideolie door. Voeg 1 kg filet van stevige witte vis of 1 kg gepelde garnalen toe (verwijder het darmpje, maar laat de staart intact). Dek de schaal af en zet hem 3 uur in de koelkast. Rooster de vis of garnalen in porties op een hete barbecueplaat tot alles gaar is. Laat tonijn en zalm niet helemaal gaar worden, anders droogt het vlees uit. Voor 4–6 personen.

KNOFLOOKMARINADE

(Voor garnalen en vis.) Meng 6 teentjes knoflook uit de pers, 250 ml extra virgine olijfolie, 1 el citroensap en wat gehakte verse dille in een schaal door elkaar. Voeg 1 kg in stukken gesneden stevige witte vis of 1 kg gepelde garnalen (darmpje verwijderen) toe. Schep ze door de marinade, dek de schaal af en zet hem een nacht koel weg. Laat alles op kamertemperatuur komen, rijg de stukjes vis of garnalen aan pennen en barbecue ze op een heet rooster of een hete plaat. Voor 4–6 personen.

THAISE MARINADE

(Voor octopus.) Meng 125 ml vissaus, 4 in dunne reepjes gesneden limoenblaadjes, 2–3 el geraspte gula djawa of bruine suiker, het sap en de schil van 2 limoenen en 1 tl sesamolie door elkaar. Laat 1 kg schoongemaakte octopus hierin een nacht marineren. Laat de octopus uitlekken. Rooster hem op een zeer hete barbecue in 3 minuten gaar; keer de stukken regelmatig. Voor 4–6 personen.

TEXAANSE BARBECUESAUS

(Voor 1 kg schaaldieren.) Meng 250 ml tomatensaus, 6 druppels tabasco, 3 fijngesneden Spaanse pepers, 1 el azijn en 1 el olie door elkaar. Bestrijk de schaaldieren hiermee tijdens het barbecuen. Voor 4–6 personen.

VAN LINKSBOVEN, MET DE KLOK MEE: Pikante yoghurtmarinade, limoen-pepermarinade, Thaise marinade, Texaanse barbecuesaus, knoflookmarinade, zoete pikante saus

TONIJN MET TAPENADE

Voorbereidingstijd: 15 minuten + 10 minuten marineren
Kooktijd: 6 minuten
Voor 4 personen

☆

2 el tapenade (olijvenpasta)
2 el olijfolie
2 teentjes knoflook, fijngesneden
2 tl fijngeraspte citroenschil
4 moten tonijn
1 lente-uitje, diagonaal gesneden, als garnering

1 Meng de tapenade, olie, knoflook, geraspte citroenschil en wat zwarte peper door elkaar. Smeer de moten hiermee aan weerskanten in en zet ze 10 minuten in de koelkast.
2 Leg de moten in een hete, licht ingevette grillpan of op de plaat of het rooster van een hete barbecue en bak ze 3 minuten aan één kant. Draai ze om en bak ze nog eens 3 minuten. De moten moeten van binnen roze blijven. Strooi het lente-uitje eroverheen.
TIP: U kunt in plaats van tonijn ook zwaardvis, Spaanse makreel of marlijn gebruiken.

PIKANTE VISSPIESJES

Voorbereidingstijd: 15 minuten + 1 uur marineren
Kooktijd: 5–6 minuten
Voor 6 personen

☆

1 kg filet van stevige witte vis, zonder vel (bijv. zwaardvis of marlijn)
2 teentjes knoflook, uit de knijper
170 g yoghurt
1 tl fijngehakte verse gember
1 verse rode Spaanse peper, fijngesneden
2 tl garam masala
1 el gehakte verse koriander

1 Laat 12 satéstokjes 30 minuten in koud water weken; zo voorkomt u dat ze op de barbecue gaan schroeien. Snijd de vis in stukjes van 3 cm.
2 Meng de knoflook, yoghurt, gember, Spaanse peper, garam masala en koriander door elkaar.
3 Rijg de vis aan de stokjes en leg ze in een ondiepe schaal. Schep de marinade over de vis, dek de schaal af en zet hem 1 uur in de koelkast.
4 Zorg dat de barbecue of grill heet is. Rooster de spiesjes in 5–6 minuten gaar; keer ze af en toe. De vis is gaar als het vlees loslaat wanneer u erin prikt. Heerlijk met brood en een groene salade.

RECHTS:
Tonijn met tapenade

ROZEMARIJNSPIESJES MET TONIJN

Voorbereidingstijd: 20 minuten
Kooktijd: 20 minuten
Voor 4 personen

☆

3 tomaten
1 el olijfolie
2–3 kleine rode Spaanse pepers, zonder zaadjes, fijngesneden
3–4 teentjes knoflook, uit de knijper
1 rode ui, fijngesnipperd
60 ml witte wijn of water
600 g kikkererwten uit blik
3 el gehakte verse oregano
4 el gehakte verse peterselie
partjes citroen, als garnering

Tonijnspiesjes

1 kg tonijnfilet, in dobbelsteentjes van 4 x 4 cm
8 takjes verse rozemarijn, ongeveer 20 cm lang
bakolie (uit een spuitbus)

1 Halveer de tomaten en schep de zaadlijsten er met een lepeltje uit. Snijd de tomaat in stukken.
2 Verhit de olie in een grote koekenpan met een anti-aanbaklaag. Bak de pepertjes, knoflook en rode ui ongeveer 5 minuten op een matig vuur, totdat ze zacht zijn. Voeg de tomaat en de witte wijn of het water toe. Laat het mengsel ongeveer 10 minuten op een laag vuur pruttelen, totdat het is fijngekookt en het meeste vocht is verdampt.
3 Spoel de kikkererwten af en doe ze met de verse oregano en peterselie in de pan. Voeg naar smaak zout en peper toe.
4 Zorg dat de grill of de barbecueplaat heet is. Rijg de tonijn aan de takjes rozemarijn, spuit ze in (of bestrijk ze) met een beetje olie en rooster ze in 3 minuten, geregeld kerend, gaar. Laat de tonijn niet te gaar worden, anders valt hij uit elkaar. Dien op met de kikkerwten en partjes citroen.
TIP: Voor dit recept kunt u ook zwaardvis, marlijn of zalm gebruiken.

BOVEN: Rozemarijnspiesjes met tonijn

KREEFT THERMIDOR

Snijd de kreeft met een scherp mes over de lengte doormidden.

Haal het vlees uit de schaal en spoel de halve schalen met kop af.

Dep de schalen droog met keukenpapier en snijd het vlees in flinke stukken.

Zet de opgemaakte kreeft in de grill en laat hem licht bruinen.

RECHTERBLADZIJDE:
Kreeft thermidor (boven), kreeft mornay

KREEFT THERMIDOR

Voorbereidingstijd: 25 minuten
Kooktijd: 5–10 minuten
Voor 2 personen

☆☆

1 gekookte middelgrote kreeft
80 g boter
4 lente-uitjes, fijngesneden
2 el bloem
1/2 tl mosterdpoeder
2 el witte wijn of sherry
250 ml melk
60 ml room
1 el gehakte verse peterselie
60 g geraspte Gruyère

1 Snijd de kreeft met een scherp mes in de lengte doormidden. Haal het vlees van de staart en het lichaam uit de schaal. Kraak de scharen en haal het vlees eruit. Verwijder de roomkleurige darm en zachte delen van het lichaam en gooi ze weg. Snijd het vlees in stukjes van 2 x 2 cm en zet het in een afgedekte schaal in de koelkast. Spoel de halve schalen met de kop af, laat ze uitlekken en dep ze droog.
2 Verhit 60 g boter in een koekenpan, voeg de lente-uitjes toe en bak ze al roerend 2 minuten. Voeg bloem en mosterdpoeder toe en kook ze 1 minuut mee, tot de lichte massa schuimt. Neem de pan van het vuur en roer de wijn en melk er geleidelijk door. Laat het mengsel nu al roerend aan de kook komen, totdat het dikker wordt. Draai het vuur laag en laat het mengsel 1 minuut sudderen. Roer de room, de peterselie en het kreeftenvlees erdoor en breng het geheel op smaak met peper en zout. Blijf op een laag vuur roeren totdat het kreeftenvlees doorgewarmd is.
3 Laat de grill heet worden. Schep het mengsel in de kreeftschalen en verdeel de kaas en resterende boter erover. Zet de kreeft 2 minuten in de grill, totdat hij lichtbruin is. Dien op met een gemengde salade en schijfjes citroen.

KREEFT MORNAY

Voorbereidingstijd: 25 minuten + 15 minuten rusten
Kooktijd: 5–10 minuten
Voor 2 personen

☆☆

1 gekookte middelgrote kreeft
315 ml melk
1 schijfje ui
1 laurierblaadje
6 zwarte peperkorrels
30 g boter
2 el bloem
2 el room
1 snufje nootmuskaat
60 g gemalen Cheddar

1 Snijd de kreeft met een scherp mes in de lengte doormidden. Haal het vlees van de staart en het lichaam uit de schaal. Kraak de scharen en haal het vlees eruit. Verwijder de roomkleurige darm en zachte delen van het lichaam en gooi ze weg. Snijd het vlees in stukjes van 2 x 2 cm en zet het in een afgedekte schaal in de koelkast. Spoel de halve schalen af, laat ze uitlekken, dep ze droog en zet ze apart.
2 Breng de melk, de ui, het laurierblaadje en de peperkorrels in een pannetje aan de kook. Neem de pan van het vuur, doe het deksel erop en laat het mengsel 15 minuten staan. Giet het dan door een zeef.
3 Smelt de boter in een grote pan, roer de bloem erdoor en laat de lichte roux 1 minuut koken, totdat hij schuimt. Neem de pan van het vuur en roer de melk er geleidelijk door. Laat de saus nu al roerend aan de kook komen, totdat hij dikker wordt. Draai het vuur laag en laat de saus 1 minuut sudderen. Roer de room erdoor. Breng het geheel op smaak met nootmuskaat, peper en zout.
4 Schep het kreeftenvlees door de saus. Blijf op een laag vuur roeren totdat het kreeftenvlees doorgewarmd is. Schep het mengsel in de schalen en strooi de kaas erover. Laat de grill heet worden. Zet de kreeft 2 minuten in de grill, totdat de kaas gesmolten is.

BOVEN:
Geep met een rijstvulling

GEEP MET EEN RIJSTVULLING

Voorbereidingstijd: 20 minuten
Kooktijd: 12–15 minuten
Voor 4 personen

☆

8 grote gepen (of wijtingen), schoongemaakt, geschubd
2 tl olie
1 kleine ui, fijngesnipperd
1 teentje knoflook, uit de knijper
1 tomaat, fijngesneden
1 el tomatenpuree
1/4 groene paprika, fijngesneden
140 g koude gekookte rijst
2 tl sojasaus

1 Spoel de vissen af en dep ze van binnen en buiten droog met keukenpapier.
2 Verhit de olie in een pan. Bak de ui en knoflook hierin al roerend 2–3 minuten op een matig vuur. Voeg de tomaat, puree, paprika, rijst en sojasaus toe en laat ze al roerend 2 minuten meebakken. Laat het mengsel in een schaal afkoelen.
3 Zet de grill hoog. Vul de vissen met de rijst; zet de buik vast met een tandenstoker. Leg de vissen op een ingevet bakblik en grill ze 3–4 minuten per kant, totdat ze gaar zijn en het vlees gemakkelijk loslaat. Verwijder de tandenstokers.
TIP: U hebt 55 g ongekookte witte rijst nodig.

SINT-JAKOBSSCHELPEN MET LIMOEN-HOLLANDAISESAUS

Voorbereidingstijd: 20 minuten
Kooktijd: 15 minuten
Voor 4–6 personen

☆☆

500 g sint-jakobsschelpen
2 el olijfolie
2 tl gekneusde zwarte peperkorrels

Limoen-hollandaisesaus

185 g boter
3 eidooiers
2 tl fijngerapste limoenschil
1 el limoensap

1 Laat 12 satéstokjes 30 minuten in koud water weken, totdat ze zinken. Zo voorkomt u dat ze op de barbecue gaan schroeien.
2 Verwijder darmpjes, vliezen of harde witte spiertjes van de sint-jakobsschelpen, maar laat eventueel kuit zitten. Rijg het vlees aan de stokjes. Sprenkel er olie en peper overheen en zet de spiesjes weg in de koelkast.
3 Maak nu de saus. Smelt de boter op een laag vuur in een pannetje, zonder te roeren. Laat de boter even afkoelen. Schep het schuim eraf. Giet het heldergele vocht voorzichtig af in een kom, zodat de melkdeeltjes in de pan achterblijven. Gooi de melkdeeltjes weg. Doe de eidooiers en 3 el water in een hittebestendige kom en klop ze met een garde door elkaar. Plaats de kom boven een pan met zacht kokend water en blijf kloppen met de garde totdat de dooiers lobbig zijn. Neem de kom van het vuur en klop de geklaarde boter langzaam en geleidelijk door de dooiers. Klop de limoenrasp erdoor en daarna druppel voor druppel het limoensap, totdat de saus dik wordt. Voeg naar smaak peper en zout toe.
4 Laat de grill of barbecue goed heet worden. Rooster de sint-jakobsschelpen totdat ze aan alle kanten bruin en net gaar zijn. Laat ze niet te gaar worden, want dan worden ze taai. Geef er de limoen-hollandaisesaus bij.

RODE-MULPAKKETJES

Voorbereidingstijd: 10 minuten
Kooktijd: 5–6 minuten
Voor 6 personen

☆

6 kleine rode mullen, schoongemaakt, geschubd
12 takjes verse citroentijm
1 citroen, in schijfjes
2 teentjes knoflook, in flinterdunne plakjes
de liezen (schutbladen) van 12 maïskolven
olijfolie
gekneusde zwarte peperkorrels

1 Spoel de vissen af en dep ze van binnen en buiten droog met keukenpapier. Vul de buik met tijm, citroen en knoflook. Leg elke vis in een maïslies, sprenkel er olie en peper overheen en dek de vis af met een tweede maïslies. Bind de uiteinden van de liezen met een touwtje vast.
2 Leg de vispakketjes op de gloeiende houtskool of het rooster van de barbecue en laat ze in 6–8 minuten gaar worden; draai ze één keer om. De vis is gaar als het vlees loslaat wanneer u erin prikt.
TIP: U kunt hiervoor ook roodbaars gebruiken.

ONDER:
Rode-mulpakketjes

REGENBOOGFOREL MET CITROEN EN KRUIDEN

Voorbereidingstijd: 20 minuten
Kooktijd: 15 minuten
Voor 4 personen

☆☆

3 el gehakte verse dille
2 el gehakte verse rozemarijn
4 el grof gehakte verse bladpeterselie
2 tl verse tijmblaadjes
1 1/2 el gekneusde groene peperkorrels
80 ml citroensap
1 citroen
4 hele regenboogforellen
80 ml droge witte wijn
1 limoen, in schijfjes gesneden, als garnering

Mierikswortelsaus

1 el mierikswortelsaus
125 g zure room
2 el slagroom

Citroensaus

150 g boter
2 eidooiers
3–4 el citroensap

ONDER: Regenboogforel met citroen en kruiden

1 Maak de barbecue aan. Scheur 8 vellen aluminiumfolie af om de vissen in te pakken. Leg telkens 2 vellen op elkaar. Vet de bovenste 4 vellen licht in.
2 Meng de kruiden, peperkorrels en citroensap met zout en peper naar smaak in een kom. Snijd de citroen in schijfjes en leg deze in de vissenbuiken. Als de forellen slijmerig zijn, veeg ze dan af met keukenpapier. Schep het kruidenmengsel in de buikholte van de vissen.
3 Leg de forellen op de dubbele vellen folie en besprenkel ze elk met 1 el wijn. Vouw de folie dicht. Laat de vissen in 10–15 minuten net gaar worden op de barbecue. Ze zijn klaar als het vlees gemakkelijk loslaat wanneer u erin prikt. Laat de ingepakte forellen 5 minuten rusten en dien ze op met de mierikswortelsaus en citroensaus.
4 Mierikswortelsaus: roer de ingrediënten door elkaar. Maak af met peper en zout.
5 Citroensaus: smelt de boter op een laag vuur in een pannetje, zonder te roeren. Schep het schuim eraf. Giet het heldergele vocht voorzichtig af in een kom, zodat de melkdeeltjes in de pan achterblijven. Gooi de melkdeeltjes weg. Mix de eidooiers 20 seconden in een keukenmachine. Laat de mixer draaien en giet de geklaarde boter geleidelijk in een dun straaltje bij de dooiers, totdat alle boter is toegevoegd en het mengsel dik en romig is. Voeg het citroensap en naar smaak peper en zout toe. Garneer de vis met limoenschijfjes en eventueel wat bieslook.
TIP: Als u geen regenboogforel kunt krijgen, neem dan niet te grote zalmforel of zalmmoten; de smaak en vettigheid van deze vissen lijken op die van de regenboogforel. Leg de moten op een bedje van citroenschijfjes en besmeer de moten met het kruidenmengsel of maak een inkeping in het midden van de moot en vul hem met de citroenschijfjes en kruiden. Rooster als hierboven.

ZEEFOREL MET EEN PREI-KAPPERTJESSAUS

Voorbereidingstijd: 10 minuten
Kooktijd: 10 minuten
Voor 4 personen

☆

45 g boter, gesmolten
4 dikke zeeforelfilets zonder vel
(ongeveer 150 g per stuk)

Prei-kappertjessaus

50 g boter
1 prei, alleen het wit, gesneden
250 ml witte wijn
2 el kappertjes uit glas, uitgelekt
1 el gehakte verse bladpeterselie

1 Vet een bakblik in met gesmolten boter, leg de filets erin en bestrijk ze met gesmolten boter. Grill de filets in een matig warme grill (filets niet omdraaien), totdat ze net gaar zijn en het vlees gemakkelijk loslaat als u erin prikt. Haal het bakblik uit de grill en dek het losjes af met folie.

2 Bereid de saus: smelt de boter op een laag vuur en smoor de prei hierin, totdat hij zacht, maar niet bruin is. Voeg de wijn toe en laat de saus 3–4 minuten pruttelen. Roer er de kappertjes, peterselie en naar smaak peper en zout door.

3 Schep de hete saus over de forelfilets. Dien meteen op met gestoomde krielaardappeltjes.

TIP: U kunt hiervoor ook zalmfilet of dikke moten witte vis gebruiken.

TANDOORIVISSPIESJES

Laat satéstokjes 30 minuten in koud water weken. Meng 250 g yoghurt, 2 teentjes knoflook uit de knijper, 2 tl koenjit (geelwortel), 2 tl garam masala en 2 tl geraspte verse gember. Doe de marinade in een ondiepe, rechthoekige schaal. Snijd 500 g stevige witte vis (leng, haai, heek), 1 rode paprika en 1 ui in stukjes van 3 x 3 cm. Rijg ze om en om aan de stokjes. Wentel de spiesjes goed door de marinade. Dek de schaal dan af en zet hem 1 uur in de koelkast. Zorg dat de barbecue of grill heet is. Rooster de spiesjes 5–10 minuten, totdat ze bruin en gaar zijn; keer ze regelmatig. Voor 4–6 personen.

BOVEN: Zeeforel met prei-kappertjessaus

INTERNATIONAAL ZEEVRUCHTENBUFFET

Voorbereidingstijd: 40 minuten + 1 uur invriezen
Kooktijd: 30 minuten
Voor 6 personen

☆☆☆

6 rauwe beerkreeftjes
30 g boter, gesmolten
1 el olie
12 mosselen
12 sint-jakobsschelpen in de schelp
12 oesters
18 grote rauwe garnalen, ongepeld

Salsa verde, voor de sint-jakobsschelpen

1 el fijngehakte ingelegde citroen (zie Tip)
20 g vers peterselieblad
1 el kappertjes uit glas, uitgelekt
1 el citroensap
3 el (ongeveer) olie

Sjalotten-azijndressing, voor de mosselen

60 ml witte wijnazijn
4 sjalotjes, fijngesneden
1 el gehakte verse kervel

Gember-wasabisaus, voor de oesters

1 tl sojasaus
60 ml mirin
2 el rijstwijnazijn
1/4 tl wasabi (uit de tube)
2 el ingelegde gember (amazu shoga), in flinterdunne plakjes

Zoete balsamicodressing, voor de beerkreeftjes

1 el olijfolie
1 el honing
125 ml balsamicoazijn

Thaise koriandersaus, voor de garnalen

125 ml zoete chilisaus
1 el limoensap
2 el gehakte verse koriander

1 Leg de nog levende beerkreeftjes eerst 1 uur in de vriezer. Snijd elk kreeftje dan met een scherp mes doormidden en bestrijk het vlees met het boter-oliemengsel. Zet de kreeftjes opzij terwijl u de rest van de zeevruchten bereidt.
2 Borstel de mosselen schoon en verwijder de baarden. Gooi beschadigde of geopende schelpen die zich niet sluiten als u de helften licht op elkaar drukt weg. Spoel ze goed af.
3 Verwijder darmpjes, vliezen of harde witte spiertjes van de sint-jakobsschelpen, maar laat eventueel kuit zitten. Bestrijk het vlees met het boter-oliemengsel.
4 Haal de oesters uit de schelp en spoel de schelpen af met koud water. Dep de schelpen droog en leg de oesters erin terug. Dek ze af en zet ze in de koelkast terwijl u de dressings maakt.
5 Salsa verde: doe alle ingrediënten in de keukenmachine en hak ze met korte stoten in grove stukken. Doe de massa in een kom. Voeg net zoveel olie toe totdat u een smeuïg mengsel hebt. Breng de salsa op smaak met peper en zout. Schep een kwakje van de salsa op elke gare sint-jakobsschelp.
6 Sjalotten-azijndressing: klop de azijn, sjalotjes en kervel in een kom door elkaar. Giet de dressing over de gare mosselen.
7 Gember-wasabisaus: klop alle ingrediënten door elkaar. Schep de saus over de gare oesters.
8 Zoete balsamicodressing: verhit de olie in een pannetje, voeg de honing en azijn toe en breng het vocht aan de kook. Laat het tot de helft inkoken. Giet de dressing over de gare kreeftjes.
9 Thaise koriandersaus: meng alle ingrediënten in een kom of beker door elkaar. Giet de saus over de gare garnalen.
10 Rooster de zeevruchten in porties op een heet barbecuerooster of een hete barbecueplaat. De beerkreeftjes hebben het langst nodig, ongeveer 5 minuten; ze zijn gaar zodra het vlees wit kleurt en los begint te komen van de schaal. De mosselen, sint-jakobsschelpen, oesters en garnalen hebben 2–5 minuten nodig.

TIPS: Ingelegde citroen is in Turkse en Marokkaanse winkels te koop. Maak hem als volgt klaar: schep het vruchtvlees uit de schil en gooi het weg. Spoel de schil af om overtollig zout te verwijderen en hak hem dan fijn.

Mirin, rijstwijnazijn en ingelegde gember zijn te koop in toko's die ook Japanse producten verkopen.

OESTERS
Oesters zijn op talloze manieren te krijgen: vers schoongemaakt op de halve schelp, levend in de hele schelp. Ze worden ook ingeblikt, gedroogd of ingevroren. Als u vers schoongemaakte oesters koopt, kies dan vette, sappige exemplaren. Het vlees moet roomkleurig zijn en in helder vocht zwemmen. Oesters horen ziltig te ruiken; er mogen geen scherfjes schelp in zitten. Als u ze liever zelf schoonmaakt, neem dan oesters met een stijf gesloten, onbeschadigde schelp.

LINKERBLADZIJDE: International zeevruchtenbuffet

BEERKREEFTJES MET LIMOEN-KORIANDERBOTER

Schep de limoen-korianderboter in het midden van een vel folie.

Vouw de folie dicht, rol de boter in een worst en draai de uiteinden van de folie stevig dicht.

BEERKREEFTJES MET LIMOEN-KORIANDERBOTER

Voorbereidingstijd: 10 minuten + koelen
Kooktijd: 5–6 minuten
Voor 4–6 personen

☆

- 90 g zachte boter
- 2 tl fijngeraspte limoenschil
- 2 el limoensap
- 3 el gehakte verse koriander
- 1 tl gekneusde zwarte peperkorrels
- 1 kg rauwe beerkreeftjes
- 3 teentjes knoflook, uit de knijper
- 2 el olie

1 Meng boter, limoenrasp en -sap, koriander en peper in een kom. Schep het mengsel op een vel folie, rol er een worst van, draai de uiteinden stevig dicht en leg de rol in de koelkast.

2 Vul een grote kom met veel ijs, wat water en een snufje zout. Laat de nog levende beerkreeftjes hier 20–30 minuten in staan.

3 Zorg dat de barbecue heet is. Laat de kreeftjes en knoflook op een met olie ingevette plaat onder regelmatig omscheppen in 5–6 minuten gaar worden, totdat de schaal diep-oranje is en het vlees wit is en loslaat van de schaal. Snijd de boterrol in plakjes en leg ze op de kreeftjes.

VIS MET EEN KORSTJE

Zet de grill aan. Leg 4 filets zonder vel (bijvoorbeeld snapper, wijting of bot) op een licht ingevet bakblik en grill ze in 3–4 minuten bijna gaar. Meng 80 g vers broodkruim, 2 fijngehakte hardgekookte eieren, 2 fijngesneden lente-uitjes, 50 g gesmolten boter en 1 el gehakte verse peterselie in een kom. Voeg naar smaak peper en zout toe. Schep het mengsel over de visfilets en druk het zacht aan. Grill de filets nog eens 1–2 minuten, totdat ze gaar en lichtbruin zijn. Voor 4 personen.

RECHTS: Beerkreeftjes met limoen-korianderboter

GARNALEN MET ZOETE KOMKOMMERAZIJN

Voorbereidingstijd: 30 minuten
Kooktijd: 5 minuten
Voor 4 personen

☆

60 ml witte-wijnazijn
90 g basterdsuiker
2 el limoensap
2 el vissaus
1 grote rode en 1 grote groene Spaanse peper, zonder zaadjes, in dunne ringen gesneden
2 lente-uitjes, in schuine ringen
1 Turkse komkommer, geschild, gehalveerd, zonder zaadlijst, in dunne plakjes gesneden
2 el gehakte verse koriander
24 rauwe garnalen

1 Breng de witte-wijnazijn en basterdsuiker in een pan aan de kook. Roer even, haal dan de pan van het vuur en laat afkoelen. Roer er vervolgens het limoensap, de vissaus, pepertjes, lente-uitjes, komkommer en koriander door.
2 Rooster de ongepelde garnalen boven een matig heet vuur op een barbecueplaat of -rooster; dit duurt 1–2 minuten per kant, tot de garnalen roze en gaar zijn. Giet de saus over de garnalen.
TIP: U kunt hier ook rivierkreeftjes voor gebruiken. Ze hebben iets meer tijd nodig.

NOORSE KREEFTJES MET KRUIDEN EN CIDERSAUS

Voorbereidingstijd: 15 minuten + 1 uur in de vriezer + 1 uur marineren
Kooktijd: 5–10 minuten
Voor 4 personen

☆

12 rauwe Noorse kreeftjes of beerkreeftjes
60 ml olijfolie
125 ml citroensap
2 teentjes knoflook, uit de knijper
5 el fijngehakte verse bladpeterselie
2 el fijngehakte verse dille
60 ml zoete cider
30 g boter

1 Leg de nog levende kreeftjes eerst 1 uur in de vriezer. Snijd ze in de lengte doormidden en bedek de bodem van een ondiepe schaal (geen metaal) ermee. Meng het citroensap en de olijfolie, knoflook, peterselie en dille door elkaar en giet de marinade over de kreeftjes. Dek de schaal af en zet hem minimaal 1 uur in de koelkast.
2 Rooster de kreeftjes 2 minuten met de schaalkant naar beneden op het rooster of de bakplaat van de barbecue. Keer ze en rooster ze nog eens 2 minuten, tot ze gaar zijn (iets langer voor beerkreeftjes). Leg de kreeftjes op een dienschaal.
3 Laat de cider in een pannetje inkoken tot een derde. Zet het vuur laag, voeg al roerend boter toe, totdat alles gesmolten is. Giet de saus over de kreeftjes en dien ze op.

BOVEN: Garnalen met zoete komkommerazijn

GEBARBECUEDE INKTVIS

Trek de tentakels voorzichtig uit de mantel.

Snijd ze net onder de ogen los van de ingewanden.

Was de mantels onder koud stromend water en wrijf de slijmhuid eraf.

BOVEN:
Gebarbecuede inktvis

GEBARBECUEDE INKTVIS

Voorbereidingstijd: 40 minuten + 30 minuten koelen
Kooktijd: 10 minuten
Voor 6 personen

☆☆

500 g kleine pijlinktvisjes (zie Tip)
1/4 tl zout

Picadadressing

2 el extra virgine olijfolie
2 el fijngehakte verse bladpeterselie
1 teentje knoflook, uit de knijper
1/4 tl gekneusde zwarte peperkorrels

1 Maak de pijlinktvis schoon: trek de armen en tentakels voorzichtig uit de mantel; de ingewanden moeten gelijk meekomen. Snijd de tentakels net onder de ogen los van de ingewanden. Als de snavel nog midden in het kransje zit, druk hem dan met uw vingers omhoog en eruit. Trek het zachte, doorzichtige rugschild uit de mantel.

2 Spoel de mantels onder koud stromend water schoon; u kunt de slijmhuid er zo afwrijven. Spoel de tentakels schoon en laat alles goed uitlekken. Doe de tentakels en mantels in een kom en roer het zout erdoor. Dek de kom af en zet hem 30 minuten in de koelkast.

3 Laat een licht ingevette bakplaat goed heet worden op de barbecue of verwarm de grill voor op de hoogste stand.

4 Maak de picadadressing: klop de olijfolie, peterselie, knoflook, peper en wat zout in een kommetje of beker door elkaar.

5 Rooster de inktvismantels in kleine porties op de barbecueplaat of in de grill in 2–3 minuten gaar, totdat ze wit en mals zijn. Barbecue of grill de tentakels ongeveer 1 minuut of tot ze omkrullen; schep ze telkens om, zodat ze aan alle kanten bruin worden. Dien heet op met de picadadressing eroverheen.

TIPS: Voor dit recept zijn 5–7 cm grote pijlinktvisjes gebruikt, maar ook kleine zeekat, octopus, garnalen of zelfs in flinke stukken gesneden, stevige filets van witte vis zijn geschikt.

Bereid de picadadressing pas vlak voor het opdienen, anders verkleurt de peterselie.

GEROOSTERDE BABYOCTOPUS

Voorbereidingstijd: 15 minuten + 3 uur marineren
Kooktijd: 5 minuten
Voor 4 personen

☆☆

- 1 kg babyoctopus
- 185 ml rode wijn
- 2 el balsamicoazijn
- 2 el sojasaus
- 2 el hoisinsaus
- 1 teentje knoflook, uit de knijper

1 Spoel de octopusjes goed schoon en dep ze droog. Snijd de koppen eraf met een scherp mes en gooi ze weg. Snijd bij grotere exemplaren de armen doormidden.

2 Doe de armen in een grote kom. Meng de wijn, azijn, sauzen en knoflook door elkaar en giet de marinade over de octopus. Schep de octopus goed om, dek de schaal af en zet hem een paar uur of een hele nacht in de koelkast.

3 Zorg dat de grill of barbecueplaat goed heet is. Laat de octopus uitlekken en vang de marinade op. Rooster de octopus in porties op een licht ingevette plaat in 3–5 minuten gaar, totdat het vlees wit kleurt. Bestrijk de octopus tijdens het roosteren met de marinade. Dien warm of koud op.

CITROENGRASSPIESJES MET GARNALEN

Pel 400 g rauwe, middelgrote garnalen en verwijder het darmpje. Meng $1^1/_2$ el bruine suiker, $1^1/_2$ el limoensap, 2 tl groene currypasta en 2 in reepjes gesneden limoenblaadjes. Doe de garnalen erbij en zet ze een paar uur in de koelkast. Neem 2 stengels citroengras. Snijd het bovenste deel eraf, zodat u stukken van 20 cm overhoudt; laat de wortel zitten. Snijd de stengels in de lengte in vier 'spiesjes'. Prik een gaatje in de garnalen, rijg ze aan de spiesjes. Grill of barbecue ze gaar. Dien op met een salsa van 1 fijngesneden mango, 2 tl limoensap, 1 tl limoenrasp en $^1/_2$ tl geraspte gula djawa of bruine suiker. Voor 4 personen.

VIS, SCHAAL- EN SCHELPDIEREN BARBECUEN
Maak de barbecue altijd ruim van tevoren aan. Voor octopus en schaaldieren moet het vuur zeer heet zijn, voor vis matig heet. U kunt de hitte testen door uw hand boven de barbecueplaat te houden: 2–3 seconden voor zeer heet of 3–4 seconden voor matig heet vuur is goed. Houdt u het langer vol, dan is de barbecue nog niet heet genoeg. Laat gemarineerde octopusjes en dergelijke eerst goed uitlekken, zodat ze geen kans krijgen om in de marinade te gaan stoven, maar snel worden gaargeroosterd. Barbecue vis, schaal- en schelpdieren indien nodig in porties: als de plaat te vol ligt, loopt de temperatuur terug.

BOVEN: Geroosterde babyoctopus

VIS & MOSSELEN ROKEN

Vis wordt op twee manieren gerookt: warm roken kunt u thuis doen, koud roken geschiedt op commerciële basis. Gerookte vis is 3–5 dagen houdbaar.

Koud roken is de commerciële methode die bijvoorbeeld voor zalm wordt toegepast. De vis wordt bij een lage temperatuur gerookt, zonder dat hij gaar wordt.

Warm roken wordt hiernaast beschreven. U hebt er een rookkast voor nodig. Deze methode is bij uitstek geschikt voor hele forel en makreel. De vis wordt tijdens het roken gaar.

PEKELEN

Voordat u de vis gaat roken, moet u hem in een pekelbad (water met zout) leggen of het vel met flink veel zout inwrijven. Zo blijft de vis langer houdbaar en gaat de smaak vooruit. De pekel is goed als een aardappel erin blijft drijven. Tot die tijd laat u net zoveel zout in het water oplossen tot hij wel blijft drijven. Laat de hele vis 3 uur in het pekelbad staan (2 uur voor gekaakte vis). Visfilets hebben slechts 30 minuten nodig. Haal de vis uit de pekel en maak hem, indien nodig, alsnog helemaal schoon. U kunt het pekelen ook overslaan, maar de vis is dan niet houdbaar na het roken en moet meteen gegeten worden. Ongekaakte vis is het geschiktst voor roken. Vraag aan uw vishandelaar welke soorten vis u het beste kunt gebruiken.

HOUTSOORTEN

Geschikte houtsoorten voor het roken zijn eik, appel, hickory, beuk en andere soorten hardhout; houtsnippers zijn te koop bij speciaalzaken en tuincentra. Gebruik nooit harsachtige soorten, zoals dennenhout, want daar krijgt de vis een antiseptisch bijsmaakje van. Kruiden als tijm, rozemarijn en laurier bij de houtsnippers geven een extra geurig aroma.

HELE VIS ROKEN

Als u zelf vis wilt roken, hebt u een barbecue met deksel of een rookkast nodig. We geven hieronder het recept voor de barbecue, omdat meer mensen er een zullen hebben.

1 Doe een handvol smeulende houtsnippers in een hittebestendige kom, voeg ½ kop (125 ml) witte wijn of water toe en laat de snippers 1 uur staan. Giet ze dan goed af.

2 Maak intussen de barbecue aan. Laat de houtskool branden tot hij wit is.

3 Vul de buik van 4 hele regenboogforellen met dunne schijfjes limoen en rode ui. Bind om elke staart een bundeltje verse kruiden (zoals laurierblaadjes, takjes dille, citroentijm, peterselie).

4 Til het rooster voorzichtig op en strooi de houtsnippers over de houtskool.

5 Leg de forellen op het licht ingevette rooster of op een dubbele laag aluminiumfolie. Bestrijk ze met een beetje olijfolie en bestrooi ze met flink wat zeezout en gekneusde zwarte peper. Doe het deksel op de barbecue en rook de forellen 7–15 minuten; ze zijn klaar als de vis gemakkelijk loslaat wanneer u er met de punt van een mes in prikt. De rooktijd is afhankelijk van de grootte van de vis.

VISFILETS ROKEN

U kunt visfilets of opengeklapte vis op dezelfde manier roken, maar de tijd is afhankelijk van de dikte van de filets. Olieachtige vis, zoals zalm, makreel of haring, is het geschiktst.

MOSSELEN ROKEN

Mosselen hoeven niet eerst in een pekelbadje. Schrob ze schoon en verwijder de baarden. Gooi geopende schelpen die zich niet sluiten als u de helften licht op elkaar drukt weg. Zet de mosselen in een bakblik op de barbecue. Doe het deksel dicht en rook ze 3–5 minuten.

SINT-JAKOBSSCHELPEN
Sint-jakobsschelpen zijn vers met en zonder schelp of ingevroren zonder schelp te koop. Als u ze vers koopt, kies dan vette, sappige exemplaren met roomkleurig, doorschijnend vlees. Er zit niet altijd kuit aan, maar als dat wel het geval is, moet het kuit vol en felgekleurd zijn. Koop geen sint-jakobsschelpen die in een bak water zitten: ze nemen vocht op, zodat u meer geld kwijt bent als u ze per gewicht koopt. Bovendien loopt u het risico dat ze in het overtollige vocht gestoofd worden en taai worden. Bereid sint-jakobsschelpen kort op een hoog vuur, tot ze net wit kleuren – kook ze nooit te lang. Verse sint-jakobsschelpen zijn duurder, maar hebben een mooie, milde smaak en zijn het extra geld dan ook zeker waard.

RECHTS: Brochettes van sint-jakobsschelpen

BROCHETTES VAN SINT-JAKOBSSCHELPEN

Voorbereidingstijd: 25 minuten
Kooktijd: 15 minuten
Voor 4–6 personen

☆☆

36 sint-jakobsschelpen
185 ml witte wijn
1 el citroensap
20 g takjes peterselie
2 teentjes knoflook, gesneden
4 dikke plakken bacon zonder zwoerd (bakbacon), in reepjes van 5 cm
30 g boter, gesmolten
1 kleine ui, fijngesnipperd
2 el witte-wijnazijn
80 ml room
1/2 tl maïsmeel

1 Neem 12 metalen pennen of satéstokjes. Laat satéstokjes eerst 30 minuten in koud water weken. Verwijder darmpjes, vliezen of harde witte spiertjes van de sint-jakobsschelpen; laat kuit zitten. Verwarm de wijn en het citroensap in een pannetje. Voeg de sint-jakobsschelpen toe. Laat ze 1 minuut sudderen, tot ze net ondoorzichtig zijn geworden. Giet ze af en vang de vloeistof op.

2 Maal de peterselie en knoflook 30 seconden in een keukenmachine. Spreid het mengsel uit op een bord. Rol de sint-jakobsschelpen er aan alle kanten goed doorheen.

3 Rijg 3 sint-jakobsschelpen en rolletjes bacon om en om aan de pennen. Bestrijk ze met gesmolten boter en bestrooi ze met zout en peper.

4 Verwarm de ui, azijn en 80 ml van het opgevangen vocht in een pannetje. Laat het vocht 5 minuten koken, totdat het tot 2 el is ingekookt. Meng slagroom en maïsmeel in een kommetje door elkaar en giet het mengsel bij de rest. Laat de saus al roerend op een laag vuur aan de kook komen, totdat hij dikker wordt. Neem van het vuur en houd warm.

5 Rooster de brochettes 4–5 minuten op een matig hete grill of op de barbecue. Keer ze regelmatig, totdat de bacon gaar is. Dien op met pasta of op een bedje rijst. Geef er de saus bij.

TIP: U kunt de brochettes en saus enkele uren van tevoren klaarmaken en in de koelkast bewaren. Warm de saus vlak voor het opdienen geleidelijk op. Rooster de brochettes vlak voor het eten. U kunt ook stukjes stevige witte vis gebruiken.

GEBARBECUEDE SARDINES

Voorbereidingstijd: 25 minuten + 2 uur marineren
Kooktijd: 6 minuten
Voor 4 personen

☆☆

8 grote verse sardines
8 takjes verse citroentijm
3 el extra virgine olijfolie
2 teentjes knoflook, uit de knijper
1 tl fijngeraspte citroenschil
2 el citroensap
1 tl gemalen komijn
partjes citroen, als garnering

1 Snijd de sardines van kop tot staart over de buik open en verwijder de ingewanden. Spoel ze schoon en dep ze van binnen en buiten droog. Stop een takje citroentijm in elke buik en leg de vissen op een ondiepe schaal (geen metaal).
2 Meng de olijfolie, knoflook, citroenschil, komijn en het citroensap in een kommetje en giet de marinade over de vis. Dek de schaal af en zet hem 2 uur in de koelkast.
3 Rooster de sardines 2–3 minuten per kant op een hete barbecueplaat, totdat het vlees gemakkelijk loslaat als u erin prikt; bestrijk ze regelmatig met de marinade. U kunt ze ook in een visrooster op de barbecue leggen. Dien op met partjes citroen.

SINT-JAKOBSSCHELPEN MET CITROEN-KRUIDENBOTER

Roer 60 g zachte boter, 1 tl geraspte citroenschil, 1 el gehakte verse kervel, 1 el gehakt vers bieslook en 1 el citroensap in een kom door elkaar. Leg 24 sint-jakobsschelpen in de halve schelp met het vlees naar beneden op een hete barbecueplaat en rooster ze licht goudbruin. Draai ze om, schep er wat kruidenboter op en rooster ze totdat de boter pruttelt en het vlees net gaar is. Dien op met wat gehakte verse kruiden en partjes citroen. Voor 4–6 personen.

BOVEN:
Gebarbecuede sardines

ZWAARDVIS
Zwaardvis dankt zijn naam aan de verlengde bovenkaak, die als een zwaard uitsteekt. Hij komt overal in gematigde wateren voor. Zwaardvis heeft een zachte smaak en een vlezige structuur, waardoor hij bij uitstek geschikt is voor recepten met sterke smaken, zoals die uit de Cajun- of Indiase keuken.

RECHTERBLADZIJDE: Cajunzwaardvis (boven), tandoorivismoten

CAJUNZWAARDVIS

Voorbereidingstijd: 15 minuten
Kooktijd: 10 minuten
Voor 4 personen

☆

1 el knoflookpoeder
1 el uienpoeder
2 tl witte peper
2 tl gekneusde zwarte peperkorrels
2 tl gedroogde tijm
2 tl gedroogde oregano
1 tl cayennepeper
4 moten zwaardvis
bakolie
partjes limoen, als garnering
yoghurt, indien gewenst

1 Meng de gedroogde specerijen en kruiden.
2 Dep de vismoten droog met keukenpapier. Wentel de moten door het mengsel en schud de overtollige kruiderij eraf.
3 Vet een hete barbecueplaat in met een beetje olie. Rooster de zwaardvis 3–5 minuten per kant, afhankelijk van de dikte van de moten. Dien naar keuze op met partjes limoen en yoghurt.
TIP: U kunt ook tonijn, goudmakreel, Spaanse makreel of marlijn gebruiken.

TANDOORIVISMOTEN

Voorbereidingstijd: 15 minuten + 1 nacht marineren
Kooktijd: 8 minuten
Voor 4 personen

☆☆

4 vismoten (bijv. snapper)
60 ml citroensap
1 ui, fijngesnipperd
2 teentjes knoflook, uit de knijper
1 el geraspte verse gember
1 verse rode Spaanse peper
1 el garam masala
1 tl paprikapoeder
1/4 tl zout
500 g dikke Griekse yoghurt
rode en gele levensmiddelenkleurstof

1 Dep de vismoten droog en leg ze op een ondiepe schaal (geen metaal). Sprenkel het citroensap over de vis en draai de moten een paar keer om, zodat het sap aan alle kanten zit.
2 Maal de ui, knoflook, gember, Spaanse peper, garam masala, het paprikapoeder en het zout in een blender tot een gladde pasta. Meng de pasta in een kom met de yoghurt en voeg net zoveel kleurstof toe tot de yoghurt de authentieke tandoorikleur (oranje-rood) heeft. Schep de marinade over de vis en draai de moten een paar keer om. Dek de schaal af en laat hem een nacht in de koelkast staan.
3 Zorg dat de barbecueplaat of grill heet is. Haal de vismoten uit de marinade en laat ze even uitdruipen. Rooster de vis 3–4 minuten per kant, totdat het vlees gemakkelijk loslaat als u erin prikt. Heerlijk met yoghurt en spinazie.

GEGRILDE VIS

Voorbereidingstijd: 5 minuten
Kooktijd: 5–10 minuten
Voor 4 personen

☆

30 g boter, gesmolten
4 filets van witte vis (bijv. baars, snapper, kabeljauw, karper, wijting, platkopharder), zonder vel
partjes citroen, als garnering

1 Verwarm de grill voor en bedek de bakplaat met een vel folie. Vet de folie licht in met een beetje gesmolten boter.
2 Leg de visfilets op de bakplaat, bestrijk ze met de resterende boter en strooi er wat peper en zout overheen.
3 Grill de vis 5–10 minuten, afhankelijk van de dikte van de filets. De vis is gaar als het vlees gemakkelijk loslaat wanneer u met een vork in het dikste deel van de filets prikt. Dien op met partjes citroen.
TIP: U kunt eventueel een beetje citroensap op de filets sprenkelen tijdens het grillen.

BOVEN: Garnalen met dillemayonaise

GARNALEN MET DILLEMAYONAISE

Voorbereidingstijd: 15 minuten + 2 uur marineren
Kooktijd: 10–15 minuten
Voor 4 personen

☆

Marinade

125 ml olijfolie
80 ml citroensap
2 el grove mosterd
2 el honing
2 el gehakte verse dille

20 rauwe grote garnalen

Dillemayonaise

185 g goede mayonaise
2 el gehakte verse dille
1 1/2 el citroensap
1 augurk, fijngesneden
1 tl kappertjes uit glas, uitgelekt, fijngesneden
1 teentje knoflook, uit de knijper

1 Meng de olijfolie, het citroensap, de mosterd, honing en dille voor de marinade in een kom. Giet de marinade over de ongepelde garnalen en schep ze goed om. Dek de kom af en zet hem minimaal 2 uur in de koelkast. Schep de garnalen af en toe om.
2 Klop de mayonaise, de dille, het citroensap, de augurk, kappertjes en knoflook in een kom door elkaar. Dek de kom af en zet hem in de koelkast.
3 Vet een hete grillpan, barbecueplaat of barbecuerooster licht in. Laat de garnalen uitlekken en rooster ze in porties in 4 minuten op een hoog vuur gaar en roze. Keer ze regelmatig. Dien op met de dillemayonaise.

TONIJN MET SOJASAUS EN HONING

Voorbereidingstijd: 15 minuten + 1 uur marineren
Kooktijd: 8–10 minuten
Voor 4 personen

☆

4 moten tonijn
1 stuk verse gember van 10 cm, geschild en dun julienne gesneden
2 lente-uitjes, in dunne plakjes
2 el honing
2 el balsamicoazijn
125 ml niet te zoute sojasaus

1 Doe de tonijn, gember en lente-uitjes in een ondiepe schaal (geen metaal).
2 Meng de honing, balsamicoazijn en sojasaus in een kommetje. Giet de marinade over de tonijn en draai de moten een paar keer om. Dek de schaal af en zet hem 1 uur in de koelkast.
3 Zorg dat de barbecue heet is. Leg de moten op het rooster en bak ze 3–4 minuten per kant, of naar wens iets korter of langer. De baktijd is afhankelijk van de dikte van de moten.
TIP: Zwaardvis, marlijn en Spaanse makreel zijn ook zeer geschikt voor dit recept.

ZALM MET DILLEROOM

Voorbereidingstijd: 25 minuten
Kooktijd: 25 minuten
Voor 4 personen

☆☆

4 kleine zalmen
4 teentjes knoflook, gepeld
2 citroenen, in schijfjes
8 verse laurierblaadjes
8 takjes verse bladpeterselie
8 takjes verse tijm
olijfolie

Dilleroom

90 g boter
250 ml visbouillon
1 1/2 tl grove mosterd
250 ml room
2 el citroensap
3 el gehakte verse dille

1 Zorg dat de barbecue of grillpan heet is. Spoel de vissen schoon en dep ze van binnen en buiten droog. Leg een teentje knoflook, wat schijfjes citroen en een laurierblaadje in de buik van elke vis. Bind bij elke vis 1 takje peterselie en tijm om de staart; bewaar de andere takjes. Bestrijk de vis aan beide zijden met wat olijfolie.
2 Maak de dilleroom: smelt de boter in een pan en voeg de visbouillon, mosterd en room toe. Breng het mengsel aan de kook en laat het ongeveer 15 minuten pruttelen, totdat de saus iets is ingedikt. Roer het citroensap en de dille erdoor. Neem van het vuur en houd warm. Voeg naar smaak peper en zout toe.
3 Rooster de vis 3–6 minuten per kant op de barbecue of in de grillpan, terwijl de dilleroom inkookt. Keer de vis voorzichtig om. Verwijder de kruiden. Dien de vis op met een nieuw bundeltje peterselie, tijm en laurierblad om de staart. Dien warm op met de dilleroom.
TIP: Dit recept is ook geschikt voor regenboogforel.

ONDER: Zalm met dilleroom

VIS MET PASTA, RIJST & NOEDELS

Onze voorvaderen verzamelden granen en schelpen en vingen vis, maar kwamen waarschijnlijk niet op het idee die smaken te combineren. En al helemaal niet om er een beetje citroensap of verse dille bij te doen! De tijden zijn echter veranderd. Nu we niet alleen meer eten uit pure noodzaak, maar ook om het genot, is het niet zo verwonderlijk dat koks smaken en texturen zijn gaan combineren en hoofdvoedsel als rijst en pasta creatief laten samengaan met vis, schaal- en schelpdieren.

VISRISOTTO

Borstel de mosselen goed schoon en verwijder de baarden.

Roer de bouillon geleidelijk door de rijst, tot de rijst alle vocht heeft opgenomen.

Doe de mosselen in een dichte pan kokend water en kook ze totdat de schelpen opengaan.

Roer de kruiden en geraspte Parmezaanse kaas door de gekookte risotto.

RECHTS: Visrisotto

VISRISOTTO

Voorbereidingstijd: 25 minuten
Kooktijd: 45–50 minuten
Voor 4 personen

✮✮

8–10 mosselen
8 rauwe middelgrote garnalen
150 g filet van witte vis (bijv. koolvis, leng, kabeljauw), zonder vel, in dobbelsteentjes
1,75 l vis- of kipbouillon
2 el olie
2 uien, fijngesnipperd
2 teentjes knoflook, fijngesneden
1 stengel bleekselderij, fijngesneden
440 g arboriorijst
2 el gehakte verse peterselie
1 el gehakte verse oregano
1 el gehakte verse tijm
2 el versgeraspte Parmezaanse kaas

1 Borstel de mosselen schoon en verwijder de baarden. Gooi beschadigde of geopende schelpen die zich niet goed sluiten als u de helften licht op elkaar drukt weg. Spoel ze af en zet ze koel.
2 Pel de garnalen, behalve het staartje. Trek het donkere darmpje er voorzichtig uit; begin bij de kop. Doe de garnalen en vis in een kom. Dek de kom af en zet hem in de koelkast.
3 Breng de bouillon aan de kook. Laat hem op een laag vuur pruttelen met het deksel op de pan.
4 Verhit wat olie op een matig vuur in een grote pan. Bak de ui, knoflook en bleekselderij hier 2–3 minuten in. Voeg 2 el water toe, doe het deksel op de pan en laat de groenten in ongeveer 5 minuten zacht worden. Voeg de rijst toe en laat deze al roerend 3–4 minuten meebakken.
5 Zet het vuur laag en giet 125 ml van de hete bouillon geleidelijk bij de rijst; blijf roeren met een houten pollepel, totdat de rijst alle bouillon heeft opgenomen. Herhaal dit met steeds 125 ml bouillon, totdat u nog maar een beetje over hebt en de rijst net gaar is.
6 Breng intussen 60 ml water aan de kook in een pan. Laat de mosselen hierin met het deksel op de pan 4–5 minuten koken, tot ze zich openen; schud ze af en toe even op. Giet de mosselen af. Gooi ongeopende schelpen weg.
7 Roer de vis, garnalen en resterende bouillon door de rijst. Laat alles 5–10 minuten koken, tot de vis net gaar en de rijst zacht en romig is. Neem de pan van het vuur, voeg de mosselen toe en laat ze met het deksel op de pan 5 minuten staan. Roer de kruiden en kaas door de risotto. Maak af met peper en zout en dien meteen op.

GARNALENRAVIOLI MET BASILICUMBOTER

Voorbereidingstijd: 30 minuten + 30 minuten koelen
Kooktijd: 20 minuten
Voor 4 personen

✯✯

- 500 g rauwe middelgrote garnalen
- 1 el gehakt vers bieslook
- 1 eiwit, losgeklopt
- 350 ml room
- 200 g kant-en-klare wan tan-velletjes
- 1 ei, losgeklopt

Basilicumboter

- 90 g boter
- 1 teentje knoflook, uit de knijper
- 15 g verse basilicumblaadjes, klein gescheurd
- 40 g pijnboompitten

1 Pel de garnalen. Trek het donkere darmpje er voorzichtig uit; begin bij de kop. Draai de garnalen met het bieslook en het eiwit in een keukenmachine tot een gladde massa. Breng op smaak met peper en zout. Voeg de room toe. Mix het geheel niet te lang, anders gaat het schiften. Doe het mengsel in een kom, dek deze af en zet hem 30 minuten in de koelkast.

2 Neem de helft van de wan tan-vellen en leg telkens 2–3 tl van het garnalenmengsel in het midden van een vel. Bestrijk de randen met losgeklopt ei, leg er een ander vel overheen en druk de randen op elkaar. Kook de ravioli gedurende 4 minuten in porties in ruim kokend water. Laat de ravioli uitlekken en verdeel ze over vier warme borden.

3 Smelt de boter langzaam in een pan, voeg de knoflook toe en roer totdat de geur vrijkomt. Doe er het basilicum, de pijnboompitten en wat versgemalen zwarte peper bij en laat alles pruttelen tot de boter een nootachtige kleur heeft. Giet de boter over de ravioli. Dien meteen op.

TIP: Wan tan-velletjes zijn te koop in de meeste toko's.

PIJNBOOMPITTEN

Pijnboompitten zijn de zaden van de parasolden, die inheems is in mediterrane streken. Ze zijn rijk aan natuurlijke oliën en worden veelvuldig gebruikt in de keuken van het Middellandse-Zeegebied en het Midden-Oosten. Als u ze eerst even droog roostert, komt de smaak beter naar voren. Pijnboompitten worden samen met basilicum en knoflook verwerkt tot pesto. De combinatie doet het ook goed in andere gerechten.

BOVEN: Garnalenravioli met basilicumboter

BOVEN: Lasagna met vis

LASAGNA MET VIS

Voorbereidingstijd: 15 minuten
Kooktijd: 45 minuten
Voor 4–6 personen

☆☆

250 g kant-en-klare lasagnavellen
125 g sint-jakobsschelpen
500 g rauwe middelgrote garnalen
500 g filet van witte vis (bijv. heek, snapper, haai, leng), zonder vel
125 g boter
1 prei, alleen het wit, in dunne ringen
85 g bloem
500 ml melk
500 ml droge witte wijn
125 g gemalen Cheddar
125 ml room
60 g geraspte Parmezaanse kaas
2 el gehakte verse peterselie

1 Verhit de oven tot matig warm (180°C, stand 4). Bedek de bodem en zijkanten van een ingevette, ondiepe ovenschaal van 30 x 30 cm met de lasagnavellen.
2 Verwijder darmpjes, vliezen of harde witte spiertjes van de sint-jakobsschelpen, maar laat eventueel kuit zitten.
3 Pel de garnalen. Trek het donkere darmpje er voorzichtig uit; begin bij de kop. Snijd de vis en zeevruchten in stukken van gelijke grootte.
4 Smelt de boter op een laag vuur in een grote pan, voeg de prei toe en laat deze al roerend op een matig vuur in ongeveer 1 minuut zacht worden. Roer de bloem erdoor; laat het mengsel 1 minuut koken, tot het schuimt. Neem de pan van het vuur. Roer de melk en de wijn geleidelijk door het preimengsel. Zet de pan op een matig vuur en blijf roeren tot de saus kookt en dik wordt. Zet het vuur laag en laat alles 2 minuten pruttelen. Voeg de vis en zeevruchten toe en laat ze 1 minuut meesudderen. Neem de pan van het vuur en roer de Cheddar met wat zout en peper door het vismengsel.
5 Schep de helft van het vismengsel in de ovenschaal. Leg er een laag lasagnavellen overheen. Schep de rest van het vismengsel erover en dek alles af met een laatste laag lasagnavellen.
6 Giet de room over de lasagna en strooi er Parmezaanse kaas en peterselie overheen. Zet de lasagna ongeveer 30 minuten onafgedekt in de oven, totdat hij bobbelt en goudbruin is.

INKTSPAGHETTI

Voorbereidingstijd: 20 minuten
Kooktijd: 20 minuten
Voor 4–6 personen

☆

500 g mantels van kleine pijlinktvissen
375 g spaghetti
4 el extra virgine olijfolie
3 teentjes knoflook, uit de knijper
1 ui, fijngehakt
80 ml witte wijn
3 zakjes van 4 g pijlinktvisinkt

1 Halveer de mantels en snijd ze in dunne reepjes.
2 Kook de spaghetti in ruim kokend water beetgaar. Giet de pasta af en houd hem warm.
3 Verhit 2 el olijfolie in een diepe koekenpan of wok, voeg de knoflook en ui toe en laat ze al roerend op een matig vuur goudbruin worden. Giet de wijn erbij, breng hem aan de kook en laat hem in 5 minuten tot de helft inkoken. Zet het vuur laag en roer de inkt door de wijn. Meng de saus door de spaghetti. Peper en zout erover. Schep de pasta op warme diepe borden.
4 Verhit de resterende olijfolie en roerbak de pijlinktvis in porties op een hoog vuur in 1 minuut gaar, totdat hij wit en mals is. Schep de inktvis over de pasta.

FARFALLE MET TONIJN, CHAMPIGNONS EN ROOM

Voorbereidingstijd: 10 minuten
Kooktijd: 15 minuten
Voor 4 personen

☆

60 g boter
1 el olijfolie
1 ui, gesnipperd
1 teentje knoflook, uit de knijper
125 g kleine champignons, in plakjes
250 ml room
450 g tonijn op pekel uit blik, uitgelekt, in losse flinters
1 el citroensap
1 el gehakte verse peterselie
500 g farfalle

1 Verhit de boter en olijfolie in een grote koekenpan. Bak de ui en knoflook hierin op een laag vuur 3–5 minuten, tot de ui zacht is; blijf roeren.
2 Laat de champignons 2 minuten meebakken. Giet de room erbij en breng de saus aan de kook. Zet het vuur lager en laat de saus pruttelen tot hij dik wordt. Voeg de tonijn, het citroensap en de peterselie toe en blijf roeren, totdat alles goed is doorgewarmd. Voeg naar smaak peper en zout toe.
3 Kook de farfalle intussen in ruim water beetgaar. Laat ze goed uitlekken en doe ze dan weer terug in de pan. Schep de saus erdoor. Dien meteen op.

TIPS: U kunt ook zalm uit blik gebruiken.

Farfalle, de aantrekkelijke vlinderstrikjespasta, is in verschillende smaken (standaard, tomaat, spinazie) en afmetingen te koop.

INKTVISINKT

Pijlinktvissen en octopussen gebruiken inkt om aan hun belagers te ontkomen. Ze spuiten een wolk inkt in het water die ongeveer even groot is als zijzelf. Vervolgens gaan ze er pijlsnel vandoor, hun belagers in verwarring achterlatend. De inkt van deze dieren wordt tegenwoordig wel als kleurstof voor pasta gebruikt. Sepia, het pigment dat uit de inktzakjes wordt gewonnen, werd echter al in het oude Rome gebruikt als penneninkt.

LINKS: Farfalle met tonijn, champignons en room

FRITTATA VAN ZALM EN PASTA

Voorbereidingstijd: 25 minuten
Kooktijd: 35–40 minuten
Voor 6 personen

☆

150 g spaghettini (zie Tip)
300 g diepvriestuinbonen
415 g rode zalm uit blik, uitgelekt
30 g boter
1 prei, alleen het wit, in dunne plakjes
6 eieren, losgeklopt
125 ml room
185 ml melk

1 Kook de pasta in ruim water beetgaar en laat hem uitlekken. Doe de tuinbonen in een grote kom, giet er kokend water overheen en laat ze 10 minuten staan. Giet ze af en verwijder het buitenste velletje. Verwijder alle graatjes en het vel van de zalm en maak de zalm een beetje los.
2 Smelt de boter in een pan en laat de prei hierin op een matig vuur zacht, maar niet bruin worden; blijf roeren. Meng de pasta, tuinbonen, prei, zalm, eieren, room en melk in een grote kom door elkaar. Breng het geheel op smaak met zout en grof gemalen zwarte peper.
3 Giet het mengsel in een licht ingevette, voorverhitte koekenpan met een doorsnee van 25 cm. Dek de pan af met folie of een deksel en laat het mengsel 25 minuten op een laag vuur bakken, totdat de massa bijna gestold is.
4 Zet de grill intussen hoog. Pak het handvat van de koekenpan in met folie om het tegen de hitte te beschermen. Zet de pan zonder deksel in de grill, totdat de massa helemaal gestold is. Haal de pan eruit en laat hem 5 minuten staan. Duw de frittata voorzichtig los van de rand. Doe een deksel op de pan, keer de pan om en laat de frittata op een schaal glijden; u kunt hem ook meteen in de pan in punten snijden. Dien de frittata op met een groene bladsalade.
TIPS: Spaghettini is een dunne soort spaghetti.
U kunt ook roze zalm of tonijn uit blik gebruiken voor dit recept. Neem tonijn van een goede kwaliteit die niet te droog is.

ZALM-CITROENCANNELLONI

Voorbereidingstijd: 25 minuten
Kooktijd: 40 minuten
Voor 4–6 personen

☆

Vulling

415 g roze zalm uit blik
250 g ricotta
1 el citroensap
1 eidooier, losgeklopt
2 el ui, fijngehakt

Saus

125 g boter
85 g bloem
685 ml melk
1 tl fijngeraspte citroenschil
1/4 tl gemalen nootmuskaat

16 cannelloni
1–2 el gehakte verse dille, als garnering

1 Laat de zalm uitlekken; vang het vocht op en bewaar het voor de saus. Verwijder het vel en de graatjes. Maak de zalm los en meng de ricotta, het citroensap, de eidooier en de ui erdoor. Voeg naar smaak peper en zout toe.
2 Maak de saus: smelt de boter op een laag vuur in een pannetje. Roer de bloem erdoor en laat de lichte roux 1 minuut garen, totdat hij schuimt. Neem de pan van het vuur en roer de melk er geleidelijk door. Zet de pan weer op het vuur en roer totdat de saus kookt en dik wordt. Zet het vuur laag en laat de saus nog 2 minuten pruttelen. Voeg het zalmvocht, de citroenschil, nootmuskaat en naar smaak zout en peper toe. Laat de saus afkoelen.
3 Verhit de oven voor tot matig warm (180°C, stand 4). Vul de cannelloni met behulp van een lepeltje of spuitzak. Smeer een derde van de saus uit over de bodem van een ondiepe ovenschaal. Leg de cannelloni naast elkaar in de schaal. Giet de rest van de saus erover; zorg dat de pasta helemaal bedekt is. Bak de cannelloni ongeveer 30 minuten in de oven, totdat de saus pruttelt. Dien ze op met de dille eroverheen gestrooid.

ZALM
Zalmen zijn anadroom, wat inhoudt dat ze vanuit hun zoute habitat, de zee, de rivier opzwemmen om in zoet water kuit te schieten. Er schuilt iets heldhaftigs in de befaamde Schotse zalm, die zich in de met rotsen bezaaide rivieren stroomopwaarts vecht. De Noord-Amerikaanse indianen koesterden een bijgelovig respect voor de zalm. Bepaalde leden van de stam mochten de vis niet eten, om te voorkomen dat de geest in woede zou ontsteken en hun rivieren zou verlaten.

LINKERBLADZIJDE: Frittata van zalm en pasta (boven), zalm-citroencannelloni

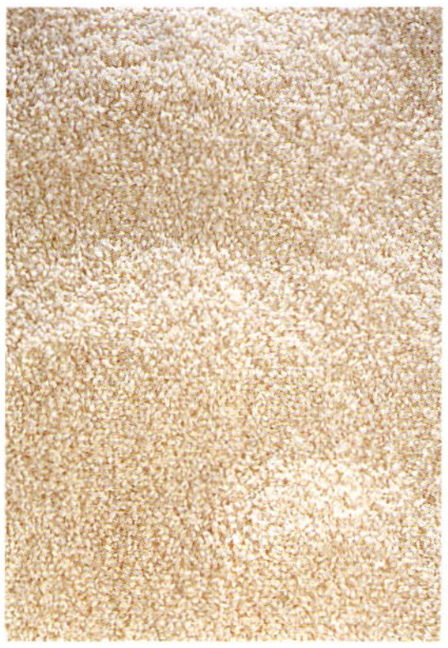

ARBORIORIJST

Dit is de beste rijst voor risotto, omdat de korrels veel vocht kunnen opnemen zonder papperig te worden. Gare arboriorijst heeft een romige textuur. De korrel is middelgroot, dik en doorschijnend aan de buitenkant. De kern is wit en hard.

SAFFRAANRISOTTO MET GARNALEN

Voorbereidingstijd: 20 minuten
Kooktijd: 40 minuten
Voor 4 personen

☆☆

1/4 tl saffraandraadjes
500 g rauwe middelgrote garnalen
60 ml olijfolie
2 teentjes knoflook, uit de knijper
3 el gehakte verse peterselie
60 ml droge sherry
60 ml witte wijn
1,5 l visbouillon
1 ui, gesnipperd
440 g arboriorijst

1 Laat de saffraan in 3 el heet water weken. Pel de garnalen, behalve het staartje. Trek het darmpje er voorzichtig uit; begin bij de kop.

2 Verhit de helft van de olijfolie in een middelgrote pan. Voeg de knoflook, peterselie, garnalen en naar smaak wat peper en zout toe. Laat de garnalen 2 minuten bakken en voeg de sherry, wijn en saffraandraadjes met het weekwater toe. Haal de garnalen met een schuimspaan uit de pan en laat het vocht zachtjes tot de helft inkoken. Giet de visbouillon erbij en 250 ml water, dek de pan af en laat alles sudderen.

3 Verhit de rest van de olie in een grote pan met een dikke bodem. Bak de ui 3 minuten, tot hij goudbruin is. Voeg de rijst toe en blijf 3 minuten roeren op een matig vuur.

4 Zorg dat de bouillon blijft pruttelen. Giet 125 ml van de hete bouillon bij de rijst; blijf op een laag vuur roeren met een houten pollepel, totdat de rijst alle bouillon heeft opgenomen. Herhaal dit met steeds 125 ml bouillon, totdat alle bouillon verwerkt en de rijst gaar en romig is; dit duurt 25–30 minuten. Doe de garnalen erbij en blijf roeren, tot ze goed doorgewarmd zijn. Maak de risotto af met zout en gekneusde zwarte peperkorrels en dien hem meteen op.

RECHTS: Saffraanrisotto met garnalen

FUSILLI MET TONIJN, KAPPERTJES EN PETERSELIE

Voorbereidingstijd: 15 minuten
Kooktijd: 10 minuten
Voor 4 personen

★

425 g tonijn uit blik, uitgelekt
2 el olijfolie
2 teentjes knoflook, fijngesneden
2 kleine rode Spaanse pepers, fijngesneden
3 el kappertjes uit glas, uitgelekt
30 g gehakte verse peterselie
60 ml citroensap
375 g fusilli
125 ml hete kipbouillon

1 Doe de tonijn in een kom en werkt hem los met een vork. Meng de olie, knoflook, Spaanse peper, kappertjes, peterselie en het citroensap in een kommetje door elkaar. Schep de saus voorzichtig door de tonijn. Breng op smaak met veel zout en versgemalen zwarte peper.

2 Kook de pasta intussen in ruim kokend water met zout in 10 minuten beetgaar. Giet het water af. Schep het tonijnmengsel door de pasta en giet er voldoende bouillon bij om de pasta smeuïg te maken. Dien meteen op.

GEROOKTE ZALM MET FETTUCINE

Kook 500 g droge fettucine in ruim kokend water beetgaar. Giet het water af. Smelt 30 g boter in een pannetje, doe er 1 in dunne ringen gesneden prei bij en laat deze op een laag vuur al roerend zacht, maar niet bruin worden. Voeg al roerend 300 g zure room, 125 ml kipbouillon en 300 g in reepjes gesneden gerookte zalm toe. Blijf roeren tot alles doorgewarmd is; het mengsel mag niet gaan koken. Roer alles door de hete pasta met gehakte verse dille en bieslook (elk 1–2 el). Maak af met zout en gekneusde zwarte peperkorrels. Voor 4 personen.

BOVEN: Fusilli met tonijn, kappertjes en peterselie

BOVEN:
Spaghetti marinara

SPAGHETTI MARINARA

Voorbereidingstijd: 40 minuten
Kooktijd: 50 minuten
Voor 6 personen
☆☆

Tomatensaus
2 el olijfolie
1 ui, fijngesnipperd
1 wortel, in plakjes
2 teentjes knoflook, uit de knijper
425 g tomaten uit blik
125 ml witte wijn
1 tl suiker

20 mosselen
200 g rauwe middelgrote garnalen
60 ml witte wijn
60 ml visbouillon
1 teentje knoflook, uit de knijper
375 g spaghetti
30 g boter
125 g inktvisringen
125 g visfilet zonder vel (bijv. grouper, marlijn), in dobbelsteentjes
10 g verse gehakte peterselie
200 g venusschelpen (vongole) uit blik, uitgelekt

1 Maak de tomatensaus: verhit de olijfolie in een pan en doe de ui en wortel erbij. Laat ze al roerend op een matig vuur in 10 minuten lichtbruin worden. Voeg de knoflook, tomaat, witte wijn en suiker toe, breng het mengsel aan de kook, zet het vuur laag en laat alles 30 minuten sudderen; roer af en toe even.
2 Borstel de mosselen schoon en verwijder de baarden. Gooi beschadigde of geopende schelpen die zich niet goed sluiten als u de helften licht op elkaar drukt weg. Spoel ze goed af.
3 Pel de garnalen. Trek het donkere darmpje er voorzichtig uit; begin bij de kop.
4 Verhit de wijn met de bouillon en knoflook in een grote pan. Doe de mosselen erbij, doe het deksel op de pan en kook de mosselen in 4–5 minuten op een hoog vuur gaar; schud ze af en toe om. Begin na 3 minuten de eerste geopende mosselen eruit te halen. Verwijder na 5 minuten alle ongeopende mosselen en gooi ze weg. Bewaar het kookvocht.
5 Kook de spaghetti in ruim water met zout beetgaar. Giet af en houd warm.
6 Smelt intussen de boter in een koekenpan, voeg de inktvisringen, visfilet en garnalen in porties toe en roerbak alles in 2 minuten net gaar. Neem de pan van het vuur. Roer het kookvocht van de mosselen, de mosselen zelf, de inktvisringen, visfilet, garnalen, peterselie en venusschelpen door de tomatensaus; blijf roeren totdat alles goed doorgewarmd is. Schep de saus voorzichtig door de pasta. Dien meteen op.

SINGAPORE-NOEDELS

Voorbereidingstijd: 35 minuten
Kooktijd: 15 minuten
Voor 2–4 personen

☆

300 g rijstvermicelli
300 g rauwe middelgrote garnalen
2 el olie
2 teentjes knoflook, fijngesneden
350 g varkensfricandeau, in reepjes
1 grote ui, in dunne partjes
1–2 el Aziatisch currypoeder (zie Tip)
150 g sperziebonen, in korte stukjes
1 grote wortel, in plakjes
1 tl suiker
1 tl zout
1 el sojasaus
200 g taugé
1 lente-uitje, julienne, als garnering

1 Laat de rijstvermicelli 5 minuten in kokend heet water staan, tot hij zacht is. Laat uitlekken en snijd in korte stukken.
2 Pel de garnalen. Trek het donkere darmpje er voorzichtig uit; begin bij de kop.
3 Verhit de helft van de olie op een hoog vuur in een wok en doe er de knoflook, fricandeau en garnalen in porties bij. Roerbak het mengsel 2 minuten, totdat alles net gaar is. Haal het uit de wok en houd het apart.
4 Zet het vuur matig heet. Doe de rest van de olie in de pan en roerbak de ui en het currypoeder hierin 2–3 minuten. Voeg de sperziebonen, wortel, suiker en zout toe, sprenkel er wat water overheen en roerbak alles 2 minuten.
5 Schep de rijstvermicelli en sojasaus erdoor. Voeg de taugé, garnalen, fricandeau en naar smaak peper en zout toe. Schep alles goed door elkaar en garneer de noedels met het lente-uitje.
TIP: In de meeste toko's zijn allerlei soorten Aziatisch currypoeder te koop. Elk mengsel is afgestemd op het vlees, de kip of de vis en zeevruchten waarvoor het wordt gebruikt. Hier is viscurrypoeder gebruikt. Gewone kerrie uit de supermarkt is niet geschikt voor dit recept.

RIJSTVERMICELLI
Rijstvermicelli wordt vers verwerkt in de keuken van de rijstprovincies van Zuid-China; elders is hij in gedroogde vorm te koop. De noedels moeten even in kokend heet water staan om zacht te worden en kunnen daarna worden verwerkt. Niet-geweekte rijstvermicelli wordt ook wel gefrituurd; zo krijgt u knapperige noedels.

LINKS: Singapore-noedels

SPAGHETTI EN MOSSELEN IN EEN SAUS VAN TOMATEN EN VERSE KRUIDEN

Voorbereidingstijd: 15 minuten
Kooktijd: 30 minuten
Voor 4 personen

☆

1,5 kg mosselen
2 el olijfolie
1 ui, in dunne plakjes
2 teentjes knoflook, uit de knijper
425 g tomaten uit blik
250 ml witte wijn
1 el gehakt vers basilicum
2 el gehakte verse peterselie
500 g spaghetti

1 Borstel de mosselen schoon en verwijder de baarden. Gooi beschadigde of geopende schelpen die zich niet goed sluiten als u de helften licht op elkaar drukt weg. Spoel ze goed af en zet ze in de koelkast.
2 Verhit de olie in een grote pan en laat de ui en knoflook hierin op een laag vuur in 5 minuten al roerend zacht worden. Voeg de tomaten, wijn en naar smaak peper en zout toe. Breng het mengsel aan de kook, draai de vlam laag en laat alles 15–20 minuten sudderen, totdat de saus dikker wordt.
3 Doe de mosselen erbij, doe het deksel op de pan en kook de mosselen in 4–5 minuten gaar; schud ze af en toe om. Verwijder ongeopende mosselen. Roer het basilicum en de peterselie erdoor. Kook de spaghetti intussen in ruim water beetgaar. Giet af en dien meteen op met de mosselen en saus op de pasta.

SPAGHETTI ALLE VONGOLE

Voorbereidingstijd: 30 minuten
Kooktijd: 30 minuten
Voor 4–6 personen

☆

750 g vongole (venusschelpen)
2 el olijfolie
125 ml witte wijn
1 ui, fijngesnipperd
1–2 teentjes knoflook, fijngesneden
2 courgettes, fijngesneden

RECHTS: Spaghetti en mosselen in een saus van tomaten en verse kruiden

8 rijpe tomaten, ontveld, fijngesneden
2 el tomatenpuree
1 tl basterdsuiker
500 g spaghetti
4 el gehakte verse bladpeterselie

1 Borstel de venusschelpen goed schoon. Gooi beschadigde of geopende schelpen weg. Laat de schelpen 5 minuten in koud water staan om het laatste zand kwijt te raken. Verhit de helft van de olie in een grote pan met een dikke bodem. Doe de schelpen, witte wijn en 125 ml water erbij. Doe het deksel op de pan en kook de schelpen in 3–4 minuten gaar; schud ze af en toe om. Leg ze op een bord en verwijder ongeopende exemplaren. Zeef het kookvocht en bewaar het.
2 Verhit de rest van de olie in dezelfde pan. Bak de ui, knoflook en courgettes hier 3–4 minuten in, totdat de ui zacht is. Voeg de tomaten, puree, suiker en het kookvocht van de schelpen toe. Kook de saus 20 minuten, totdat hij dikker wordt. Maak af met peper en zout.
3 Haal tweederde van de venusschelpen uit de schelp. Gooi de lege schelpen weg.
4 Kook de spaghetti intussen in ruim kokend water beetgaar. Giet de pasta goed af.
5 Doe alle venusschelpen, met en zonder schelp, in de saus en laat ze 2 minuten doorwarmen. Schep de saus door de spaghetti. Strooi er verse peterselie over en dien meteen op.

GEROOKTE ZALM MET PASTA

Voorbereidingstijd: 10 minuten
Kooktijd: 10 minuten
Voor 4 personen

☆

1 el olijfolie
1 teentje knoflook, uit de knijper
375 ml room
3 el gehakte verse bieslook
1/4 tl mosterdpoeder
200 g gerookte zalm, in reepjes
2 tl citroensap
500 g fettucine
3 el zongedroogde tomaten, in stukjes gesneden
2 el gemalen Parmezaanse kaas, als garnering

1 Verhit de olie in een pan en laat de knoflook even bakken op een laag vuur. Voeg de room, bieslook, mosterdpoeder en naar smaak peper en zout toe. Breng de saus aan de kook, zet het vuur laag en blijf roeren tot de saus dikker wordt.
2 Roer de zalm en het citroensap erdoor en laat ze meewarmen. Kook de fettucine intussen in ruim water beetgaar. Giet ze af. Schep de saus door de pasta. Dien op met de tomaten, Parmezaanse kaas en extra bieslook erover.
TIP: U kunt ook gerookte forel gebruiken.

BOVEN: Gerookte zalm met pasta

CANNELLONI MET VIS

Snijd de visfilet en de zeevruchten in stukjes die in de cannelloni passen.

Laat de vis en zeevruchten uitlekken; vang het kookvocht op.

Schep het vismengsel met behulp van een theelepeltje in de cannelloni.

RECHTERBLADZIJDE:
Cannelloni met vis

CANNELLONI MET VIS

Voorbereidingstijd: 30 minuten
Kooktijd: 55 minuten
Voor 6 personen

☆☆

1 ui, in plakjes
1 wortel, in plakjes
1 stengel bleekselderij, gehalveerd
1 bouquet garni
250 ml witte wijn
4 zwarte peperkorrels
300 g sint-jakobsschelpen
500 g rauwe middelgrote garnalen
300 g visfilet zonder vel (bijv. platkopharder, haai, heek, leng, kabeljauw), kleingesneden
60 g boter
1 ui, fijngesnipperd
200 g kleine champignons, fijngesneden
2 x 400 g tomaten uit blik, fijngesneden
2 el gehakte verse peterselie
2 el gehakt vers basilicum
2 el room
15 cannelloni
125 g gemalen Cheddar

Bechamelsaus

60 g boter
2 el bloem
750 ml melk

1 Verwarm de oven voor op 180°C (gasstand 4). Breng 500 ml water met de ui, wortel, bleekselderij en het bouquet garni aan de kook. Zet het vuur laag en laat alles 15 minuten pruttelen. Voeg de wijn en peperkorrels toe; laat nog eens 15 minuten pruttelen. Giet de bouillon door een zeef en gooi de groente weg.
2 Verwijder darmpjes, vliezen of harde witte spiertjes van de sint-jakobsschelpen, maar laat eventueel kuit zitten. Pel de garnalen. Trek het darmpje er voorzichtig uit; begin bij de kop. Snijd de vis en zeevruchten zo klein dat de stukjes in de cannelloni passen.
3 Giet de bouillon in een schone pan en breng hem aan de kook. Voeg de vis en zeevruchten toe. Zet het vuur laag en laat 3 minuten sudderen, totdat alles gaar is. Giet de bouillon door een zeef en vang het vocht op.
4 Smelt de boter in een grote koekenpan en bak de ui hierin op een matig vuur goudbruin. Doe de champignons erbij en bak ze gaar. Voeg 60 ml bouillon, de tomaten en kruiden toe; breng alles aan de kook. Zet het vuur laag, laat de saus 30 minuten pruttelen, tot hij iets dikker wordt. Roer er de vis, zeevruchten, room en naar smaak peper en zout doorheen.
5 Smelt de boter voor de bechamelsaus in een pan, voeg de bloem toe en roer 1 minuut, tot de lichte roux schuimt. Neem de pan van het vuur en roer de melk er geleidelijk doorheen. Zet de pan weer op het vuur en blijf roeren, totdat de saus kookt en dik wordt.
6 Schep de vis en zeevruchten in de cannelloni en leg deze in een ingevette ovenschaal (3 liter). Giet de saus erover. Cheddar erover. Bak de cannelloni in 40 minuten in de oven gaar.

GEBAKKEN RIJST

Voorbereidingstijd: 15 minuten
Kooktijd: 10 minuten
Voor 4 personen

☆

250 g gekookte klein garnalen
2 eieren, losgeklopt
2 el olie
1 ui, in partjes gesneden
250 g achterham, in dunne reepjes
740 g koude gekookte rijst
40 g diepvrieserwten
2 el sojasaus
4 lente-uitjes, in diagonale stukjes gesneden

1 Pel de garnalen. Trek het darmpje eruit; begin bij de kop. Klop de eieren los met peper en zout.
2 Verhit 1 el van de olie in een wok of grote koekenpan en giet het ei erbij. Zodra er wat ei gestold is, schuift u het naar het midden van de pan. Laat het ongestolde ei naar de randen stromen. Wanneer het ei vrijwel gestold is, snijdt u het in grove stukken en legt het op een bord.
3 Verhit de rest van de olie in de wok. Draai de pan rond, zodat ook de randen vet worden. Roerbak de ui op een hoog vuur tot hij glazig wordt. Roerbak de ham 1 minuut mee. Voeg de rijst en erwten toe en roerbak alles 3 minuten, tot de rijst is doorgewarmd. Voeg de eieren, sojasaus, het lente-uitje en de garnalen toe. Roerbak tot alles goed warm is. Dien op.
TIPS: Kook 275 rauwe rijst een dag van tevoren. Giet af, dek af en zet in de koelkast.

U kunt ook gebarbecued varkensvlees, Chinese worstjes of bacon gebruiken in plaats van ham.

MOSSELEN
De smakelijke mossel wordt wel de 'oester van de armen' genoemd. Mosselen hechten zich met de taaie, bruine vezels die de 'baard' vormen aan zandbanken, rotsen of, als ze gekweekt worden, ook wel aan touw. Gekweekte exemplaren zijn in 1,5–2 jaar volwassen. Verwerk mosselen meteen nadat u ze hebt gekocht of bewaar ze op een zeer koele plek in wat water, afgedekt met vochtige jute. U kunt de zak ook in een krant wikkelen en in de koelkast zetten. Controleer mosselen voordat u ze gaat koken. Gooi beschadigde schelpen weg. Druk geopende schelpen voorzichtig dicht; als ze niet gesloten blijven, is de mossel dood en moet u hem weggooien. Na het koken (zo'n 3–5 minuten) moeten de schelpen openstaan. Gooi dichte exemplaren weg.

BOVEN: Paella

PAELLA

Voorbereidingstijd: 30 minuten
Kooktijd: 45 minuten
Voor 4 personen

☆☆

12 rauwe middelgrote garnalen
12–16 mosselen
125 ml witte wijn
1 kleine rode ui, gesnipperd
125 ml olijfolie
1 kleine kipfilet, in dobbelsteentjes
100 g inktvisringen
100 g filet van witte vis (bijv. kabeljauw, leng, goudmakreel, zeeduivel), zonder vel, in dobbelsteentjes
1/2 kleine rode ui, extra, fijngesnipperd
1 dikke plak bacon, fijngesneden
4 teentjes knoflook, uit de knijper
1 kleine rode paprika, fijngesneden
1 rijpe tomaat, gepeld en fijngehakt
90 g chorizo of pepperoni, in dunne plakjes
1 mespunt cayennepeper
200 g langkorrelige rijst
1/4 tl saffraandraadjes
500 ml kipbouillon, warm
80 g verse of diepvrieserwten
2 el fijngehakte verse peterselie

1 Pel de garnalen. Trek het donkere darmpje er voorzichtig uit; begin bij de kop.
2 Borstel de mosselen schoon en verwijder de baarden. Gooi beschadigde of geopende schelpen die zich niet goed sluiten als u de helften licht op elkaar drukt weg.
3 Verwarm de wijn met de ui in een grote pan. Doe de mosselen erbij, doe het deksel op de pan en kook ze in 4–5 minuten op een hoog vuur gaar; schud ze af en toe om. Begin na 3 minuten de eerste geopende mosselen eruit te halen. Verwijder na 5 minuten alle ongeopende mosselen en gooi ze weg. Bewaar het kookvocht.
4 Verhit de helft van de olie in een grote koekenpan. Dep de kipstukjes droog en bak ze in 5 minuten goudbruin. Neem ze uit de pan. Doe de garnalen, inktvisringen en visstukjes in de pan en bak ze 1 minuut. Neem ze uit de pan.

5 Verhit de rest van de olie in de pan en bak de halve ui, bacon, knoflook en Spaanse peper hier 5 minuten in, tot de ui zacht is. Voeg de tomaat, chorizo, cayennepeper en naar smaak peper en zout toe. Giet het kookvocht van de mosselen erbij en roer vervolgens de rijst er goed door.
6 Week de saffraan in 125 ml bouillon en giet deze dan met de rest van de bouillon bij de rijst. Roer goed. Breng de rijst langzaam aan de kook. Zet het vuur laag en laat de rijst 15 minuten zonder deksel op de pan sudderen; roer niet.
7 Leg de erwten, kip, garnalen, inktvisringen en vis boven op de rijst. Duw de stukjes voorzichtig met een pollepel in de rijst, doe het deksel op de pan en laat alles nog 10–15 minuten op een laag vuur koken, totdat de rijst zacht is en de vis en zeevruchten gaar zijn. Als de rijst wat hard blijft, giet u er extra bouillon bij en laat u alles nog een paar minuten koken. Dien de paella op in kommen met de mosselen bovenop. Strooi er wat peterselie overheen.

VISRISOTTO MET CITROENSAP EN KRUIDEN

Voorbereidingstijd: 20 minuten
Kooktijd: 30 minuten
Voor 4 personen

☆☆

60 g boter
400 g filet van witte vis (bijv. koolvis, kabeljauw, leng), zonder vel, in stukjes van 3 x 3 cm
1,25 l visbouillon
1 ui, fijngesnipperd
1 teentje knoflook, uit de knijper
1 tl gemalen koenjit (geelwortel)
330 g arboriorijst
2 el citroensap
1 el gehakte verse peterselie
1 el gehakt vers bieslook
1 el gehakte verse dille

1 Smelt de helft van de boter in een pan. Bak de vis hierin in porties op een matig vuur in 3 minuten net gaar. Neem de vis uit de pan.
2 Giet de visbouillon in een andere pan en breng hem aan de kook. Doe het deksel op de pan, zet het vuur laag en houd de bouillon tegen de kook aan.
3 Doe de rest van de boter in de eerste pan en bak de ui en knoflook hierin 3 minuten op een matig vuur, totdat de ui zacht is. Voeg de koenjit toe en roer 1 minuut. Roer de rijst er goed door en giet er dan al roerend 125 ml visbouillon bij. Kook de rijst op een laag vuur tot alle bouillon is opgenomen; blijf roeren. Herhaal dit met steeds 125 ml bouillon, totdat alle bouillon verwerkt is en de rijst doorzichtig, gaar en romig is.
4 Roer citroensap en peterselie, bieslook en dille door de rijst. Schep de vis er voorzichtig door. Dien de risotto op, eventueel gegarneerd met schijfjes citroen of limoen en takjes verse tuinkruiden.

TIP: De bouillon moet eerst helemaal zijn opgenomen, voordat u weer wat bij de rijst kunt gieten; dit duurt ongeveer 20 minuten. Als u geen tijd hebt om zelf visbouillon te maken, kunt u verse of diepvriesvisbouillon kopen in de supermarkt en sommige vishandels.

ONDER: Visrisotto met citroensap en kruiden

KEDGEREE

Voorbereidingstijd: 10 minuten
Kooktijd: 15 minuten
Voor 4 personen

☆

600 g gerookte kabeljauwfilet
3 schijfjes citroen
1 laurierblaadje
4 eieren, hardgekookt
60 g boter
1 kleine ui, fijngesnipperd
1–2 el milde currypasta
740 g gekookte langkorrelige rijst
1 el fijngehakte verse peterselie
170 ml room

1 Leg de kabeljauw met het laurierblaadje en de citroen in een diepe koekenpan, giet er zoveel water over dat de vis net onderstaat en laat hem 6 minuten sudderen, totdat hij gaar is. Neem de vis met een schuimspaan uit de pan, maak het vlees los met een vork en verwijder graatjes.
2 Hak 2 eieren fijn. Snijd de andere 2 eieren in partjes en gebruik deze straks als garnering.
3 Smelt de boter op een matig vuur in een koekenpan. Laat de ui hierin in 3 minuten zacht worden. Voeg de currypasta toe en laat alles nog 2 minuten bakken. Roer de rijst er voorzichtig door. Laat de rijst 2–3 minuten doorwarmen. Voeg de peterselie, vis, fijngehakte eieren en room toe. Blijf roeren tot alles doorgewarmd is.
4 Dien meteen op met toast. Geef er de eipartjes als garnering bij.

ROMIGE VISRAVIOLI

Voorbereidingstijd: 45 minuten + 30 minuten rusten
Kooktijd: 15 minuten
Voor 4 personen

☆☆☆

Pasta

250 g bloem
3 eieren
1 el olijfolie
1 extra eidooier

Vulling

100 g sint-jakobsschelpen
50 g boter, zacht

3 teentjes knoflook, fijngesneden
2 el gehakte verse bladpeterselie
100 g rauwe gepelde garnalen, fijngehakt

ONDER: Kedgeree

ROMIGE VISRAVIOLI

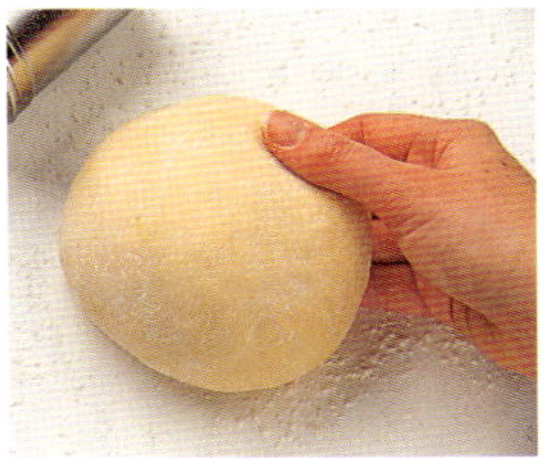

Kneed het deeg op een met bloem bestoven oppervlak tot een gladde, elastische bal.

Leg hoopjes vulling in een rijtje op één helft van een pastavel.

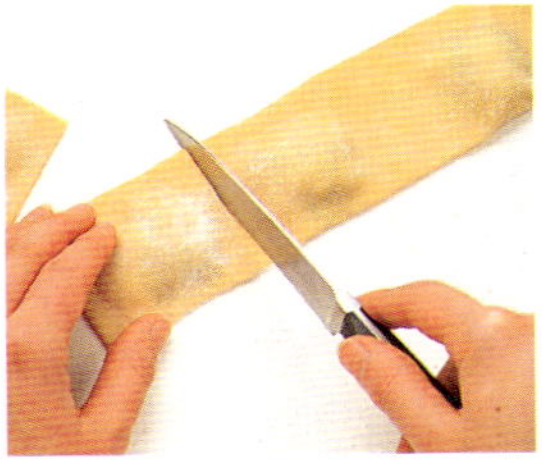

Snijd de ravioli los tussen de hoopjes vulling door.

Saus

60 g boter
30 g bloem
375 ml melk
300 ml room
125 ml witte wijn
50 g geraspte Parmezaanse kaas
2 el gehakte verse bladpeterselie

1 Zeef de bloem met een snufje zout in een kom en maak een kuiltje in het midden. Kluts de eieren met de olie en 1 el water in een andere kom. Werk de eieren geleidelijk door de bloem tot er een stevige bal deeg ontstaat. (U kunt dit ook met de keukenmachine doen.)
2 Kneed het deeg 5 minuten op een met bloem bestoven oppervlak, totdat het glad en elastisch is. Leg het in een licht ingevette kom. Dek het af met plasticfolie en laat het ten minste 30 minuten rusten.
3 Maak de vulling: verwijder darmpjes, vliezen of harde witte spiertjes van de sint-jakobsschelpen, maar laat eventueel kuit zitten. Hak het vlees fijn. Roer de boter, knoflook, peterselie, sint-jakobsschelpen en garnalen in een kom door elkaar.
4 Rol telkens een kwart van het pastadeeg uit op een met bloem bestoven oppervlak of gebruik een pastamaker. Elk vel moet zeer dun zijn en ongeveer 10 x 10 cm meten. Leg telkens hoopjes vulling (steeds 1 tl) 5 cm van elkaar in een rij op één helft van een pastavel. Klop de extra eidooier los met 3 el water. Bestrijk de randen van het halve pastavel en de ruimte tussen de hoopjes met de eidooier. Vouw de andere helft van het pastavel over de hoopjes en druk de randen goed aan.
5 Snijd de pasta tussen de hoopjes door in vierkantjes met behulp van een mes of pastawieltje. Kook de ravioli in porties in ruim water in 6 minuten gaar. Laat ze goed uitlekken in een vergiet en doe ze weer terug in de pan. Houd de ravioli warm.
6 Smelt de boter voor de saus op een laag vuur. Roer de bloem erdoor en laat de lichte roux 1 minuut koken, totdat hij schuimt. Haal de pan van het vuur en roer de melk, room en witte wijn er geleidelijk door. Zet de pan weer op het vuur en blijf roeren, tot de saus kookt en dik wordt. Zet het vuur laag en laat de saus nog 2 minuten pruttelen. Roer de Parmezaanse kaas en peterselie erdoor. Maak af met peper en zout. Schep de saus door de ravioli.

***BOVEN:** Romige visravioli*

TAGLIATELLE MET GARNALEN EN ROOM

Voorbereidingstijd: 30 minuten
Kooktijd: 20 minuten
Voor 4 personen

✯✯

500 g rauwe middelgrote garnalen
500 g verse tagliatelle
60 g boter
6 lente-uitjes, fijngesnipperd
60 ml cognac
315 ml dikke room (koksroom)
1 el gehakte verse tijm
15 g fijngehakte verse bladpeterselie
geraspte Parmezaanse kaas, als garnering

1 Pel de garnalen, behalve het staartje. Trek het darmpje er voorzichtig uit; begin bij de kop.
2 Kook de pasta in ruim kokend water beetgaar. Laat de pasta goed uitlekken.
3 Smelt intussen de boter in een grote pan met een dikke bodem en laat de lente-uitjes hierin al roerend smoren. Roer de garnalen er 2 minuten door, totdat ze beginnen te verkleuren. Neem de garnalen uit de pan en houd ze apart.
4 Giet de cognac in de pan en laat deze in 2 minuten tot de helft inkoken. Roer de room erdoor en dan de tijm en de helft van de peterselie. Maal er zwarte peper overheen. Laat de saus 5 minuten pruttelen, totdat hij dik wordt. Doe de garnalen erbij en laat ze 2 minuten meekoken. Maak af met peper en zout.
5 Schep de saus door de pasta. U kunt de saus eventueel een beetje verdunnen met heet water of hete melk. Strooi de rest van de peterselie en de Parmezaanse kaas erover.
TIP: In plaats van cognac kunt u ook sherry of witte wijn gebruiken.

SPAGHETTI-VISPAKKETJES

Voorbereidingstijd: 20 minuten
Kooktijd: 35 minuten
Voor 6 pakketjes

✯✯

185 g dunne spaghetti
4 rijpe Roma-tomaten
1 el olijfolie
4 lente-uitjes, fijngesnipperd
1 stengel bleekselderij, fijngesneden
80 ml witte wijn
125 ml tomatensaus
4 augurken, in kleine dobbelsteentjes
2 el kappertjes uit glas, uitgelekt, fijngehakt
6 zalm- of zeeforelfilets van elk 175 g, zonder vel of graten
6 grote takken dille
de schil van 2 citroenen, dun julienne
30 g boter, in stukjes gesneden

1 Verwarm de oven voor op 180°C (gasstand 4). Kook de pasta in ruim water beetgaar. Spoel de pasta in een vergiet onder de koude kraan af, laat hem uitlekken en doe hem daarna in een kom.
2 Kruis de tomaten aan de onderkant in. Leg ze 30 seconden in kokend water in een hittebestendige kom, dompel ze in koud water en laat ze uitlekken. Ontvel ze, schep de zaadlijsten eruit en snijd het vlees fijn.
3 Verhit de olie in een koekenpan en laat de lente-uitjes en bleekselderij hierin al roerend smoren. Voeg de tomaten en wijn toe, breng het mengsel aan de kook en laat het 3 minuten inkoken. Zet het vuur laag en roer de tomatensaus, augurken en kappertjes erdoor. Maak af met flink wat zout en peper. Roer de saus goed door de pasta.
4 Knip 6 vellen bakpapier van 30 x 30 cm af (de vis moet er goed in passen) en bestrijk de randen met olie. Verdeel de pasta over de vellen; gebruik een vork om de pasta op te rollen. Leg er een zalmfilet op en strooi er dille en citroenschilletjes overheen. Verdeel de boter over de pakketjes.
5 Vouw de pakketjes dicht; vouw de bovenrand dubbel om. Stop de uiteinden onder de pakjes weg en bak de vis 20 minuten op een bakplaat in de oven. Dien ze op in de opengevouwen pakketjes of laat de vis uit het papier op een bord glijden.
TIP: U kunt de pakketjes een paar uur van tevoren maken en in de koelkast wegzetten. Laat ze in dat geval een paar minuten langer in de oven bakken.

SPAGHETTI-VISPAKKETJES

Leg op elke zalmfilet een takje dille, citroenschilletjes en een klontje boter.

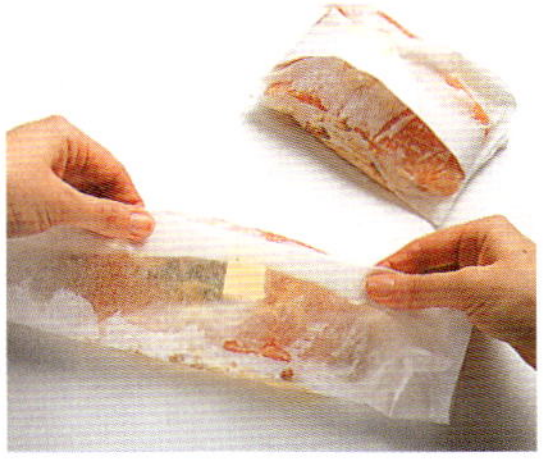
Vouw elk pakketje aan de bovenkant tweemaal dicht en stop de uiteinden weg onder het pakketje.

LINKERBLADZIJDE: Tagliatelle met garnalen en room (boven), spaghetti-vispakketjes

JAMBALAYA
Deze creoolse rijstschotel lijkt erg op Spaanse paella. Hij wordt bereid met kip, worst, ham, garnalen en andere schaaldieren. Van oudsher gaat er ook een flinke scheut hete pepersaus, tabasco, door.

BOVEN: Garnalenjambalaya

GARNALENJAMBALAYA

Voorbereidingstijd: 20 minuten
Kooktijd: 1 uur en 10 minuten
Voor 6 personen

☆☆

1 kg rauwe grote garnalen
1 kleine ui, gesnipperd
2 stengels bleekselderij, gesneden
250 ml droge witte wijn
60 ml plantaardige olie
200 g chorizo of een ander pittig worstje, in stukjes gesneden
1 extra ui, gesnipperd
1 rode paprika, in stukjes gesneden
425 g tomaten uit blik
1/2 tl cayennepeper
1/2 tl gekneusde zwarte peperkorrels
1/4 tl gedroogde tijm
1/4 tl gedroogde oregano
400 g langkorrelige rijst

1 Pel de garnalen. Trek het donkere darmpje eruit; begin bij de kop. Bewaar de schillen. Zet de garnalen in de koelkast. Doe de koppen, schillen en staarten in een pan, samen met de kleine ui, 1 fijngesneden stengel bleekselderij, de wijn en 1 l water. Breng aan de kook, zet het vuur laag en laat alles 20 minuten trekken. Giet de bouillon daarna door een zeef.

2 Verhit de olie in een grote pan met een dikke bodem en bak de worst hierin in 5 minuten bruin. Haal met een schuimspaan uit de pan.

3 Doe de extra ui, de paprika en de rest van de bleekselderij in de pan en bak ze 5 minuten; roer af en toe. Voeg de tomaten, cayennepeper, zwarte peper en gedroogde kruiden toe en breng alles aan de kook. Zet het vuur laag, doe het deksel op de pan en laat alles 10 minuten smoren.

4 Voeg de worst, rijst en garnalenbouillon toe. Breng het rijstmengsel aan de kook, doe het deksel op de pan en laat de jambalaya 25 minuten koken, totdat bijna al het vocht is opgenomen en de rijst gaar is.

5 Roer de garnalen voorzichtig door de rijst. Doe het deksel op de pan en laat alles nog eens 5 minuten koken. Dien meteen op.

KNAPPERIG GEFRITUURDE NOEDELS MET GARNALEN

Voorbereidingstijd: 30 minuten + 20 minuten drogen
Kooktijd: 15 minuten
Voor 4 personen

☆☆

100 g gedroogde rijstvermicelli
olie, om te frituren
100 g tofu (tahoe), in reepjes
2 teentjes knoflook, fijngesneden
1 stuk verse gember van 4 cm, fijngeraspt
150 g kip- of varkensgehakt, of een combinatie hiervan
100 g rauwe gepelde garnalen, grof gesneden
2 el vissaus
1 el witte azijn
2 el bruine suiker
2 el chilisaus
1 tl fijngesneden Spaanse peper
2 teentjes ingemaakte knoflook, fijngesneden
40 g vers Chinees bieslook, gehakt
30 g verse korianderblaadjes

1 Laat de rijstvermicelli 1 minuut weken in een hittebestendige kom met kokend heet water. Giet de noedels af en laat ze drogen op verfrommeld keukenpapier; dit duurt ongeveer 20 minuten.
2 Verhit in een wok of koekenpan met een dikke bodem 2,5 cm olie tot 180°C; als u er een stukje brood ingooit en dit in 15 seconden bruin wordt, is de olie heet genoeg. Bak de tofu in 2 porties in 1 minuut knapperig en goudbruin. Vis de reepjes met een frituurtang uit de olie en laat ze uitlekken op verfrommeld keukenpapier.
3 Frituur de droge noedels in porties in ongeveer 10 seconden knapperig en bros – niet langer, anders nemen ze te veel olie op. Laat uitlekken op verfrommeld keukenpapier en afkoelen.
4 Giet voorzichtig bijna alle olie uit de wok; er moet 1 el achterblijven. Zet het vuur hoog. Roerbak de knoflook, de gember, het kip- of varkensgehakt en de garnalen 3 minuten. Voeg de vissaus, azijn, suiker, chilisaus en Spaanse peper toe en blijf roeren totdat het mengsel kookt.
5 Doe de noedels en tofu vlak voor het opdienen in de wok; roer goed. Voeg de ingemaakte knoflook, het Chinese bieslook en de koriander toe en schep alles goed door elkaar. Dien meteen op, anders worden de noedels slap.
TIP: Ingemaakte knoflook wordt gebruikt als smaakversterker, toespijs of garnering.

ONDER: Knapperig gefrituurde noedels met garnalen

BOVEN: Thaise gebakken noedels met garnalen

THAISE GEBAKKEN NOEDELS MET GARNALEN

Voorbereidingstijd: 25 minuten + 8 minuten staan
Kooktijd: 10 minuten
Voor 4 personen

☆

200 g gedroogde dikke rijstnoedels
1 el olie
2 teentjes knoflook, uit de knijper
2 verse rode Spaanse pepers, zonder zaadjes, fijngesneden
1 kipfilet, in dunne plakjes
150 g rauwe gepelde garnalen, fijngesneden
30 g gehakt vers Chinees bieslook
2 el vissaus
1 el bruine suiker
2 el citroensap
1 ei, losgeklopt
50 g gefrituurde tofu, in reepjes
3 el verse korianderblaadjes
25 g taugé
40 g geroosterde pinda's, fijngehakt
1 citroen, in partjes, als garnering

1 Laat de noedels 5–8 minuten weken in een hittebestendige kom met kokend heet water, tot ze zacht zijn. Laat uitlekken en houd apart.
2 Zorg dat de wok zeer heet is, giet de olie erin en draai de wok rond, zodat het hele oppervlak vet wordt. Roerbak de knoflook, Spaanse peper en kip 2–3 minuten op een hoog vuur, totdat de kip bruin is.
3 Voeg de garnalen toe en bak ze 2 minuten, totdat ze roze worden. Schep de uitgelekte noedels en het Chinees bieslook door het mengsel.
4 Voeg de vissaus, bruine suiker, ei, tofu en het citroensap toe. Meng alles met een tang of twee pollepels door elkaar. Strooi de koriander, taugé en pinda's erover. Dien op met partjes citroen.
TIP: Kant-en-klare gefrituurde tofu is vaak te koop in toko's.

NASI GORENG

Voorbereidingstijd: 25 minuten
Kooktijd: 15 minuten
Voor 6 personen

☆☆

350 g rauwe middelgrote garnalen
5–8 grote rode Spaanse pepers, zonder zaadjes, gesneden
2 tl trassi (garnalenpasta)
8 teentjes knoflook, fijngesneden
4 el olie
2 eieren, losgeklopt
350 g vlees van kippenbouten, in dunne reepjes
1,5 kg koude gekookte rijst
80 ml ketjap manis
80 ml sojasaus
2 kleine Turkse komkommers, fijngesneden
1 grote rijpe tomaat, zonder zaadjes, fijngehakt
limoentjes, gehalveerd, als garnering

1 Pel de garnalen. Trek het donkere darmpje eruit; begin bij de kop.
2 Draai de Spaanse pepers, trassi en knoflook in een keukenmachine tot sambal.
3 Zorg dat de wok zeer heet is, giet er 1 el olie in en draai de wok rond, zodat het hele oppervlak vet wordt. Giet de eieren erbij; duw ze met een pannenkoekmes naar de zijkanten, zodat u een grote omelet krijgt. Bak de omelet 1 minuut op een matig vuur, totdat hij gestold is; keer om en bak nog 1 minuut. Laat de omelet uit de wok glijden en afkoelen. Snijd hem in reepjes.
4 Verhit de wok weer, doe er 1 el olie in en roerbak de kip en de helft van de sambal op een hoog vuur, totdat de kip net gaar is. Neem de kip uit de wok.
5 Verhit de wok weer, doe er 1 el olie in en roerbak de garnalen en de rest van de sambal, totdat de garnalen gaar zijn. Neem de garnalen uit de wok.
6 Verhit de wok weer, doe er 1 el olie in en bak de koude gekookte rijst hierin 4–5 minuten op een matig vuur, tot hij is doorgewarmd; schep voortdurend om. Meng de ketjap manis en sojasaus door de rijst. Voeg de kip en garnalen toe. Schep alles goed door elkaar, totdat alle ingrediënten goed zijn doorgewarmd. Maak af met flink wat grof gemalen peper en zout. Dien op in een grote, diepe schaal met de omelet, komkommer en tomaat bovenop. Geef er de limoentjes bij.

NASI GORENG

Verwijder de zaadjes uit de Spaanse pepers en hak de pepers fijn.

Draai de pepers, trassi en knoflook in een keukenmachine tot sambal.

LINKS: Nasi goreng

STOOF- & OVEN-SCHOTELS

De gulden regel voor visgerechten is: houd het kort en simpel. Maar sommige regels vragen erom gebroken te worden. Cioppino zou geen cioppino zijn als we de vis en zeevruchten niet in wijn met mediterrane kruiden mochten laten sudderen. Als het tegen de regels zou zijn om garnalen te koken in kokosmelk met geurige specerijen, zouden we nooit Thaise garnalencurry kunnen eten. En waar zou de vispastei blijven als we de vis niet in een citroen-dillesaus met aardappelpuree erover in de oven mochten bakken? Allemaal ondenkbaar!

QUICHE MET ZEEVRUCHTEN

Voorbereidingstijd: 20 minuten + 20 minuten rusten
Kooktijd: 1 uur
Voor 4–6 personen

☆

2 vellen kant-en-klaar korstdeeg (pie-deeg)
100 g sint-jakobsschelpen
30 g boter
100 g rauwe gepelde garnalen
100 g krabvlees, vers, uit blik of ingevroren
90 g gemalen Cheddar
3 eieren
1 el bloem
125 ml room
125 ml melk
1 kleine venkelknol, in dunne plakjes
1 el geraspte Parmezaanse kaas

1 Vet een bakvorm met losse bodem van 22 cm doorsnee licht in. Leg de 2 deegvellen iets overlappend op een glad oppervlak en rol de lap uit. Doe het deeg in de vorm, druk de bodem en randen aan en snijd wat boven de rand uitsteekt af. Laat het deeg 20 minuten rusten in de koelkast.
2 Verwijder darmpjes, vliezen of harde witte spiertjes van de sint-jakobsschelpen, maar laat eventueel kuit zitten. Verwarm de oven voor op 190°C (gasstand 5).
3 Dek het deeg af met bakpapier, vul de vorm met rauwe rijst of bonen en zet hem 10 minuten in de oven. Verwijder de nepvulling en het bakpapier en bak het deeg in nog eens 10 minuten goudbruin. Haal het uit de oven en laat het afkoelen. Als het korstdeeg opblaast, duw het dan zachtjes met een theedoek naar beneden.
4 Smelt de boter in een koekenpan en bak de garnalen en sint-jakobsschelpen hierin in 2–3 minuten gaar. Laat ze afkoelen en verdeel ze over het korstdeeg. Strooi de Cheddar erover.
5 Klts de eieren met de bloem, room en melk. Breng op smaak met zout en peper. Giet het mengsel over de vulling en strooi er venkel en Parmezaanse kaas over. Zet de quiche 30–35 minuten in de oven, tot het ei gestold is. Laat de quiche even afkoelen voordat u hem aansnijdt.

RECHTS: Quiche met zeevruchten

COULIBIAC

Voorbereidingstijd: 25 minuten + 30 minuten rusten
Kooktijd: 40 minuten
Voor 4–6 personen

☆☆

60 g boter
1 ui, fijngesnipperd
200 g kleine champignons, in plakjes
2 el citroensap
220 g zalmfilet zonder vel, in stukjes van 2 cm
2 hardgekookte eieren, fijngehakt
2 el gehakte verse dille
2 el gehakte verse peterselie
185 g koude gekookte rijst
60 ml room
375 g diepvriesbladerdeeg, ontdooid
1 ei, losgeklopt

1 Vet een bakplaat licht in. Smelt de helft van de boter in een koekenpan. Bak de ui hierin 5 minuten op een matig vuur, totdat hij zacht, maar niet bruin is. Doe de champignons erbij en bak ze 5 minuten. Roer het citroensap erdoor en doe het mengsel in een kom.
2 Smelt de rest van de boter in een pan, bak de zalm hierin 2 minuten, doe hem in een kom en laat hem wat afkoelen. Voeg de hardgekookte eieren, dille, peterselie en naar smaak zout en peper toe. Schep alles voorzichtig door elkaar. Roer de rijst en room in een andere kom door elkaar en voeg naar smaak peper en zout toe.
3 Rol de helft van het bladerdeeg uit tot een lap van 18 x 30 cm en leg deze op de bakplaat. Verdeel de helft van het rijstmengsel erover; laat aan alle kanten een rand van 3 cm deeg zitten. Schep de zalm erover, dan de champignons en ten slotte de rest van de rijst.
4 Rol de rest van het bladerdeeg uit tot een lap van 20 x 32 cm en dek de vulling hiermee af. Duw de randen goed op elkaar en vouw ze om, zodat ze goed vastzitten. Versier de bovenkant eventueel met in vormen gesneden plakjes deeg en laat de coulibiac dan 30 minuten in de koelkast rusten. Verwarm de oven intussen voor op 210°C (gasstand 6–7). Bestrijk de coulibiac met het losgeklopte ei en zet hem 15 minuten in de oven. Zet de oven dan op 180°C (gasstand 4) en bak de coulibiac in 15–20 minuten goudbruin.
TIPS: U kunt voor dit recept ook zeeforel of rode zalm uit blik gebruiken.
U hebt 65 g ongekookte rijst nodig.

GEPOFTE AARDAPPEL MET GARNALEN EN YOGHURT

Was 4 grote aardappels, dep ze droog en prik ze in met een vork. Leg ze op een bakplaat en bestrijk ze met olie. Pof ze 1–1½ uur in een hete oven (220°C, stand 7), tot ze zacht zijn als u er met een breinaald in prikt. Verwarm intussen 300 g gekookte, gepelde kleine garnalen in een pan met een beetje olie en een teentje knoflook uit de knijper. Roer er gehakt vers bieslook en 125 g yoghurt door. Kruis elke aardappel flink diep in en vul hem met het garnalenmengsel. Dien op met partjes citroen. Voor 4 personen.

BOVEN: Coulibiac

ZARZUELA
Zarzuela betekent letterlijk 'operette', een toepasselijke naam voor deze kleurige Catalaanse ovenschotel. Zarzuela bestaat uit allerlei soorten vis en zeevruchten, zoals garnalen, kreeft, venusschelpen en mosselen, in een tomatensaus waaraan soms ook rode en groene paprika's worden toegevoegd. De wijn zorgt ervoor dat de vis en zeevruchten niet uitdrogen. Zarzuela wordt vaak opgediend met croutons.

BOVEN: Zarzuela

ZARZUELA

Voorbereidingstijd: 40 minuten
Kooktijd: 1 uur + 10 minuten
Voor 4 personen

☆☆☆

Sofritosaus

1 el olijfolie
2 uien, fijngesnipperd
2 grote tomaten, ontveld, zonder zaadjes, gehakt
1 el tomatenpuree

Picadasaus

3 sneetjes wittebrood zonder korst
1 el amandelen, droog geroosterd
3 teentjes knoflook
1 el olijfolie

1 rauwe kreeftenstaart van ongeveer 400 g
12–15 mosselen
750 g filet van witte vis (bijv. haai, kabeljauw, zeeduivel), zonder vel, in stukjes gesneden
bloem met peper en zout
2–3 el olijfolie
125 g inktvisringen
12 rauwe grote garnalen
125 ml witte wijn
125 ml cognac
3 el gehakte verse peterselie

1 Maak de sofritosaus: verhit de olie op een matig vuur in een pan. Bak de ui hierin al roerend 5 minuten; hij mag niet bruin worden. Voeg de tomaten, tomatenpuree en 125 ml water toe en blijf 10 minuten roeren op een matig vuur. Roer er nog eens 125 ml water door. Maak af met versgemalen peper en zout.
2 Maak de picadasaus: maal het brood, de amandelen en de knoflook fijn in een keukenmachine. Giet de olie er geleidelijk bij, tot u een gladde pasta overhoudt (voeg eventueel nog ½ el olie extra toe).
3 Verwarm de oven voor op 180°C (gasstand 4). Snijd de kreeft dwars door het vlies dat de schaaldelen scheidt in plakjes.
4 Borstel de mosselen schoon en verwijder de baarden. Gooi beschadigde of geopende schelpen die zich niet goed sluiten als u de helften licht op elkaar drukt weg. Spoel ze goed af.
5 Haal de vis door de bloem. Verhit de olie in een grote pan en bak de vis in porties op een matig vuur in 2–3 minuten gaar en goudbruin. Doe de vis in een grote ovenschaal.

6 Doe indien nodig nog wat olie in de pan en bak de inktvisringen hierin al roerend 1–2 minuten. Haal ze uit de pan en doe ze bij de vis. Bak de kreeftrondjes en ongepelde garnalen 2–3 minuten, tot ze net roze zijn. Doe ze in de ovenschaal.
7 Breng de wijn in de pan aan de kook. Zet het vuur laag, voeg de mosselen toe en kook ze 4–5 minuten met het deksel op de pan. Doe ze in de ovenschaal; gooi ongeopende schelpen weg.
8 Houd licht ontvlambare zaken uit de buurt van de pan. Giet de cognac langs de zijkant in de pan, laat hem warm worden en steek hem dan voorzichtig aan. Schud de pan zachtjes heen en weer tot de vlammen doven. Giet de cognac over de vis en zeevruchten in de ovenschaal.
9 Giet de sofritosaus erover. Dek de ovenschaal af en zet hem 20 minuten in de oven. Roer de picadasaus erdoor en zet de schaal 10 minuten in de oven, tot alles doorgewarmd is. Kook de zarzuela niet te lang, anders worden de zeevruchten taai. Strooi er peterselie overheen.

OVENSCHOTEL VAN TONIJN EN WITTE BONEN

Voorbereidingstijd: 40 minuten + 8 uur weken
Kooktijd: 3 uur
Voor 6 personen

☆☆

400 g cannellinibonen
60 ml olijfolie
2 rode uien, gesnipperd
2 teentjes knoflook, uit de knijper
1 tl gemalen koriander
1 tl fijngeraspte citroenschil
2 tl fijngehakte verse tijm
500 ml witte wijn
500 ml visbouillon
475 g tonijn in olie uit blik, uitgelekt
60 g basilicumblaadjes
4 grote, zeer rijpe tomaten, in dikke plakken

Korst

40 g vers broodkruim
1 teentje knoflook, uit de knijper
3 el fijngehakte verse peterselie
30 g boter, gesmolten

1 Laat de bonen 8 uur weken in een grote kom. Giet er zoveel water bij dat ze onderstaan en kunnen wellen. Spoel ze dan af en laat ze uitlekken.
2 Verhit de olie in een grote koekenpan en bak de ui, knoflook, koriander, citroenrasp en tijm hierin 10 minuten op een matig vuur, tot de ui zacht is. Doe de bonen erbij en laat ze 10 minuten meebakken.
3 Giet de wijn en bouillon erbij en breng aan de kook. Zet het vuur laag, doe het deksel op de pan en kook de bonen 2 uur, tot ze gaar zijn maar niet uit elkaar vallen.
4 Verwarm de oven voor op 210°C (gasstand 6-7). Doe het bonenmengsel in een grote ovenschaal. Verdeel tonijn en basilicum erover. Leg de plakken tomaat dakpansgewijs bovenop.
5 Meng het kruim, de knoflook en de peterselie in een schaal en strooi het over de tomaten. Giet de boter erover en zet de schaal 30 minuten in de oven, tot het korstje goudbruin is. Dien op met brood met een knapperige korst.
TIP: U kunt dit de dag van tevoren maken. Zalm uit blik kan, maar tonijn met bonen is klassiek.

ONDER: Ovenschotel van tonijn en witte bonen

VISPASTEI

Pureer de aardappels met de melk of room, het ei en de boter.

Leg de visfilet in een koekenpan en giet de melk erover.

Schep de aardappelpuree over de vis.

RECHTERBLADZIJDE: Vispastei (boven), tonijn mornay

VISPASTEI

Voorbereidingstijd: 10 minuten
Kooktijd: 45 minuten
Voor 4 personen

☆

2 grote aardappels (500 g), in stukken
60 ml melk of room
1 ei, losgeklopt
60 g boter
60 g geraspte Cheddar
800 g filet van witte vis (bijv. leng, heek, snapper, zeeduivel), zonder vel, in grote stukken
375 ml melk
1 ui, fijngesnipperd
1 teentje knoflook, uit de knijper
2 el bloem
2 el citroensap
2 tl geraspte citroenschil
1 el gehakte verse dille

1 Verwarm de oven voor op 180°C (gasstand 4). Kook of stoom de aardappels gaar (controleer met een vork of ze zacht zijn) en pureer ze dan met de melk of room, het ei en de helft van de boter. Roer de helft van de Cheddar erdoor. Houd de puree warm.
2 Leg de vis in een ondiepe koekenpan en giet de melk erover. Breng de melk aan de kook, zet het vuur laag en kook de vis in 2–3 minuten gaar. Laat de vis goed uitlekken; vang de melk op en bewaar hem.
3 Smelt de rest van de boter in een pan en bak de ui en knoflook 2 minuten op een matig vuur. Roer de bloem erdoor en laat de lichte roux 1 minuut garen, totdat hij schuimt. Neem de pan van het vuur en roer de opgevangen melk geleidelijk door de roux. Zet de pan weer op het vuur en blijf roeren tot de saus kookt en dik wordt. Zet het vuur laag en laat de saus 2 minuten sudderen. Voeg het citroensap, de citroenschil en de dille toe. Maak af met flink wat zout en grof gemalen zwarte peper.
4 Leg de vis in een ovenschaal van 1,5 l en roer de saus er voorzichtig doorheen. Schep de aardappelpuree over de vis en strooi de rest van de Cheddar erover. Zet de schaal 35 minuten in de oven, totdat de vispastei goudbruin is.

TONIJN MORNAY

Voorbereidingstijd: 20 minuten
Kooktijd: 25 minuten
Voor 4 personen

☆

60 g boter
2 el bloem
500 ml melk
1/2 tl mosterdpoeder
90 g gemalen Cheddar
600 g gepekelde tonijn uit blik, uitgelekt
2 el fijngehakte verse peterselie
2 eieren, hardgekookt, fijngehakt
25 g vers broodkruim
paprikapoeder

1 Verwarm de oven voor op 180°C (gasstand 4). Smelt de boter in een pannetje. Roer de bloem erdoor en laat de lichte roux 1 minuut garen, tot hij schuimt. Neem de pan van het vuur en roer de melk er geleidelijk door. Zet de pan weer op het vuur en blijf roeren tot de saus kookt en dik wordt. Zet het vuur laag en laat de saus 2 minuten pruttelen. Neem de pan van het vuur en klop het mosterdpoeder en 60 g van de Cheddar erdoor, tot de kaas gesmolten en de saus glad is.
2 Maak de tonijn een beetje los met een vork en roer de vis met de peterselie en eieren door de saus. Breng op smaak met peper en zout. Schep het mengsel in 4 eenpersoons ovenschaaltjes van 250 ml. Meng het broodkruim en de rest van de Cheddar door elkaar en strooi het mengsel over de mornay. Stuif er een beetje paprikapoeder over. Zet de schaaltjes 15–20 minuten in de oven, totdat het korstje goudbruin is.

TIPS: Het korstje wordt extra knapperig als u het broodkruim geheel of gedeeltelijk vervangt door verkruimelde chips. Neem naturel of paprikachips.

In plaats van tonijn kunt u ook zalm uit blik gebruiken.

MOSSELEN IN TWEE SAUZEN

Voorbereidingstijd: 25 minuten
Kooktijd: 45 minuten
Voor 4 personen

✯✯

1,25 kg mosselen
3 el olijfolie
3 el geraspte mozzarella
2 el geraspte Parmezaanse kaas

Tomatensaus

2 teentjes knoflook, uit de knijper
125 ml witte wijn
3 el tomatenpuree

Witte saus

25 g boter
30 g bloem
250 ml melk

ONDER:
Mosselen in twee sauzen

1 Borstel de mosselen schoon en verwijder de baarden. Gooi beschadigde of geopende schelpen die zich niet goed sluiten als u de helften licht op elkaar drukt weg. Spoel ze goed af.
2 Verhit de helft van de olie in een grote pan. Doe de mosselen erbij en kook ze 4–5 minuten op een hoog vuur, tot ze opengaan; schud ze af en toe om. Gooi ongeopende schelpen weg. Zeef het kookvocht en bewaar het. Laat de mosselen afkoelen en haal ze uit de schelp. Verwarm de oven voor op 190°C (gasstand 5).
3 Maak de tomatensaus: verhit de rest van de olie in een pan. Bak de knoflook hierin op een matig vuur goudbruin. Giet de wijn en het kookvocht erbij. Breng aan de kook, zet het vuur laag en laat de saus 4–5 minuten pruttelen. Leng de tomatenpuree aan met 3 el water en roer hem door de vloeistof. Voeg naar smaak peper en zout toe en neem de pan van het vuur.
4 Maak de witte saus: smelt de boter op een laag vuur in een pan. Roer de bloem erdoor en laat de lichte roux 1 minuut garen, tot hij schuimt. Neem de pan van het vuur en roer de melk er geleidelijk door. Zet de pan weer op het vuur en blijf roeren tot de saus kookt en dik wordt. Zet het vuur laag en laat de saus 2 minuten pruttelen. Maak af met peper en zout.
5 Roer de tomatensaus door de mosselen en schep ze in 4 eenpersoons ovenschaaltjes. Schep de witte saus er voorzichtig overheen. Strooi de twee soorten kaas erover. Zet de schaaltjes 20 minuten in de oven, tot de kaas gesmolten en het korstje goudbruin is. Geef er brood met een knapperig korstje bij.

KREEFT UIT DE OVEN

Voorbereidingstijd: 15 minuten
Kooktijd: 20 minuten
Voor 4 personen

✯✯

2 rauwe grote kreeftenstaarten
1 klein teentje knoflook, uit de knijper
125 ml olie
60 ml cognac
60 ml citroensap
zout en cayennepeper
partjes citroen, als garnering

1 Verwarm de oven voor op 200°C (gasstand 6). Halveer de kreeftenstaarten met een scherp mes over de lengte. Meng de knoflook, olie, cognac en het citroensap in een kommetje.

2 Breng de kreeftenstaarten op smaak met zout en cayennepeper en bestrijk ze met de olie. Zet ze 15–20 minuten op een bakplaat in de oven, tot ze gaar zijn; het vlees moet wit en de schaal oranjerood zijn. Bedruip de staarten af en toe tijdens het bakken. Dien op met partjes citroen.

VISSTOOFSCHOTEL MET VENKEL EN KRIELTJES

Voorbereidingstijd: 25 minuten
Kooktijd: 30 minuten
Voor 6 personen

☆☆

18–20 mosselen
6 babyoctopusjes
16 rauwe middelgrote garnalen
1 grote venkelknol
2 el olijfolie
2 preien, alleen het wit, in dunne ringen
2 teentjes knoflook, uit de knijper
1/2 tl paprikapoeder
2 el Pernod of Ricard (zie Tip)
170 ml droge witte wijn
1/4 tl saffraandraadjes
1/4 tl verse tijmblaadjes
500 g vismoten (bijv. zwaardvis, Spaanse makreel, zeeduivel), in flinke stukken
400 g krielaardappeltjes
toefjes venkelgroen, als garnering

1 Borstel de mosselen schoon en verwijder de baarden. Gooi beschadigde of geopende schelpen die zich niet goed sluiten als u de helften licht op elkaar drukt weg. Spoel ze goed af.
2 Snijd met een scherp mesje de koppen van de octopusjes. Pak een kransje armen vast en duw de snavel er met uw wijsvinger uit. Snijd de kop open en verwijder de darm. Spoel ze schoon.
3 Pel de garnalen. Trek het donkere darmpje er voorzichtig uit; begin bij de kop.
4 Snijd verkleurde plekken van de venkel weg en snijd de knol in dunne plakken. Verhit de olie op een matig vuur in een grote pan. Doe de venkel, prei en knoflook erbij. Roer het paprikapoeder erdoor en wat zout en peper. Laat de groenten 8 minuten bakken, tot ze zacht zijn. Voeg de Pernod en wijn toe en laat het vocht in 1 minuut tot tweederde inkoken.
5 Doe de mosselen erbij en kook ze 4–5 minuten met het deksel op de pan, tot ze opengaan; schud ze af en toe op. Gooi ongeopende schelpen weg. Neem de mosselen uit de pan, laat ze afkoelen en haal ze uit de schelp.
6 Doe de saffraan en tijm in de pan en bak ze al roerend 1–2 minuten op een matig vuur. Voeg indien nodig peper en zout toe en schep alles dan in een hapjespan.
7 Roer de octopus, garnalen, vis en aardappels door de groente. Doe het deksel op de pan en laat alles 10 minuten zachtjes stoven, tot de krielaardappelen, vis en zeevruchten gaar zijn. Doe de mosselen erbij en laat ze met het deksel op de pan doorwarmen. Garneer de stoofschotel met het venkelgroen en dien hem meteen op.
TIPS: Pernod en Ricard zijn anijslikeuren, die de venkel goed aanvullen.

Neem voor dit recept heel kleine krieltjes. Als u ze niet kunt krijgen, snijd dan de grotere krieltjes doormidden.

BOVEN: Visstoofschotel met venkel en krieltjes

BOVEN: Forel met gember en koriander

FOREL MET GEMBER EN KORIANDER

Voorbereidingstijd: 20 minuten
Kooktijd: 30 minuten
Voor 2 personen

☆

2 regenboogforellen van elk ruim 300 g, schoongemaakt en geschubd
2 limoenen, in dunne schijfjes
1 stukje verse gember van 5 cm, julienne
60 g basterdsuiker
60 ml limoensap
schil van 1 limoen, dun julienne
10 g verse korianderblaadjes

1 Verwarm de oven voor op 180°C (gasstand 4). Was de vissen en dep ze van binnen en buiten droog. Vul de buiken met wat gember en leg elke vis op een licht ingevet vel folie. Pak de vissen goed in en leg ze 20–30 minuten op de bakplaat in de oven, totdat het vlees gemakkelijk loslaat als u erin prikt.
2 Maak intussen de siroop: meng de suiker en het limoensap al roerend met 250 ml water in een pannetje. De vloeistof mag niet koken voordat alle suiker is opgelost. Breng de siroop aan de kook, zet het vuur laag en laat de siroop 10 minuten sudderen, tot hij stroperig is. Roer de rest van de gember en de limoenjulienne erdoor. Leg de vis op een bord. Strooi er koriander overheen en schep de siroop erover.
TIPS: U kunt ook kleine zalmen gebruiken in plaats van forellen.

Dit recept is geschikt voor een vetarm dieet.

QUICHES MET KRAB EN LENTE-UITJES

Voorbereidingstijd: 25 minuten
Kooktijd: 20 minuten
Voor 15 quiches

☆

6 vellen filodeeg
30 g boter, gesmolten
2 x 170 g krabvlees uit blik, uitgelekt
4 lente-uitjes, gesneden
2 eieren
185 ml room
1 el bloem
90 g Gruyère of Cheddar, geraspt
takjes verse tijm

1 Verwarm de oven voor op 180°C (gasstand 4). Bestrijk de velletjes filodeeg met boter en leg ze op elkaar. Druk met een vormpje van 8 cm doorsnee 15 rondjes uit het deeg en leg ze in ronde deegvormpjes.
2 Laat het krabvlees uitlekken en knijp de rest van het vocht met uw handen uit het vlees. Smelt wat extra boter in een pannetje en smoor hierin de lente-uitjes, tot ze zacht zijn. Meng ze dan met het krabvlees, de eieren, room, bloem en 60 g van de kaas.
3 Vul elk deegvormpje met de krabvulling en strooi de rest van de kaas erover. Leg een takje tijm bovenop. Zet de quiches 20 minuten in de oven, tot ze bros en goudbruin zijn.

VIS MET EEN KORSTJE VAN KNOFLOOKKRUIM

Voorbereidingstijd: 15 minuten
Kooktijd: 10–15 minuten
Voor 4 personen

✯

4 filets van elk 200 g witte vis (bijv. zonnevis, roodbaars, snapper, zeebrasem), zonder vel
75 g boter, gesmolten
3 teentjes knoflook, uit de knijper
160 g vers wit broodkruim
1 el fijngehakte verse peterselie
partjes citroen, als garnering

1 Verwarm de oven voor op 200°C (gasstand 6). Vet een ovenschaal in met olijfolie en leg de filets hier naast elkaar in.
2 Meng de boter en knoflook in een kom. Meng het broodkruim en de peterselie en strooi een dikke laag van het mengsel over de vis. Giet de knoflookboter erover.
3 Zet de schaal 10–15 minuten in de oven, totdat de vis wit is, het vlees gemakkelijk loslaat en het broodkruim goudbruin is. Als de vis al gaar is voordat het kruim goudbruin is, zet u de schaal een paar minuten onder een hete grill. Blijf erbij, want het kruim verbrandt snel. Dien op met de partjes citroen.

VIS EN PAPILLOTE

Voorbereidingstijd: 20 minuten
Kooktijd: 20 minuten
Voor 4 personen

✯

4 visfilets van elk 200 g (bijv. zonnevis, snapper, zeebrasem), zonder vel
1 prei, alleen het wit, dun julienne
4 lente-uitjes, julienne
30 g boter, zacht
1 citroen, in 12 zeer dunne schijfjes
2–3 el citroensap

1 Verwarm de oven voor op 180°C (gasstand 4). Leg elke filet midden op een vel bakpapier waarin u de vis kunt inpakken.
2 Strooi de prei en lente-uitjes erover. Leg op elke filet 1 tl boter en 3 schijfjes citroen. Sprenkel er citroensap overheen. Vouw het papier dicht; vouw de randen een paar keer om. Stop de uiteinden onder de pakketjes. Zet de pakketjes 20 minuten op een bakplaat in de oven; het papier zal bol gaan staan door de stoom. Controleer of de vis gaar is. Het vlees moet wit zijn en gemakkelijk loslaten als u er met een vork in prikt. Dien op in de pakketjes. U kunt de vis ook met een pannenkoekmes op een warm bord laten glijden.

OVENSCHOTEL VAN VIS EN BULGHUR

Voorbereidingstijd: 25 minuten + 30 minuten weken
Kooktijd: 35 minuten
Voor 4 personen

✯✯

130 g bulghur
1 ui, grof gesneden
250 g visfilet zonder vel (bijv. kleine roodbaars, snoek, kabeljauw, zeebrasem), in stukjes
1/2 tl fijngeraspte sinaasappelschil
2 tl fijngehakte verse koriander
2 el olie
2 extra uien, in plakjes
1 plukje saffraandraadjes

1 Week de bulghur 30 minuten in 375 ml heet water. Laat uitlekken en pers het overtollige vocht eruit met keukenpapier.
2 Maal de ui intussen in 30 seconden fijn in de keukenmachine. Voeg de vis toe en blijf malen tot u een glad mengsel hebt. Zet het mengsel 10 minuten in de koelkast.
3 Verwarm de oven voor op 200°C (gasstand 6). Doe de bulghur, het vismengsel, de sinaasappelrasp en de koriander in een kom. Voeg naar smaak peper en zout toe. Roer alles goed door elkaar en kneed het dan in 5 minuten tot een vrij gladde bal.
4 Verhit 1 el van de olie en bak de extra ui hierin goudbruin. Week de saffraan in een wat kokend heet water, laat alles afkoelen en giet het bij de uien. Voeg naar smaak peper en zout toe.
5 Verdeel de helft van het vismengsel over een kleine, licht ingevette ronde ovenschaal. Schep de uien erover. Verdeel de rest van het mengsel erover en strijk de massa glad. Snijd er een ruitjespatroon in en sprenkel de rest van de olie erover. Zet de vis 25–30 minuten in de oven. Laat de schotel afkoelen en snijd er punten van.

EN PAPILLOTE
Als vis, vlees of groente in bakpapier wordt ingepakt en in een pakketje gestoofd, vindt u vaak de aanduiding *en papillote* in de naam van het gerecht. De stoom die tijdens het stoven vrijkomt kan niet ontsnappen, waardoor het papier als een koepeltje bol gaat staan. U kunt de pakketjes aan tafel openen. U kunt ook folie gebruiken, maar dit komt minder goed omhoog dan bakpapier.

LINKERBLADZIJDE: Vis met een korstje van knoflookkruim (boven), vis en papillote

BRIK À L'OEUF

Breek voorzichtig een ei in het midden van het tonijnmengsel.

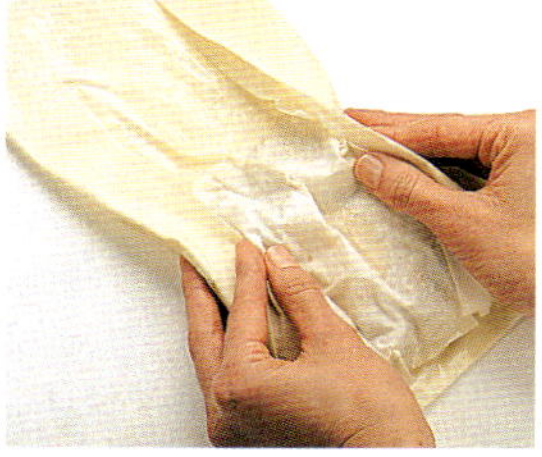

Leg 2 velletjes filodeeg over de tonijn en het ei en vouw de zijkanten naar binnen.

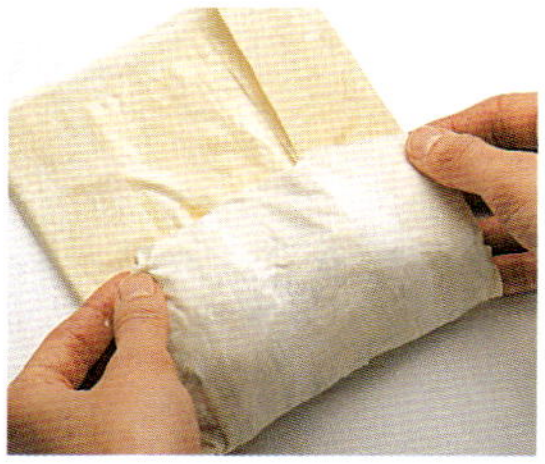

Rol het deeg op tot een stevig pakketje, maar zorg dat het ei heel blijft.

RECHTS: Brik à l'oeuf

BRIK À L'OEUF

Voorbereidingstijd: 30 minuten
Kooktijd: 15 minuten
Voor 2 personen

☆☆

- 6 vellen filodeeg
- 30 g boter, gesmolten
- 1 kleine ui, fijngesnipperd
- 200 g tonijn in olie uit blik, uitgelekt
- 6 zwarte olijven, zonder pit, fijngehakt
- 1 el fijngehakte verse peterselie
- 2 eieren

1 Verwarm de oven voor op 200°C (gasstand 6). Snijd de deegvellen in de breedte doormidden. Bestrijk 4 velletjes met boter en leg ze op elkaar. Dek de rest af met een vochtige theedoek. Meng de ui, tonijn, olijven en peterselie in een kom en schep de helft hiervan op één kant van het beboterde deeg; laat een randje deeg over. Maak een kuiltje in het midden van het mengsel en breek hierin een ei – het moet heel blijven. Voeg zout en versgemalen peper toe.
2 Bestrijk nog 2 deegvelletjes met boter en leg ze bovenop de tonijn met ei. Vouw de zijkanten naar binnen en rol het deeg dan stevig op, maar zorg dat het ei heel blijft. Leg de rol op een licht ingevette bakplaat en bestrijk hem met boter. Maak op dezelfde wijze nog een rol met de rest van het deeg, de vulling en het ei.
3 Bak de rollen 15 minuten in de oven, tot het deeg goudbruin is. Dien ze warm op.
TIP: Na 15 minuten is de dooier nog zacht. Bak de rol iets langer als u een harde dooier wilt.

SCHELVIS DUGLESE

Voorbereidingstijd: 20 minuten
Kooktijd: 30 minuten
Voor 4 personen

☆

- 500 g gerookte schelvis- of kabeljauwfilet
- 250 ml droge witte wijn
- 1 tl zwarte peperkorrels
- 1 grote ui, in plakken van 1 cm
- 30 g boter
- 2 el bloem
- 2 tomaten, ontveld, zonder zaadjes, gehakt
- 60 ml room
- 1 el gehakte verse peterselie, als garnering

1 Verwarm de oven voor op 180°C (gasstand 4). Spoel de schelvis af en leg hem in een pan. Giet er zoveel water bij dat de vis onderstaat, breng aan de kook, zet het vuur laag en laat alles zonder deksel 5 minuten sudderen. Giet de vis af.
2 Giet de wijn en 250 ml water over de vis; verdeel de peperkorrels en ui erover. Stoof de vis met het deksel op de pan in 5–8 minuten gaar.
3 Neem de schelvis met een schuimspaan uit de pan en leg hem in een ovenschaal. Bewaar 250 ml van het kookvocht voor de saus.
4 Maak de saus: smelt de boter op een laag vuur in een pan. Roer de bloem erdoor en laat de lichte roux 1 minuut garen, tot hij schuimt. Neem de pan van het vuur en roer het kookvocht geleidelijk door de roux. Zet de pan weer op het vuur en blijf roeren tot de saus kookt en dik wordt. Zet het vuur laag en laat de saus 2 minuten pruttelen. Voeg de tomaten en room toe en blijf roeren tot ze doorgewarmd zijn.
5 Giet de saus over de vis, strooi er peterselie over en zet de schaal 15–20 minuten in de oven. Dien meteen op met luchtige aardappelpuree en gestoomde groenten.

GARNALENPASTEITJES

Voorbereidingstijd: 30 minuten + 15 minuten rusten
Kooktijd: 30 minuten
Voor 4 personen

☆☆

250 g bloem
125 g koude boter, in dobbelsteentjes
1 kg rauwe middelgrote garnalen
1 el olie
1 stuk verse gember van 5 cm, geraspt
3 teentjes knoflook, uit de knijper
80 ml zoete chilisaus
80 ml limoensap
80 ml dikke room (koksroom)
25 g gehakte verse koriander
1 eidooier, losgeklopt
reepjes limoenschil, als garnering

1 Zeef de bloem in een kom en wrijf de boter er met uw vingertoppen doorheen, tot u een soort broodkruim overhoudt. Maak een kuiltje, giet er 3 el water in en werk dit met een mes door de bloem (maak een snijbeweging), tot het deeg 'kralen' vormt. Kneed het deeg tot een bal en leg deze op een met bloem bestoven oppervlak. (U kunt dit ook met de keukenmachine doen.) Druk het deeg plat tot een schijf. Wikkel in plasticfolie en laat 15 minuten rusten in de koelkast.
2 Verwarm de oven voor op 200°C (gasstand 6). Pel de garnalen. Trek het donkere darmpje er voorzichtig uit; begin bij de kop.
3 Verhit de olie in een grote koekenpan en bak de gember, knoflook en garnalen 2–3 minuten. Neem de garnalen uit de pan. Doe de chilisaus, het limoensap en de room in de pan en laat het mengsel op een matig vuur tot tweederde inkoken. Doe de garnalen weer in de pan, dan de koriander. Laat alles afkoelen.
4 Vet 2 bakplaten in. Verdeel het deeg in 4 porties en rol elk balletje tussen 2 vellen bakpapier uit tot een cirkel van 20 cm doorsnee. Leg in het midden van elk vel een kwart van de vulling; zorg dat er een flinke rand deeg overblijft. Vouw de randen los over de vulling heen. Bestrijk het deeg met de eidooier. Bak de pasteitjes in 25 minuten goudbruin in de oven. Garneer met limoenschil.

BOVEN: Garnalenpasteitjes

VISTAARTJES MET KRUIDEN

Voorbereidingstijd: 40 minuten + 15 minuten rusten
Kooktijd: 45 minuten
Voor 8 taartjes

☆☆

155 g bloem
90 g boter, in dobbelsteentjes
1 el gehakte verse tijm
1 el gehakte verse dille
2 el gehakte verse peterselie
90 g fijngeraspte Cheddar
3–4 el ijswater

Vulling

400 g filet van witte vis (bijv. kabeljauw, tarpon), zonder vel
2 lente-uitjes, fijngesneden
2 el gehakte verse peterselie
60 g fijngeraspte Cheddar
2 eieren
125 ml room

1 Vet 8 ronde bakvormpjes van 10 cm doorsnee licht in. Zeef de bloem in een kom en wrijf de boter er met uw vingertoppen doorheen, tot u een soort broodkruim overhoudt. Roer de kruiden en kaas erdoor. Maak een kuiltje, giet bijna al het ijswater erin en werk dit met een mes door de bloem (maak een snijbeweging), tot het deeg 'kralen' vormt. Kneed het deeg tot een bal, eventueel met wat meer water. Wikkel in plasticfolie en laat 15 minuten rusten in de koelkast.

2 Verwarm de oven voor op 210°C (gasstand 6–7). Verdeel het deeg in 8 porties. Rol elk balletje uit op een met bloem bestoven oppervlak en bekleed er een vormpje mee. Snijd uitstekende stukjes deeg weg. Zet de vormpjes op een bakplaat. Bedek de bodem van elk vormpje met een verfrommeld stuk bakpapier en een laag rauwe bonen of rijst. Bak ze 10 minuten in de oven. Verwijder het papier en de bonen en laat het deeg in nog eens 10 minuten lichtbruin worden. Laat het afkoelen.

3 Leg de vis in een koekenpan. Giet er zoveel water bij dat hij onderstaat, breng het aan de kook, zet het vuur laag en laat alles 3 minuten sudderen. Neem de vis met een schuimspaan uit de pan en laat hem uitlekken op verfrommeld keukenpapier. Laat afkoelen en werk de vis los met een vork. Verdeel de vis over de vormpjes en strooi de lente-uitjes, peterselie en kaas erover. Kluts de eieren met de room en schenk dit over de vis. Bak de taartjes in 25 minuten goudbruin in de oven; het ei moet gestold zijn. Dien ze meteen op.

TIP: U kunt ook gerookte vis gebruiken en een grote bakvorm van 23 cm doorsnee. De kooktijd kan dan langer zijn. Controleer na 25 minuten.

BOVEN:
Vistaartjes met kruiden

VISPAKKETJES

Voorbereidingstijd: 25 minuten
Kooktijd: 35 minuten
Voor 20 pakketjes

☆☆

250 g filet van witte vis (bijv. kabeljauw, snapper, koolvis, roodbaars), zonder vel
100 g sint-jakobsschelpen
400 g gekookte middelgrote garnalen
30 g boter
1 el citroensap
1 el bloem
250 ml melk
60 g geraspte Cheddar
1 el gehakt vers bieslook
1 el gehakte verse dille
10 vellen filodeeg
60 g boter, gesmolten
2 tl maanzaad of sesamzaad

1 Verwarm de oven voor op 180°C (gasstand 4). Bekleed een bakplaat met bakpapier.
2 Snijd de vis in reepjes van 1 cm breed. Spoel de sint-jakobsschelpen af. Verwijder darmpjes, vliezen of harde witte spiertjes, maar laat eventueel kuit zitten. Pel de garnalen. Trek het donkere darmpje er voorzichtig uit; begin bij de kop.
3 Smelt de boter in een pan met een dikke bodem. Bak de vis, sint-jakobsschelpen en het citroensap 1 minuut op een matig vuur, tot ze zacht zijn. Neem ze met een schuimspaan uit de pan en doe ze in een kom. Houd ze warm.
4 Roer de bloem door de boter en laat de lichte roux 1 minuut garen, totdat hij schuimt. Neem de pan van het vuur en roer de melk geleidelijk door de roux. Zet de pan weer op het vuur en blijf roeren tot de saus kookt en dik wordt. Zet het vuur laag en laat de saus 2 minuten pruttelen. Roer Cheddar, bieslook, dille, vis, sint-jakobsschelpen en garnalen erdoor. Neem de pan van het vuur en breng de saus op smaak met peper en zout. Dek het oppervlak af met plasticfolie.
5 Leg 2 deegvellen op elkaar met boter ertussen en snijd ze in 4 gelijke stroken. Dek de rest af met een vochtige theedoek. Schep 2 el van de vissaus op één uiteinde van elke strook. Vouw de zijkanten naar binnen en rol de strook op. Doe hetzelfde met de andere 2 deegvellen. Leg de pakketjes met de naad naar beneden op een bakplaat. Bestrijk ze met de rest van de gesmolten boter, strooi er maanzaad over en bak ze 20 minuten in de oven.
TIP: U kunt de saus een dag van tevoren maken en in de koelkast bewaren.

LINKS: Vispakketjes

PIKANTE VISMOTEN

Voorbereidingstijd: 15 minuten
Kooktijd: 15–20 minuten
Voor 4 personen

☆

1 el olie
1 ui, fijngesnipperd
2 teentjes knoflook, fijngesneden
1 stuk verse gember van 5 cm, fijngeraspt
1 tl gemalen koriander
1 stengel citroengras (sereh), alleen het witgroene deel, fijngehakt
2 tl tamarinde
2 tl fijngeraspte citroenschil
4 kleine vismoten van het staartstuk (bijv. snapper, Spaanse makreel, tarpon)
partjes limoen, als garnering

1 Verwarm de oven voor op 160°C. Bekleed een bakplaat met folie en vet dit licht in.
2 Verhit de olie in een koekenpan, doe de ui, knoflook, gember, koriander en het citroengras erbij en roer 5 minuten op een matig vuur.
3 Roer er tamarinde, citroenrasp en zwarte peper door. Laat afkoelen. Leg de moten naast elkaar op de bakplaat en bestrijk ze met het mengsel. Laat de vis in 10–15 minuten in de oven gaar worden, maar niet te gaar. Garneer met de partjes limoen.

VISCURRY UIT BOMBAY

Voorbereidingstijd: 15–20 minuten
Kooktijd: 40 minuten
Voor 4–6 personen

☆

60 g ghee
1 kleine ui, fijngesnipperd
1 teentje knoflook, uit de knijper
2 gedroogde rode Spaanse pepers, zonder zaadjes, fijngehakt
1/2 tl geraspte verse gember
1 el gemalen koriander
1 tl gemalen koenjit (geelwortel)
1 tl mosterdpoeder
1/2 tl cayennepeper
315 ml kokosmelk

ONDER: Pikante vismoten

2 el vers citroensap
1 kg hele vis (bijv, snapper, zeebrasem), schoongemaakt en geschubd

1 Smelt de ghee in een koekenpan. Bak hierin de ui, knoflook, Spaanse peper, gember, koriander, koenjit, mosterd en cayenne al roerend 3 minuten.
2 Giet de kokosmelk en het citroensap erbij. Breng aan de kook, zet het vuur laag en laat de saus zonder deksel pruttelen, tot hij dikker wordt.
3 Doe de vis erbij en stoof deze met het deksel op de pan op een laag vuur in 20 minuten gaar. Keer de vis één keer om. Roer af en toe.

HELE SNAPPER OP Z'N THAIS

Voorbereidingstijd: 10 minuten
Kooktijd: 30 minuten
Voor 4–6 personen

☆

2 teentjes knoflook, uit de knijper
1 el vissaus
2 el citroensap
1 el geraspte verse gember
2 el zoete chilisaus
2 el gehakte verse koriander
1 el rijstwijnazijn
1 kg hele snapper, schoongemaakt, geschubd
2 lente-uitjes, dun julienne

1 Verwarm de oven voor op 190°C (gasstand 5). Meng de knoflook, vissaus, gember, chilisaus, koriander, rijstwijnazijn en het citroensap in een beker goed door elkaar.
2 Leg de snapper op een groot vel goed ingevette folie in een bakblik. Giet de marinade over de vis en strooi de lente-uitjes erover.
3 Pak de vis goed in en bak hem in 20–30 minuten in de oven gaar, totdat het vlees gemakkelijk loslaat als u erin prikt. Dien de vis meteen op met gestoomde rijst.

TIPS: Zorg dat de folie goed is ingevet, anders gaat hij kleven en trekt u het vel van de vis mee als u het pakket openvouwt.

U kunt voor dit recept ook zeekarper of roodbaars gebruiken.

SNAPPER
Grote snappers worden wel 'oudemannetjesvissen' genoemd. In sommige wateren krijgt oudere vis een grote bochel in de nek en een flinke zwelling op de snuit. Van opzij gezien lijkt de kop van de snapper dan op een oudemannenhoofd.

BOVEN: Hele snapper op z'n Thais

BOVEN: *Maleise viscurry*

MALEISE VISCURRY

Voorbereidingstijd: 25 minuten
Kooktijd: 25 minuten
Voor 4 personen

☆☆

- 500 g filet van witte vis (bijv. leng, haai, heek, koolvis), zonder vel
- 3–6 middelgrote verse rode Spaanse pepers
- 1 ui, gesnipperd
- 4 teentjes knoflook
- 3 stengels citroengras (sereh), alleen het witgroene deel, in plakjes
- 1 stuk verse gember van 4 cm, in plakjes
- 2 tl trassi (garnalenpasta)
- 60 ml olie
- 1 el viscurrypoeder (zie Tip)
- 250 ml kokosmelk
- 1 el tamarinde
- 1 el ketjap manis
- 2 rijpe tomaten, fijngesneden
- 1 el citroensap

1 Snijd de vis in blokjes. Maal de Spaanse peper, ui, knoflook, gember, trassi en het citroengras in een blender in grove stukken. Voeg 2 el van de olie toe en maal het mengsel fijn tot een gladde pasta; schraap de zijkanten van de beker regelmatig schoon met een spatel.

2 Verhit de rest van de olie in een wok of een diepe koekenpan met een dikke bodem en bak de pasta hierin al roerend 3–4 minuten op een laag vuur, tot hij sterk geurt. Voeg het currypoeder toe en roer nog eens 2 minuten. Doe de kokosmelk, tamarinde, ketjap manis en 250 ml water erbij. Breng de saus aan de kook, roer af en toe, zet daarna het vuur lager en laat de saus nog 10 minuten pruttelen.

3 Voeg de vis, de tomaten, het citroensap en naar smaak zout en peper toe. Laat de curry nog 5 minuten sudderen, tot de vis net gaar is. Het vlees moet gemakkelijk uiteenvallen als u erin prikt. Dien de curry meteen op met gestoomde rijst.

TIP: Viscurrypoeder is een specerijenmengsel dat speciaal is afgestemd op vis en zeevruchten. Het is in toko's te koop. U kunt net zoveel Spaanse peper gebruiken als u wilt. Als u de zaadjes laat zitten, wordt de curry heter.

LAOS

Laos is een wortelgewas dat er een beetje uitziet als zijn naaste familielid, de gemberwortel. Laos heeft een vrij zoete gemberpepersmaak en wordt als specerij gebruikt. De witte laos wordt het meest gebruikt, vers of gedroogd en tot poeder vermalen. Er is ook een oranjerode soort laos, die heter is en sterker smaakt; deze wordt meestal als groente bereid.

THAISE GROENE VISCURRY

Voorbereidingstijd: 40 minuten
Kooktijd: 20 minuten
Voor 4 personen

☆☆

- 4 verse groene Spaanse pepers, zonder zaadjes, fijngesneden
- 4 lente-uitjes, fijngesneden
- 1 kleine ui, grof gesneden
- 2 teentjes knoflook, uit de knijper
- 2 stengels citroengras (sereh), alleen het witgroene deel, fijngehakt
- 1 el gehakte verse korianderwortel
- 6 el verse korianderblaadjes
- 6 zwarte peperkorrels
- 1 tl gemalen koriander
- 2 tl gemalen komijn
- 2 tl fijngeraspte limoenschil
- 2 tl trassi (garnalenpasta)
- 1 tl gemalen koenjit (geelwortel)
- 1 tl zout
- 3 el olie
- 600 ml kokosmelk
- 2 gedroogde limoenblaadjes
- 1 stuk gedroogde laos van 2 cm
- 1 el vissaus
- 750 g filet van witte vis (bijv. kabeljauw, koolvis, haai, leng), in blokjes

1 Maal het citroengras, de Spaanse pepers, lente-uitjes, ui, knoflook, korianderwortel, de helft van de korianderblaadjes, de peperkorrels, gemalen koriander, komijn, limoenrasp, trassi, zout en 2 el olie in een blender tot een gladde pasta.

2 Verhit de rest van de olie in een pan en bak de helft van de currypasta hierin 2 minuten. Roer de kokosmelk, limoenblaadjes, laos en vissaus erdoor.

3 Doe de vis erbij en laat de curry 15 minuten zonder deksel sudderen, tot de vis gaar en de saus iets dikker is. Roer de rest van de korianderblaadjes erdoor. Dien de curry op met rijst.

TIP: Deze curry is nog lekkerder als u hem een dag eerder maakt. Bewaar in de koelkast. Neem de zaadjes van de Spaanse pepers mee voor een hetere curry. U kunt de currypasta 2 weken in de koelkast en 2 maanden in de vriezer bewaren.

BOVEN: Thaise groene viscurry

GARNALENGUMBO

Roer de bloem met een pollepel door de olie, tot hij goudbruin kleurt.

Doe er de okra, laurier en tomaat bij en breng alles aan de kook.

Roer de gepelde garnalen en de roux door het mengsel en maak de gumbo af met peper, zout en tabasco.

RECHTERBLADZIJDE: Garnalengumbo (boven), zeevruchtenburrito's

GARNALENGUMBO

Voorbereidingstijd: 30 minuten
Kooktijd: 50 minuten
Voor 4 personen

★★

1 kg rauwe middelgrote garnalen
60 ml olie
6 dikke plakken bacon, fijngesneden
2 1/2 el bloem
2 el extra olie
2 uien, fijngesnipperd
1/2 tl cayennepeper
1 rode paprika, fijngesneden
1 groene paprika, fijngesneden
16 okra's, zonder steel, in de lengte gehalveerd
1 laurierblaadje
2 x 400 g tomaten uit blik
1/2–1 tl tabasco

1 Pel de garnalen, behalve het staartje. Trek het donkere darmpje er voorzichtig uit; begin bij de kop. Dek ze af en houd ze apart.
2 Verhit de olie in een grote pan en bak de bacon hierin 5 minuten op een matig vuur. Roer de bloem erdoor, tot u een goudbruine, nootkleurige roux hebt. Schraap de roux uit de pan; hij wordt later gebruikt om de gumbo te binden en extra smaak te geven.
3 Verhit de extra olie in de pan en bak de ui, cayennepeper en paprika's hierin 5 minuten op een matig vuur, tot de ui goudbruin is.
4 Doe de okra, het laurierblaadje en de tomaten erbij en breng het mengsel aan de kook. Zet het vuur laag en laat alles 30 minuten pruttelen. Als het mengsel te dik wordt, kunt u maximaal 250 ml water toevoegen.
5 Roer de garnalen en de roux door het mengsel en breng de gumbo op smaak met peper, zout en tabasco. Laat de gumbo 5 minuten koken, tot de garnalen roze en gaar zijn.

ZEEVRUCHTENBURRITO'S

Voorbereidingstijd: 45 minuten
Kooktijd: 40 minuten
Voor 4 personen

★★

250 g sint-jakobsschelpen
500 g rauwe middelgrote garnalen
500 g zalm- of zeeforelfilet zonder vel
2 el olie
60 g boter
2 teentjes knoflook, uit de knijper
3 kleine rode Spaanse pepers, zonder zaadjes, fijngehakt
4 grote bloemtortilla's
2 1/2 el bloem
125 ml room
185 ml melk
125 g zure room
35 g geraspte Parmezaanse kaas
2 el gehakte verse peterselie
125 g geraspte Cheddar
chilisaus

1 Verwijder darmpjes, vliezen of harde witte spiertjes van de sint-jakobsschelpen, maar laat eventueel kuit zitten. Pel de garnalen. Trek het donkere darmpje er voorzichtig uit; begin bij de kop. Snijd de zalmfilet in kleine stukjes.
2 Verwarm de oven voor op 160°C (gasstand 2–3). Verhit de olie en de helft van de boter in een koekenpan. Bak de knoflook en pepers hierin 1 minuut. Voeg de sint-jakobsschelpen toe en bak ze 2–3 minuten. Neem ze uit de pan en laat ze uitlekken op verfrommeld keukenpapier. Bak de garnalen 2–3 minuten en laat ze uitlekken. Bak de zalmstukjes 3–4 minuten en laat ze uitlekken. Doe alles in een kom.
3 Pak de tortilla's in folie en warm ze 10 minuten in de oven. Smelt de rest van de boter op een laag vuur in een pan. Roer de bloem erdoor en laat de lichte roux 1 minuut garen, totdat hij schuimt. Neem de pan van het vuur en roer de melk en room geleidelijk door de roux. Zet de pan op het vuur en blijf roeren tot de saus kookt en dik wordt. Roer de zure room erdoor (laat niet koken), de Parmezaanse kaas en de peterselie. Roer de saus door de vis en zeevruchten.
4 Vul de tortilla's met het zeevruchtenmengsel en rol ze op. Leg ze in een licht ingevette ovenschaal, strooi de Cheddar erover en zet ze 15–20 minuten in de oven, tot de tortilla's heet zijn en de kaas is gesmolten. Geef er chilisaus bij.

SARDINES MET GEGRILDE GROENTEN

Voorbereidingstijd: 25 minuten
Kooktijd: 35 minuten
Voor 4 personen

☆

2 grote rode paprika's
4 kleine aubergines, in de lengte in vieren gesneden

Dressing

1 el olijfolie
1 el balsamicoazijn
1/2 tl bruine suiker
1 teentje knoflook, uit de knijper
1 el gehakt vers bieslook

ONDER: Sardines met gegrilde groenten

16 verse sardines, opengeklapt (ongeveer 300 g)
1 snee wittebrood zonder korstjes
2 el verse peterselie
1 teentje knoflook, uit de knijper
1 tl geraspte citroenschil

1 Verwarm de oven voor op 180°C (gasstand 4). Vet een bakplaat in met wat olie. Verwarm de grill voor; bekleed het rooster met folie.
2 Snijd de paprika's in vieren en verwijder de zaadjes. Grill ze tot het vel blakert en blaren trekt. Laat de paprika's afkoelen in een plastic zak, trek het vel eraf en snijd ze in dikke repen. Bestrijk de aubergines met wat olie en grill ze 3–5 minuten aan beide kanten, tot ze zacht zijn.
3 Doe de olie, azijn, suiker, knoflook en het bieslook in een glazen potje en schud goed. Doe de paprika en aubergine in een kom, giet de dressing erover en schep alles goed om.
4 Leg de sardines niet te dicht naast elkaar op de bakplaat. Maal het brood, de peterselie, knoflook en citroenrasp fijn in de keukenmachine. Strooi het mengsel over de sardines. Bak ze in 10–15 minuten in de oven gaar. Dien ze op op een bedje van paprika en aubergine.

ITALIAANSE VISROLLETJES

Voorbereidingstijd: 25 minuten
Kooktijd: 20 minuten
Voor 4–6 personen

☆

1 grote rijpe tomaat
1 el kappertjes uit glas, uitgelekt, fijngehakt
45 g gevulde groene olijven, fijngehakt
3 el fijngehakte verse citroentijm
30 g fijngeraspte Romano-kaas
2 tl fijngeraspte citroenschil
1/4 tl versgemalen zwarte peper
8 dunne filets van witte vis zonder vel (bijv. zonnevis, brasem, baars, snapper, zo'n 850 g)
250 ml witte wijn
2 el citroensap
3 el verse citroentijmblaadjes
2 laurierblaadjes

1 Verwarm de oven voor op 160°C (gasstand 2–3). Kruis de tomaat aan de onderkant in. Leg hem 30 seconden in kokend water, dompel hem dan in koud water en laat hem uitlekken. Ontvel de tomaat, schep de zaadlijsten eruit en snijd het

vlees in grove stukken. Meng het met de kappertjes, olijven, tijm, kaas, zwarte peper en het citroenrasp in een kom.
2 Leg de filets met de ontvelde kant naar boven op een plat oppervlak. Besmeer ze met het tomatenmengsel en rol ze vervolgens stevig op. Zet elk rolletje vast met een tandenstoker. Leg de rolletjes naast elkaar in een ondiepe ovenschaal.
3 Roer de wijn, het sap en de tijm- en laurierblaadjes door elkaar en giet het mengsel over de vis. Dek de ovenschaal af en zet hem 20 minuten in de oven, tot de vis gaar is.

OCTOPUS IN RODE WIJN

Voorbereidingstijd: 45 minuten
Kooktijd: 2 uur + 20 minuten
Voor 4 personen

☆☆

1 kg babyoctopus
2 el olijfolie
180 g kleine inmaakuien
80 ml rode-wijnazijn
185 ml droge rode wijn
1 rijpe tomaat, geraspt
1 laurierblaadje
1 tl gedroogde oregano

1 Snijd met een scherp mesje de kop van de octopus los van de armen. Snijd de ogen uit de kop; begin onderaan. Snijd de kop open en verwijder de darm. Spoel goed schoon. Snijd alle koppen doormidden. Pak een kransje armen vast en duw de snavel er vanuit de snijkant uit. Snijd alle kransjes doormidden of in vieren, afhankelijk van de grootte van de octopus. Trek de huid los van de koppen en armen, als dat gemakkelijk gaat.
2 Doe de stukken octopus in een grote pan en kook ze op een hoog vuur 15–20 minuten in hun eigen vocht, totdat ze droog staan. Schep de olie en uien erdoor. Voeg de azijn, wijn, tomaat, laurier, oregano, 250 ml water en $^{1}/_{2}$ tl grof gemalen zwarte peper toe en breng alles aan de kook. Zet het vuur laag en laat alles $1^{1}/_{2}$ – 2 uur sudderen, tot de octopus zacht is. Voeg wat water toe als de octopus nog niet gaar is en het vocht opraakt. Zorg dat er voldoende vocht overblijft, zodat de octopus in een sausje ligt.
TIP: Jonge, kleine octopus is malser dan grotere. Octopus is naaste familie van de pijlinktvis en de zeekat. Als u geen kleine octopus kunt krijgen, kunt u een van de andere soorten gebruiken.

OCTOPUS IN RODE WIJN

Verwijder de ogen door een rondje uit te snijden; begin onder aan de kop.

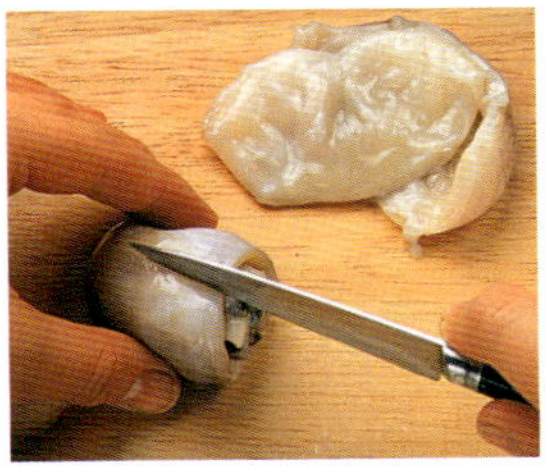

Snijd de kop voorzichtig open en verwijder de darm.

Duw de snavel met uw vingers vanuit de snijkant uit het kransje armen.

Kook de stukken octopus op een hoog vuur in hun eigen vocht, totdat ze droogstaan.

BOVEN:
Octopus in rode wijn

BARRAMUNDA
In Australië geldt barramunda als een van de smakelijkste consumptievissen. Het is een soort die gedijt in baaien en getijdemeren, lagunes en de estuaria van grote rivieren. De vis is zo populair dat sportvissers in het noorden van Australië soms enorm veel geld betalen om zich per helikopter te laten vervoeren naar ontoegankelijke gebieden waar de barramunda voorkomt. De naam is afkomstig van de aborigines en betekent 'riviervis met grote schubben'.

BOVEN: Zeevruchten mornay

ZEEVRUCHTEN MORNAY

Voorbereidingstijd: 35 minuten
Kooktijd: 35 minuten
Voor 8–10 personen

☆

80 g boter
60 g bloem
125 ml droge witte wijn
250 ml dikke room (koksroom)
250 ml melk
125 g geraspte Cheddar
2 el grove mosterd
1 el mierikswortelsaus
6 lente-uitjes, gesneden
80 g vers broodkruim
1 kg filet van witte vis (bijv. zeeduivel, koolvis, snapper, platkopharder), zonder vel, in blokjes
450 g sint-jacobsschelpen, schoongemaakt
400 g gekookte gepelde kleine garnalen

Korst

240 g vers broodkruim
3 el gehakte verse peterselie
60 g boter, gesmolten
125 g geraspte Cheddar

1 Verwarm de oven voor op 180°C (gasstand 4). Vet een ovenschaal van 2 l licht in.
2 Smelt 60 g van de boter op een laag vuur. Roer de bloem erdoor, tot u een lichte, schuimende roux hebt. Neem de pan van het vuur en roer de wijn, room en melk geleidelijk door de roux. Zet de pan op het vuur en blijf roeren tot de saus kookt en dik wordt. Maak af met zout en peper. Roer de Cheddar, mosterd, mierikswortel, lente-uitjes en het broodkruim er goed door.
3 Smelt de rest van de boter op een laag vuur in een grote pan en roer de vis en sint-jakobsschelpen er in porties door, tot ze beginnen te verkleuren. Laat ze uitlekken, doe ze met de garnalen bij de saus en schep alles in de ovenschaal.
4 Meng de ingrediënten voor het korstje en verdeel ze over de mornay. Zet de ovenschaal 35 minuten in de oven, tot het korstje goudbruin is en de saus pruttelt.

CIOPPINO

Voorbereidingstijd: 30 minuten + 30 minuten weken
Kooktijd: 1 uur
Voor 4 personen

☆☆

2 gedroogde Chinese paddestoelen
1 kg filet van witte vis (bijv. heek, snapper, roodbaars, rode mul), zonder vel
375 g rauwe grote garnalen
1 rauwe kreeftenstaart van ongeveer 400 g
12–15 mosselen
60 ml olijfolie
1 grote ui, fijngesnipperd
1 groene paprika, fijngesneden
2–3 teentjes knoflook, uit de knijper
425 g tomaten uit blik
250 ml witte wijn
250 ml tomatensap
250 ml visbouillon
1 laurierblaadje
2 takjes verse peterselie
2 tl gehakt vers basilicum
1 el gehakte verse peterselie, extra

1 Week de paddestoelen 20 minuten in een kom kokend heet water. Snijd de vis in stukken.
2 Pel de garnalen, behalve het staartje. Trek het donkere darmpje eruit; begin bij de kop.
3 Knip de zijkanten van de kreeftenschaal vlak langs de onderkant open; begin bij de kop. Klap de schaal open, haal het vlees eruit en snijd dit in kleine stukjes.
4 Borstel de mosselen schoon en verwijder de baarden. Gooi beschadigde of geopende schelpen die zich niet goed sluiten als u de helften licht op elkaar drukt weg. Spoel ze goed af.
5 Laat de paddestoelen uitlekken, knijp ze droog en snijd ze fijn. Verhit de olie in een pan met een dikke bodem en bak de ui, paprika en knoflook hierin 5 minuten op een matig vuur, tot de ui zacht is. Voeg paddestoelen, tomaten, wijn, bouillon, takjes peterselie, basilicum, tomatensap en het laurierblaadje toe. Breng de saus aan de kook, zet het vuur laag en laat de saus met het deksel op de pan 30 minuten pruttelen.
6 Leg de vis en de garnalen in lagen in een grote pan. Voeg de saus toe, doe het deksel op de pan en laat alles op een laag vuur 10 minuten sudderen, tot de garnalen roze zijn en de vis gaar is. Doe de kreeft en mosselen erbij en laat de cioppino nog eens 4–5 minuten sudderen. Gooi ongeopende mosselen weg. Voeg naar smaak peper en zout toe. Strooi er peterselie over.

ZALMKRUIMELTAART

Schil 1 kg bloemige aardappels en snijd ze in vieren. Kook ze, giet ze af en pureer ze. Smelt 60 g boter in een pan en smoor hierin 10 fijngesneden lente-uitjes en 2 teentjes knoflook uit de knijper, tot ze zacht zijn. Roer ze met 4 el melk en 415 g uitgelekte en losgewerkte zalm uit blik door de puree. Schep de zalmpuree in een ondiepe ovenschaal. Meng 60 g gesmolten boter, 160 g vers broodkruim, 3 el geraspte Cheddar en wat gehakte peterselie in een kom. Strooi over de puree. Zet de schaal 20 minuten in een vrij hete oven (200°C, stand 6), tot de korst goudbruin en knapperig is. Voor 4–6 personen.

ONDER: Cioppino

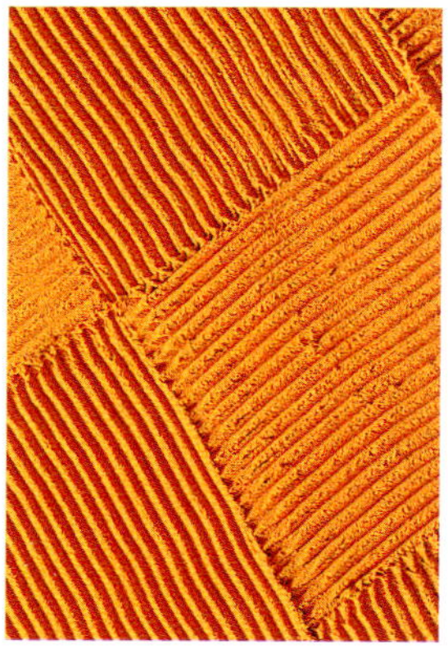

INDIASE GARNALENCURRY

Voorbereidingstijd: 25 minuten
Kooktijd: 20 minuten
Voor 4 personen

1 kg rauwe middelgrote garnalen
25 g ghee of boter
1 ui, fijngesnipperd
3 teentjes knoflook, uit de knijper
1 tl geraspte verse gember
1/2 tl cayennepeper
2 tl gemalen komijn
1 tl garam masala
1/2 tl gemalen koenjit (geelwortel)
425 g gehakte tomaat uit blik, niet uitgelekt
80 ml santen
2 tl fijngehakte groene Spaanse peper
2 el gehakte verse koriander

1 Pel de garnalen, behalve het staartje. Trek het donkere darmpje er voorzichtig uit; begin bij de kop.

2 Verhit de ghee of boter in een grote, diepe koekenpan. Bak de ui hierin op een matig vuur, tot hij zacht en goudbruin is. Voeg de knoflook en gember toe en bak ze 1 minuut. Doe de cayennepeper, komijn, garam masala en koenjit erbij en bak alles nog 1 minuut, tot de geuren vrijkomen.

3 Doe de garnalen en tomaten in de pan en laat alles 10–15 minuten sudderen, tot de garnalen gaar zijn en de saus wat is ingedikt.

4 Roer de santen erdoor. Voeg de Spaanse peper beetje bij beetje toe, tot de curry heet genoeg is naar uw zin. Voeg naar smaak zout toe en strooi de koriander over de curry.

TIP: U kunt ook filet van witte vis gebruiken in plaats van de helft van de garnalen.

BOVEN:
Indiase garnalencurry

THAISE GARNALENCURRY

Voorbereidingstijd: 30 minuten
Kooktijd: 10 minuten
Voor 4 personen

☆

1 kg rauwe middelgrote garnalen
1 kleine ui, grof gesneden
3 teentjes knoflook
4 gedroogde rode Spaanse pepers
4 zwarte peperkorrels
2 el gehakt vers citroengras (sereh)
1 el gehakte verse korianderwortel
2 tl geraspte limoenschil
2 tl hele komijn
1 tl zoete paprikapoeder
1 tl gemalen koriander
1 tl zout
3 el olie
2 el vissaus
1 stuk verse laos van 2 cm, in dunne plakjes
2 limoenblaadjes
500 ml santen

1 Pel de garnalen, behalve het staartje. Trek het donkere darmpje er voorzichtig uit; begin bij de kop.
2 Doe de ui, knoflook, Spaanse peper, peperkorrels, korianderwortel, limoenrasp, komijn, gemalen koriander, zout, het citroengras en het paprikapoeder met 2 el van de olie in een blender. Maal alles tot een gladde pasta.
3 Verhit de rest van de olie in een pan. Voeg de helft van de currypasta toe en bak deze al roerend 30 seconden op een laag vuur. Doe de vissaus, laos, limoenblaadjes en santen erbij en roer alles goed door elkaar.
4 Voeg de garnalen toe en laat de curry zonder het deksel op de pan 10 minuten sudderen, tot de garnalen gaar zijn en de saus wat is ingedikt. Dien de curry op met gestoomde rijst.
TIP: U kunt currypasta in een goed afgesloten bakje 2 weken in de koelkast en 2 maanden in de vriezer bewaren.

THAISE CURRY

Pel de pantsertjes van de garnalen, maar laat de staart eraan zitten.

Maal de ui, knoflook, Spaanse pepers, zout, limoenrasp, kruiden en specerijen tot een gladde pasta.

Doe de vissaus, laos, santen en de limoenblaadjes in de pan.

Voeg de garnalen toe en laat de curry sudderen, totdat de garnalen roze zijn en de saus wat is ingedikt.

BOVEN:
Thaise garnalencurry

VIS IN EEN ZOUTKORST

Voorbereidingstijd: 20 minuten
Kooktijd: 30–40 minuten
Voor 6 personen

✯✯

1,8 kg hele vis (bijv. tarpon, goudmakreel, grouper), schoongemaakt, geschubd
2 citroenen, in schijfjes
4 takjes verse tijm
1 venkelknol, in dunne plakjes
3 kg grof zeezout
100 g bloem

1 Verwarm de oven voor op 200°C (gasstand 6). Spoel de vis af en dep hem van binnen en buiten droog. Vul de buik met de citroenschijfjes, tijm en venkel.
2 Strooi de helft van het zout in een groot bakblik en leg de vis er bovenop.
3 Bedek de vis met de rest van het zout. Druk het zout stevig aan.
4 Meng de bloem met wat water tot een glad papje en kwast dit voorzichtig en gelijkmatig over de zoutlaag. Zorg ervoor dat de zoutkorst intact blijft.
5 Bak de vis 30–40 minuten in de oven. Hij is klaar als u een breinaald in het midden van de vis kunt steken en deze er heet uitkomt. Breek de zoutkorst voorzichtig open met de bolle kant van een lepel en schraap het vel van de vis. Er mag geen zout op het vlees achterblijven. Dien de vis op met Montpellier-boter (zie bladzijde 129).

KERRIEGARNALEN

Voorbereidingstijd: 20 minuten
Kooktijd: 10 minuten
Voor 4 personen

✯

1 kg (2 lb) rauwe middelgrote garnalen
30 g boter
1 ui, gesnipperd
1 teentje knoflook, uit de knijper
1 el kerrie
60 g bloem
500 ml melk
1/4 tl gemalen nootmuskaat
1/4 tl paprikapoeder

1 Pel de garnalen, behalve het staartje. Trek het donkere darmpje eruit; begin bij de kop.
2 Smelt de boter op een laag vuur in een pan en bak de ui hierin, tot hij zacht is. Roer de knoflook, kerrie en bloem erdoor en bak alles 1 minuut, tot alle ui bedekt is met bloem.
3 Neem de pan van het vuur en roer de melk, de nootmuskaat en het paprikapoeder er geleidelijk door. Zet de pan weer op het vuur en blijf roeren, tot de saus kookt en dikker wordt.
4 Voeg de garnalen toe en laat ze al roerend op een matig vuur in 2–3 minuten roze worden.

GEVULDE VIS

Voorbereidingstijd: 30–40 minuten
Kooktijd: 45 minuten
Voor 4 personen

✯✯

1 kg hele vis (bijv. snapper, zeebaars), schoongemaakt, geschubd
60 ml citroensap
30 g boter, in stukjes

Vulling

2 el olijfolie
1 kleine ui, fijngesnipperd
3 el gehakte verse selderie
2 el gehakte verse peterselie
80 g vers broodkruim
1 1/2 el citroensap
1 ei, losgeklopt

1 Verwarm de oven voor op 180°C (gasstand 4). Dep de vis droog en sprenkel er zout en citroensap overheen. Leg de vis apart.
2 Maak de vulling: verhit de olie in een pan en bak de ui hierin 2 minuten op een matig vuur, tot hij zacht is. Voeg de selderie en peterselie toe en bak alles al roerend nog 2 minuten. Schep het mengsel in een kom, voeg het broodkruim, het citroensap en naar smaak zout toe en roer alles goed door elkaar. Laat het even afkoelen en roer dan het ei erdoor.
3 Vul de buik en zet vast met tandenstokers. Leg de vis in een groot ingevet bakblik en verdeel de klontjes boter erover. Zet de vis 30–35 minuten in de oven, tot hij gaar is en het vlees gemakkelijk loslaat als u erin prikt. De precieze kooktijd is afhankelijk van de dikte van de vis. Leg de vis op een dienschaal. Garneer eventueel met schijfjes citroen en takjes verse dille.

VIS IN EEN ZOUTKORST
Zout wordt van oudsher gebruikt bij de bereiding van vis, als conserveringsmiddel en smaakversterker. Als vis in zijn geheel tussen lagen zout wordt gebakken, blijft alle vocht in het vlees zitten, zonder dat de vis te zout wordt. Het zout maakt de vis wél smakelijker. Als u het vel eraf schraapt, komt er heerlijk sappig vlees te voorschijn.

LINKERBLADZIJDE: Vis in een zoutkorst (boven), gevulde vis

VISTERRINE

Voorbereidingstijd: 1 uur
Kooktijd: 35 minuten + koelen
Voor 8 personen

☆☆☆

Eerste laag

500 g rauwe middelgrote garnalen, gekoeld
2 eiwitten, gekoeld
1 snufje versgeraspte nootmuskaat
250 ml room, gekoeld
150 g dunne sperziebonen

BOVEN: Visterrine

Tweede laag

250 g zalm- of zeeforelfilet, zonder vel, gehakt
2 eiwitten, gekoeld
2 el gehakte verse bieslook
250 ml room, gekoeld

Tomatencoulis

750 g zeer rijpe Roma-tomaatjes
2 el extra virgine olijfolie
1 ui, zeer fijngesnipperd
2 el Grand Marnier (naar keuze)

1 Verwarm de oven voor op 180°C (gasstand 4). Vet een broodblik met een inhoud van 1,5 liter (22 x 12 cm) in met olie en bedek de bodem met bakpapier.
2 Maak de eerste laag: pel de garnalen. Trek het donkere darmpje eruit; begin bij de kop. Maal het vlees fijn in de keukenmachine. Voeg de eiwitten één voor één toe, tot u een gladde massa hebt. Breng op smaak met zout, peper en nootmuskaat. Voeg de room geleidelijk toe. Laat de machine niet te lang draaien, anders gaat de room schiften. Schep het mengsel in het broodblik, dek het af en zet het in de koelkast.
3 Kook de bonen gaar. Giet ze af en dompel ze in koud water. Laat ze uitlekken, dep ze droog en schik ze in de lengte op de garnalenpuree.
4 Maak de tweede laag: maal de vis fijn. Voeg de eiwitten één voor één toe, tot u een gladde massa hebt. Doe de bieslook erbij. Voeg de room geleidelijk toe. Laat de machine niet te lang draaien, anders gaat de room schiften. Verdeel het mengsel over de bonen.
5 Dek de terrine goed af met ingevette folie en zet hem in een bakblik. Giet zoveel koud water in het bakblik dat de terrine half onder staat. Bak de terrine 35 minuten in de oven, tot hij in het midden net gestold is. Laat hem afkoelen voor u de folie verwijdert. Dek de terrine af met plasticfolie en laat hem in de koelkast opstijven. Dien op kamertemperatuur op.
6 Maak de tomatencoulis: kruis alle tomaten aan de onderkant in. Leg ze 30 seconden in kokend water, dompel ze dan in koud water en laat ze uitlekken. Ontvel de tomaten, halveer ze, schep de zaadlijsten eruit en snijd het vlees fijn. Verhit de olie en bak de ui hierin al roerend 2–3 minuten, tot hij zacht is. Voeg de tomaten toe en kook ze 8 minuten op een matig vuur, tot de massa is ingedikt; roer regelmatig. Voeg de Grand Marnier toe en laat deze 1 minuut meekoken. Laat afkoelen. Maal alles tot een gladde saus. Breng de coulis op smaak met peper en zout en serveer hem met een plak van de terrine.

ZEEBRASEM MET EEN TOMATEN-KAASKORSTJE

Voorbereidingstijd: 40 minuten
Kooktijd: 15 minuten
Voor 4 personen

☆

2 rijpe tomaten
1 kleine ui, fijngesnipperd
1 el tomatenpuree
1/2 tl gemalen komijn
1/2 tl gemalen koriander
tabasco, naar smaak
1/4 tl gemalen peper
1 el citroensap
20 g boter, gesmolten
4 middelgrote zeebrasemfilets zonder vel
90 g geraspte Cheddar
40 g vers broodkruim
partjes citroen, als garnering

1 Kruis de tomaten aan de onderkant in. Leg ze 30 seconden in kokend water, dompel ze in koud water en laat ze uitlekken. Ontvel de tomaten, halveer ze, schep de zaadlijsten eruit en snijd het vlees fijn.

2 Verwarm de oven voor op 180°C (gasstand 4). Vet een bakplaat licht in. Meng de tomaat in een kleine kom met de ui, tomatenpuree, komijn, koriander en tabasco.

3 Meng de peper, het citroensap en de boter in een ander kommetje. Leg de brasemfilets op de bakplaat, bestrijk ze met het botermengsel en schep de tomaten erover. Meng het broodkruim en de kaas door elkaar en strooi dit mengsel over de vis. Zet de bakplaat 15 minuten in de oven, tot de vis gaar is en het vlees gemakkelijk loslaat als u erin prikt. Dien de vis op met de partjes citroen.

TIP: Voor dit recept kunt u ook snapper, zonnevis of roodbaars gebruiken.

ZEEBRASEM

Zeebrasem is een zachte, zoetige rondvis. De naam van de vis is afgeleid van het Oud-Engelse woord voor 'glinstering', een verwijzing naar de glimmende schubben. Zeebrasem is het hele jaar te koop. Hij kan in zijn geheel worden gegrild of in de oven gebakken, of in filets worden gefrituurd of gepocheerd.

ONDER: Zeebrasem met een tomaten-kaaskorstje

GEVULDE KRAB

Voorbereidingstijd: 30 minuten
Kooktijd: 25 minuten
Voor 6 personen

✯✯

- 6 gekookte middelgrote blauwe zwemkrabben
- 60 g boter
- 2 teentjes knoflook, fijngesneden
- 1/2 rode paprika, fijngesneden
- 1/2 kleine groene paprika, fijngesneden
- 1 kleine ui, fijngesnipperd
- 1 stengel bleekselderij, fijngesneden
- 1/2 verse rode Spaanse peper, fijngesneden
- 1/4 tl selderiezout
- 1/4 tl gedroogde tijm
- 170 ml geconcentreerde bisque uit blik
- 80 g fijn vers broodkruim

ONDER: Gevulde krab

1 Draai de poten en scharen van de krabben los en kraak ze. Haal het vlees uit de poten, maar houd de scharen apart. Licht de rok aan de zijkant van het lichaam op en wrik het rugschild eraf. Verwijder de zachte organen en kieuwen. Borstel de rugschilden schoon en bewaar ze. Haal het krabvlees uit elkaar en verwijder harde scherfjes.
2 Smelt de boter in een pan en voeg de knoflook, paprika, ui, bleekselderij en Spaanse peper toe. Bak ze al roerend ongeveer 5 minuten op een matig vuur.
3 Voeg het selderiezout, de tijm en de bisque toe en kook alles 3 minuten. Roer het krabvlees en de helft van het broodkruim er goed door. Indien nodig peper en zout toevoegen.
4 Verwarm de oven voor op 200°C (gasstand 6). Schep het krabmengsel in de rugschilden en strijk de bovenkant glad. Strooi de rest van het broodkruim erover en druk het vast.
Bak de krabben ongeveer 15 minuten in de oven, tot ze goed doorgewarmd en goudbruin zijn. Leg de scharen er tegen het eind van de kooktijd bij om door te warmen.
TIP: U kunt dit recept ook gebruiken voor ingevroren krabvlees, dat u in eenpersoons ovenschaaltjes bakt. In plaats van bisque kunt u ook oester- of romige kippensoep gebruiken.

CRÊPES MET ZEEVRUCHTEN

Voorbereidingstijd: 25 minuten + 1 uur rusten
Kooktijd: 30 minuten
Voor 6 personen

✯✯

- 85 g bloem
- 250 ml melk
- 1 ei
- 15 g boter, gesmolten
- 1 tl suiker

Vulling

- 300 g rauwe garnalen
- 60 g boter
- 4 lente-uitjes, wit en loof afzonderlijk fijngesneden
- 1 tl cajunmix (zie Tip)
- 1/2 tl zoete paprikapoeder
- 1 grote tomaat, fijngesneden
- 125 ml droge witte wijn
- 170 g krabvlees uit blik, uitgelekt, losgewerkt
- 125 ml room

I el bloem
24 verse oesters
2 el geraspte Cheddar

1 Zeef de bloem in een grote kom en maak een kuiltje in het midden. Roer de melk, ei, boter en suiker in een andere kom door elkaar. Giet dit mengsel geleidelijk bij de bloem en klop er een glad beslag van. Dek de kom af en laat het beslag 1 uur rusten.

2 Maak de vulling: pel de garnalen. Trek het donkere darmpje er voorzichtig uit; begin bij de kop. Snijd de garnalen fijn. Smelt de boter in een pan en bak het wit van de lente-uitjes hierin 2 minuten op een matig vuur. Voeg de cajunmix, het paprikapoeder en de tomaat toe en bak ze al roerend 3–4 minuten. Giet de wijn erbij en laat de saus al roerend wat inkoken.

3 Roer het garnalen- en krabvlees door de saus en laat het 2–3 minuten sudderen. Meng de room en de bloem in een kommetje en giet ze bij de saus. Blijf roeren, tot het mengsel kookt en dikker wordt. Voeg de oesters en het loof van de lente-uitjes toe. Neem de pan van het vuur.

4 Verwarm de oven voor op 180°C (gasstand 4). Wrijf een crêpepan of koekenpan met anti-aanbaklaag (16 cm doorsnee) in met een in olie of boter gedoopt propje papier. Verhit de pan op een matig vuur. Schenk een klein beetje beslag in de pan en draai de pan rond, zodat de hele bodem bedekt raakt. Draai de crêpe om zodra er blaasjes ontstaan op het oppervlak en bak ook de andere kant goudbruin. Laat hem uit de pan glijden. Gebruik al het beslag op deze manier. Leg de crêpes op een stapel en dek ze af met een schone theedoek.

5 Verdeel het zeevruchtenmengsel over de crêpes en rol ze op. Leg de crêpes naast elkaar in een licht ingevette ovenschaal. Strooi de kaas erover en zet ze 10 minuten in de oven, tot ze goed doorgewarmd zijn. U kunt de crêpes opdienen met partjes citroen of limoen en garneren met takjes waterkers.

TIP: Cajunkruiden zijn te koop in sommige supermarkten en in delicatessenzaken. Als u uw eigen mix wilt maken, raadpleeg dan bladzijde143.

CRÊPES

Crêpes zijn dunne pannenkoekjes van eieren, bloem, melk en eventueel gesmolten boter. Bij zoete crêpes wordt meestal wat suiker aan het beslag toegevoegd, bij hartige crêpes kruiden en specerijen. Crêpes blijven 3 maanden goed in de vriezer, zolang ze niet gevuld zijn. Leg steeds om en om een crêpe en een vel bakpapier op elkaar. Laat de crêpes afkoelen en pak ze eerst in plasticfolie en dan in aluminiumfolie. Leg ze in een diepvriesdoos en vries ze in. Laat de crêpes voor gebruik in de koelkast ontdooien.

BOVEN:
Crêpes met zeevruchten

BOVEN: *Flan met gerookte vis*

FLAN MET GEROOKTE VIS

Voorbereidingstijd: 30 minuten + 20 minuten rusten
Kooktijd: 55 minuten
Voor 6 personen

☆☆

Flandeeg

125 g bloem
60 g boter, in stukjes
1 ei, losgeklopt
1 el citroensap

Vulling

300 g gerookte kabeljauw- of schelvisfilet
3 eieren, losgekopt
125 ml room
60 g geraspte Cheddar
1 el gehakte verse dille

1 Verwarm de oven voor op 210°C (gasstand 6–7). Vet een bakvorm met losse bodem van 22 cm doorsnee licht in.
2 Zeef de bloem in een kom en wrijf de boter er met uw vingertoppen doorheen, tot u een soort broodkruim overhoudt. Maak een kuiltje en giet hierin de eieren, het citroensap en 1–2 el water. Werk alles met een mes door de bloem (maak een snijbeweging), tot het deeg 'kralen' vormt. Kneed het deeg tot een bal, druk het plat tot een schijf, wikkel het in plasticfolie en laat het 20 minuten rusten in de koelkast.
3 Rol het deeg tussen 2 vellen bakpapier uit. Haal het bovenste vel eraf. Bedek de bodem en randen van de bakvorm met de lap deeg; druk de zijkanten goed aan. Bedek de deegbodem met een verfrommeld stuk bakpapier en een laag rauwe bonen of rijst. Bak het deeg 10 minuten in de oven. Verwijder het papier en de bonen en laat het deeg in nog eens 5 minuten goudbruin worden. Laat het wat afkoelen. Zet de oven op matig heet (180°C, stand 4).
4 Leg de vis in een koekenpan en giet er zoveel water over dat hij onder staat. Breng het aan de kook, zet het vuur laag en laat de vis 10–15 minuten sudderen, totdat het vlees gemakkelijk loslaat als u erin prikt. Laat de vis uitlekken op verfrommeld keukenpapier en laat hem afkoelen.
5 Maak de vulling: maak de kabeljauw los met een vork. Meng de eieren, room, kaas en dille in een kom en voeg de vis toe; roer goed. Schep het mengsel op het korstdeeg en zet de flan 40 minuten in de oven, totdat alle ei gestold is. Dien de flan warm of koud op met partjes citroen of limoen en een groene salade.

VIS WELLINGTON

Voorbereidingstijd: 30 minuten
Kooktijd: 1 uur + 15 minuten
Voor 6 personen

✮✮

40 g boter
3 uien, in dunne plakjes
2 x 300 g visfilet van 30 cm lengte (bijv. zeeduivel, haai, heek, leng), zonder vel
1/2 tl zoet paprikapoeder
2 rode paprika's
1 grote aubergine van 320 g, in plakken van 1 cm
375 g diepvriesbladerdeeg, ontdooid
35 g droog broodkruim
1 ei, losgeklopt
250 g yoghurt
1–2 el gehakte verse dille

1 Smelt de boter in een pan en roer de uien er goed door. Smoor ze 15 minuten met het deksel op de pan op een laag vuur; roer af en toe. Deksel eraf. Bak de uien al roerend 15 minuten, tot ze heel zacht en lichtbruin zijn. Laat ze afkoelen en voeg naar smaak peper en zout toe.

2 Wrijf de filets aan één kant in met paprikapoeder. Leg ze met de witte kanten op elkaar. Als de filets aan het eind dunner worden, leg ze dan zo op elkaar dat het geheel overal even dik is.

3 Snijd de paprika's in vieren, verwijder de zaadjes en leg de stukken met het vel naar boven onder een hete grill, tot het vel blakert en blaren trekt. Laat ze afkoelen in een plastic zak en ontvel ze. Leg de plakken aubergine op een ingevette bakplaat, bestrijk ze met olie en strooi er peper en zout over. Grill ze aan weerskanten goudbruin.

4 Verwarm de oven voor op 220°C (gasstand 7). Rol het deeg uit op een met bloem bestoven oppervlak tot een lap waarin de vis kan worden ingepakt (ongeveer 35 x 25 cm). De precieze afmeting is afhankelijk van de grootte van de vis. Strooi het broodkruim over het midden van de deeglap en leg de vis er bovenop. Schep de uien erover en leg eerst de paprika en dan de aubergine er dakpansgewijs bovenop.

5 Bestrijk de randen van het deeg met ei. Vouw het deeg dicht en druk de naad goed aan. Versier de pastei met overgebleven stukjes deeg. Bestrijk het deeg met ei en bak de Wellington 30 minuten in de oven. Dek het deeg af met folie als het te donker dreigt te worden. Snijd de Wellington in plakken.

6 Meng de yoghurt en dille met wat zout en peper in een kom en geef dit bij de Wellington.

ONDER: Vis Wellington

PIKANTE VIS MET GROENTE UIT DE OVEN

Voorbereidingstijd: 15 minuten + 30 minuten marineren
Kooktijd: 45 minuten
Voor 4 personen

☆☆

1 el hele komijn
4 teentjes knoflook
1 kleine verse rode Spaanse peper
1 bosje verse koriander, met wortel en al grof gehakt
1 tl zout
1 el citroensap
5 el olijfolie
1,5 kg of 2 x 750 g hele vis (bijv. roodbaars, zeeduivel), schoongemaakt, geschubd
2–3 rijpe tomaten
450 g nieuwe aardappels, in plakjes
100 g groene olijven zonder pit, gehalveerd

1 Rooster de komijn 2–3 minuten op een matig vuur in een droge koekenpan, totdat de zaadjes gaan geuren. Maal ze fijn in een vijzel of een specerijenmolentje.

2 Maal de gemalen komijn, knoflook, Spaanse peper, koriander, zout en het citroensap in de keukenmachine tot een gladde pasta. Laat de motor draaien en giet 2 el van de olijfolie in een dunne straal bij de pasta.

3 Spoel de vis af en dep hem droog. Maak aan beide zijkanten 3–4 schuine inkepingen en wrijf de vis in met de pasta. Wikkel in plasticfolie en laat 30 minuten in de koelkast marineren.

4 Verwarm de oven voor op 240°C (gasstand 9). Snijd de tomaten in dikke plakken en halveer deze. Leg de vis in het midden van een groot bakblik. Spreid de tomaten, aardappels en olijven eromheen. Giet 60 ml water en de rest van de olijfolie over de vis en de groente. Zet het bakblik 40 minuten in de oven, tot de vis gaar is; bedruip hem regelmatig. De vis is gaar als het vlees gemakkelijk loslaat wanneer u erin prikt.

ONDER: Pikante vis met groente uit de oven

PIJLINKTVIS OP Z'N GRIEKS

Voorbereidingstijd: 30 minuten
Kooktijd: 35 minuten
Voor 4–6 personen

☆☆

Vulling

1 el olijfolie
2 lente-uitjes, gesneden
280 g koude gekookte rijst
60 g pijnboompitten
75 g krenten
2 el gehakte verse peterselie
2 tl fijngeraspte citroenschil
1 ei, losgeklopt

1 kg middelgrote pijlinktvismantels

Saus

4 grote rijpe tomaten
1 el olijfolie
1 ui, fijngesnipperd
1 teentje knoflook, uit de knijper
60 ml goede rode wijn
1 el gehakte verse oregano

1 Verwarm de oven voor op warm (160°C, stand 2–3). Maak de vulling: meng de olie, het lente-uitje, de rijst, pijnboompitten, krenten, peterselie en citroenrasp in een kom. Voeg zoveel ei toe dat alle ingrediënten vochtig zijn.
2 Spoel de inktvismantels schoon en dep ze van binnen en buiten droog. Vul iedere mantel voor driekwart. Zet de einden vast met een tandenstoker. Leg de mantels naast elkaar in een ovenschaal.
3 Maak de saus: kruis de tomaten aan de onderkant in. Leg ze 30 seconden in kokend water, dompel ze dan in koud water en laat ze uitlekken. Ontvel de tomaten en snijd het vlees fijn. Verhit de olie in een pan. Bak de ui en knoflook hierin 2 minuten op een laag vuur, tot de ui zacht is. Voeg de tomaten, wijn en oregano toe en breng alles aan de kook. Zet het vuur laag en laat de saus met het deksel op de pan 10 minuten pruttelen.
4 Giet de hete saus over de pijlinktvis, dek de ovenschaal af en bak de inktvis in 20 minuten in de oven gaar. Verwijder de tandenstokers, snijd de mantels in dikke plakken en dien ze op. Schep de saus er vlak voor het opdienen overheen.
TIP: Voor dit recept moet u 100 g rijst koken.

BOVEN:
Pijlinktvis op z'n Grieks

BOVEN: Zalm uit de oven

ZALM UIT DE OVEN

Voorbereidingstijd: 10 minuten
Kooktijd: 35 minuten + 45 minuten staan
Voor 8 personen

☆

- 2 kg hele zalm, schoongemaakt
- 2 lente-uitjes, grof gehakt
- 3 takjes verse dille
- 1/2 citroen, in dunne schijfjes
- 6 zwarte peperkorrels
- 60 ml droge witte wijn
- 3 laurierblaadjes

1 Verwarm de oven voor op matig heet (180°C, stand 4). Spoel de zalm onder koud stromend water af en dep hem van binnen en buiten droog. Vul de buik met de lente-uitjes, dille, citroen en peperkorrels.

2 Leg twee grote vellen folie op elkaar en bestrijk het bovenste vel met olie. Leg de zalm erop. Sprenkel de wijn erover en rangschik de laurierblaadjes op de vis. Vouw de folie dicht en pak de zalm stevig in.

3 Leg de zalm in een ondiepe ovenschaal en zet hem 30 minuten in de oven. Zet de oven dan uit, maar laat de zalm er nog 45 minuten in staan; de ovendeur blijft dicht.

4 Vouw de folie open en verwijder het vel op de bovenliggende zijde van de zalm. Leg de zalm met de schoongemaakte kant op een dienschaal en verwijder de rest van het vel. Haal de vinnen en zichtbare graten weg. Dien op kamertemperatuur op met een saus naar keuze.

TIPS: Vouw de folie niet open tijdens het bakken of staan. Verwijder desgewenst de kop. U kunt ook zeeforel gebruiken.

Een eenvoudige komkommersaus voor bij de zalm: meng een paar fijngesneden Turkse komkommers met gehakte verse bieslook, 2 el eiermayonaise en een beetje Franse mosterd.

SNAPPERPASTEITJES

Voorbereidingstijd: 25 minuten
Kooktijd: 1 uur + 10 minuten
Voor 4 personen

✩✩

2 el olijfolie
4 uien, in dunne plakjes
375 ml visbouillon
875 ml room
1 kg snapperfilet zonder vel, in grote stukken
2 vellen diepvriesbladerdeeg, ontdooid
1 ei, losgeklopt

1 Verwarm de oven voor op heet (220°C, stand 7). Verhit de olie in een grote, diepe koekenpan en bak de ui hierin al roerend 20 minuten op een matig vuur. De ui moet goudbruin en iets gekarameliseerd zijn.

2 Giet de visbouillon erbij. Laat de bouillon in ongeveer 10 minuten inkoken, totdat bijna alle vloeistof is verdampt. Roer de room erdoor en breng het mengsel weer aan de kook. Zet het vuur laag en laat de saus ongeveer 20 minuten pruttelen, totdat het vocht tot de helft is ingekookt. Als u een lepel in de saus doopt, moet de saus op de bolle kant van de lepel blijven zitten.

3 Verdeel de helft van de saus over vier ronde ovenschaaltjes met een inhoud van 500 ml. Verdeel de vis over de schaaltjes en schep er nog wat saus over.

4 Snijd het bladerdeeg in rondjes die iets groter zijn dan de ovenschaaltjes. Bestrijk de randen van het deeg met een beetje ei. Leg de deeglapjes als een dekseltje op de ovenschaaltjes en druk ze aan. Bestrijk de bovenkant met een beetje ei. Zet de pasteitjes 30 minuten in de oven, tot de dekseltjes bros, goudbruin en luchtig zijn.

TIP: U kunt in plaats van snapper ook zeebrasem, roodbaars of geep gebruiken.

BOVEN: Snapperpasteitjes

REGISTER

Cursieve paginanummers verwijzen naar foto's, **vette** paginanummers naar tekstblokjes in de marge.

A

Aardappels
- Aardappelkoekjes met gerookte zalm 153
- Gepofte aardappel met garnalen en yoghurt 257
- Visburgers met aardappelpartjes 154, **154**, *155*
- Visstoofschotel met venkel en krieltjes 263

Abalone *zie* Zeeoor
Alikruik *23*
Amandelen, forel met 151, *151*
Ansjovis *12*
- Ansjovis in een korstje 149

Arboriorijst **236**
Atlantische zalm *18*
- Gepocheerde zalm 170, *170*, **170**
- Gepocheerde zalmfilet met hollandaisesaus 171, *171*

Aubergine
- Vis met aubergine en geroosterde paprika-aïoli 157, *157*

Avocadosalsa
- Citrusvis met een salsa van avocado 195, *195*
- Crabcakejes met avocadosalsa 87, *87*

Aziatisch
- Gebarbecuede garnalen op z'n Aziatisch 194, *194*
- Vissoep in Aziatische stijl 55, *55*

B

Bagna cauda 64
Balinese pijlinktvis, hete 136, *136*
Balsamicodressing, sint-jakobsschelpen met 92, *93*
Barbecuen, vis, schaal- en schelpdieren 10–11, **219**
Barramunda *12*, **265**
- Barramundaspiesjes 202–203

Basilicumboter, garnalenravioli met 231, *231*
Basisbeslag 144, *144*
Bay scallop *23 zie ook* Sint-jakobsschelpen
Beslag 144–145
Bechamelsaus 242
bedruipen en marineren 204–205
Beerkreeft, grote 21
Beerkreeft, kleine *22*
Beerkreeftjes **175**
- Beerkreeftjes met limoen-korianderboter 216, *216*, **216**
- Beerkreeftjes met mangosaus 175, *175*
- schoonmaken 29
- Zoete balsamicodressing, voor beerkreeftjes 215

Bierbeslag *144*, 145
Bieslook-citroencoating 145, *145*
Bieslookrolletjes met sahimizalm en komkommer 73, *73*
Bisque **40**
Bisque de crevettes *zie* Garnalensoep
Bisque de homard *zie* Kreeftensoep
Blackened fish 142, *142*
Blauwe zwemkrab *21*
Boniter *12*
Bot *14*
- Citroenvis 151
- Gepocheerde botfilets met een saus van witte wijn en oesters 189, *189*

Bouillabaisse 48, *48*, **48**
Bouquet garni 35
Brik a l'oeuf 268, *268*, **268**

C

Caesar salad 107
Cajunkruiden **143**
Cajun-'popcorn' 143
Cajunzwaardvis 224, *225*
Calamaris
- Calamari met chili-pruimensaus 122, *123*
- Geroerbakte calamari met groene peper 146–147
- *zie ook* Pijlinktvis

Californische rolletjes 74, *74*
Cannelloni
- Cannelloni met vis 242, **242**, *243*
- Zalm-citroencannelloni *234*, 235

Carpetbag steak 146, *146*
- *zie ook* Oesters

Chermouladressing, pijlinktvis met sint-jakobsschelpen en 110–111
Chilidressing, zoete 81
Chili-pruimensaus, calamari met 122, *123*
Chinese paddestoelen met sint-jakobsschelpen 180, *180*
Chirashi-zushi 75, *75*
Cioppino 281, *281*
Citroen
- Bieslook-citroencoating 145, *145*
- Citroenbotersaus 196
- Citroen-kappertjesboter 129, *129*
- Citroen-mosterdsaus 162
- Citroensaus 212
- Citroenvis 151
- Dipsaus met citroen en knoflook 203
- Knapperige vissticks met citroen 159
- Regenboogforel met citroen en kruiden 212, *212*
- Sint-jakobsschelpen met citroen-kruidenboter 223
- Vis met dille en citroenbotersaus 196, *196*
- Visrisotto met citroensap en kruiden 245, *245*
- Zalm-citroencannelloni *234*, 235

Citroengras (sereh)
Citroengrasspiesjes met garnalen 219
Mosselen met citroengras, basilicum en witte wijn 178, *178*
Vismoten met citroengras en koriander 265, *265*
Citrusvis met een salsa van avocado 195, *195*
Clam chowder 39, *39*
Coatings en beslag 144–145
Cocktailsaus 127, *127*
Common jack *zie* Crevalle
Coquilles Saint Jacques 80
Coulibiac 257, *257*
Court-bouillon 35
Crêpes **289**
Crêpes met zeevruchten 288–289, *289*
Crevalle *19*
Crustacea 8–9
Curry
Indiase garnalencurry 282
Kerriegarnalen 285
Krokant gebakken viscurry 132, *132*
Maleise viscurry 274
Thaise garnalencurry 283
Thaise groene viscurry 275
Viscurry uit Bombay 272–273

D
Dieppe, soepterrine uit 47, *46*
Diepzeebaars *16*
Dille
Garnalen met dillemayonaise 226, *226*
Gepocheerde visfilets met dillesaus 185
Gerookte zalm in een dilledressing 68
Mayonaise met dille 170
Vis met dille en citroenbotersaus 196, *196*
Zalm met dilleroom 227, *227*
Zonnevis met garnalen en romige dillesaus 152, *152*
Dim sum 180–181
Dipsaus 66, 92
Dipsaus met citroen en knoflook 203
voor Nori-pakketjes met garnalen en noedels 66
voor Vietnamese garnalenloempiaatjes 92

E
Ei- en kaviaarpastei 58–59
Eieren **86**
Eiwitbeslag 144, *144*
En papillote **267**
Escabeche 102, *103*

F
Farfalle met tonijn, champignons en room 233, *233*
Fish and chips 122, **122**, *123*
Flan met gerookte vis 290, *290*
Forel
Forel met amandelen 151, *151*
Forel met gember en koriander 264, *264*
Gerookte forel met warme sambal- en frambozendressing 106, *106*
Gestoomde forel met limoenboter 188, *188*
Regenboogforel met citroen en kruiden 212, *212*
Zeeforel met een prei-kappertjessaus 213, *213*
Forel, gerookte *20*
Forel, koraal *19*
Forel, regenboog *19*
Forel, zee- *19*
Franse vissoep 52, **52**, *53*
Frittata van zalm en pasta *234*, 235
Fritto misto di mare 166, *166*
Fusilli met tonijn, kappertjes en peterselie 237, *237*

G
Garnaal, reuzen- *23*
Garnaal, tijger- *23*
Garnalen **117**
Citroengrasspiesjes met garnalen 219
Garnalenballetjes 77, *77*
Garnalenburger met cocktailsaus 154
Garnalencocktail *78*, 79
Garnalencroustade 76, *76*
Garnalen en pijlinktvis 159
Garnalen gestoomd in bananenblad 71, *71*
Garnalengumbo 276, **276**, *277*
Garnalen in een mandje 65, *65*, **65**
Garnalen in een potje 62, *63*
Garnalenjambalaya 250, *250*
Garnalenkoteletjes *78*, 79
Garnalenloempia's 187
Garnalen met dillemayonaise 226, *226*
Garnalen met honing 165
Garnalen met knoflook en gember 130, *130*, **130**
Garnalen met limoen en zoete chilisaus 199
Garnalen met zoete kommerazijn 217, *217*
Garnalenmoes met maïs en zoete chili 60, *60*
Garnalenpasta **124**
Garnalenpasteitjes 269, *269*
Garnalenravioli met basilicumboter 231, *231*
Garnalensalade met papaja en limoendressing 101, *101*
Garnalensoep 40, *41*
Garnalensoep met udonnoedels 51, *51*
Garnalentoast 67, *67*
Garnalen-tonijnnigiri 73, *73*
Gebarbecuede garnalen op z'n Aziatisch 194, *194*
Gekarameliseerde garnalen 133, *133*
Gepofte aardappel met garnalen en yoghurt 257
Geroerbakte garnalen en sint-jakobsschelpen 121, *121*
Gestoomde of gefrituurde wan tans met garnalen 181
Gevulde garnalen in krokante wan tan 97
Indiase garnalencurry 282
Ingelegde garnalen 108, *109*
Japanse garnalensalade met komkommer 71
Kerriegarnalen 285
Knapperig gefrituurde noedels met garnalen 251
Nori-pakketjes met garnalen en noedels 66, *66*, **66**
Nori-rolletjes met krab en garnalen 68
Pellen en schoonmaken 29
Piri piri-garnalen 202
Pompoensalade met garnalen en rucola 101
Pompoensoep met kokos en garnalen 45, *45*

Saffraanrisotto met garnalen 236, *236*
Spiesjes van garnalen en sint-jakobsschelpen 199
Tagliatelle met garnalen en room 249
Thaise garnalencurry 283
Thaise garnalenomelet 96
Thaise gebakken noedels met garnalen 252
Thaise koriandersaus, voor garnalen 215
Vietnamese garnalen-loempiaatjes 92
Warme garnalensalde met rucola en feta 107
Zonnevis met garnalen en romige dillesaus 152, *152*
Gebakken gravad lax 127
Gebakken rijst 242
Gebakken vis 120, *120*, **120**
Gebakken zalm met gremolata 147
Gebarbecuede garnalen op z'n Aziatisch 194, *194*
Gebarbecuede inktvis 218, *218*, **218**
Gebarbecuede sardines 223, *223*
Gebarbecuede vis met ui en gember 203, *203*
Gebarbecuede zalmmoten met een zoete komkommerdressing 201
Gedroogde kabeljauw *13*
Geelvintonijn *20*
Geelvis *15*
Geep *14*
Geep met een rijstvulling 210, *210*
ontgraten 26
Gefillte Fisch 191, *191*, **191**
Gefrituurde haring, in havermoutbeslag 165
Gefrituurde krab 163, *163*
Gefrituurde pijlinktvis *134*, 135
Gefrituurde spiering *134*, 135
Geglaceerde visfilets van de grill 201, *201*
Gegrilde vis 224
Gekarameliseerde garnalen 133, *133*
Gemarineerde inktvis 139, *139*
Gemarineerde octopus met zoete chilidressing 81, *81*
Gemarineerde vissalade met Spaanse peper en basilicum 111, *111*
Gember
Gebarbecuede vis met ui en gember 203, *203*
Forel met gember en koriander 264, *264*
Garnalen met knoflook en gember 130, *130*, **130**
Gember-sojaoesters *88*, 89
Gember-wasabisaus, voor oesters 215
Gestoomde visfilets met gember en Spaanse peper 179, *179*
Vis in gemberbouillon 178
Gember-wasabisaus, voor oesters 215
Gepocheerde botfilets met een saus van witte wijn en oesters 189, *189*
Gepocheerde hele snapper 172, **172**, *173*
Gepocheerde visfilets in dillesaus 185
Gepocheerde snapper met een saus van verse tomaten 172, *173*
Gepocheerde zalm 170
Gepocheerde zalmfilet met hollandaisesaus 171, *171*
Gepofte aardappel met garnalen en yoghurt 257
Gerookte forel *20*
Gerookte forel met warme sambal- en frambozendressing 106, *106*
Gerookte kabeljauw *13*
Gerookte makreel *16*
Gerookte schelvis **83**, **176**
Gerookte schelvis, Chowder van 38, *38*
Gerookte schelvis in romige saus 176
Gerookte vis in witte saus 177, *177*
Gerookte vispaté 60, *61*
Gerookte zalm *18*
Gerookte zalm in een dilledressing 68, *69*
Gerookte zalm met fettucine 237
Gerookte zalm met pasta 241, *241*
Geroosterde babyoctopus 219, *219*
Gestoomde forel met limoenboter 188, *188*
Gestoomde of gefrituurde wan tans met garnalen 181
Gestoomde sint-jakobs-schelpen 187, *187*
Gestoomde visfilets met gember en Spaanse peper 179, *179*
Gestoomde zaagjes in witte wijn en knoflook 182, *182*
Gevulde garnalen in krokante wan tan 97, *97*
Gevulde krab 288, *288*
Gevulde mosselen 84, **84**, *85*
Gevulde sardines 91, *91*
Gevulde vis *284*, 285
Goudmakreel *16*
Gravad lax 62, **62**, *63*
Gebakken gravad lax 127
Groene-kruidendressing 105, 128, *128*
Grote beerkreeft *21*
Grouper *14*

H
Hand rolls *72*, 73
Harder *16*
Haring *15*
Haring in zure room 82
In havermoutbeslag gefrituurde haring 165
Rolmops 109, *109*
Hartschelp *21*
Hawaiiaanse vissalade 106
Heek *14*
Heilbot *15*
Hele snapper op z'n Thais 273, *273*
Hele vis roken 221
Hollandaisesaus **171**, 171
Gepocheerde zalmfilet met hollandaisesaus 171, *171*
Sint-jakobsschelpen met limoen-hollandaisesaus 210–211
Tonijn met zuring hollandaise 127, *127*
Homard à l'américaine *zie* Kreeft
Houtsoorten, voor roken 221
Hozemond *zie* Zeeduivel

I
Indiase garnalencurry 282, *282*
Ingelegde garnalen 108, *109*
Ingelegde mosselen/sardines 108, *109*
Ingelegde octopus 109, *109*
Inktvis, gemarineerde 139, *139*
Insalata di mare 84, *85*
Inside-out rolls 75, *75*
Internationaal zeevruchtenbuffet *214*, 215

Invriezen
bouillon 35
vis 9
Italiaanse visrolletjes 278–279

J
Jack *zie* Crevalle
Jambalaya **250**
Japanse garnalensalade met komkommer 71
Japanse oester *22*
Japanse oesters 159
Japanse zalmpakketjes 186, **186**, *186*
Jodenvis *zie* tarpon

K
Kabeljauw *13*, **197**
Flan met gerookte vis 290, *290*
Kabeljauw, gedroogde *13*
Kabeljauw, gerookte *13*
Kabeljauw, Murray *13*
Kabeljauwkuit *17*
Kappertjes **199**
Karper *12*
Kaviaar (kuit van stotdolf) *18*
Kaviaar
Ei- en kaviaarpastei 58–59
Pannenkoekjes met kaviaar 79
Kedgeree 246, *246*
Kingfish *zie* Geelvis
King George wijting *20*
Kleine beerkreeft *22*
Kleine roodbaars *17*
Klipvis *zie* Gedroogde kabeljauw
Knapperige vissticks met citroen 159
Knapperig gefrituurde noedels met garnalen 251, *251*
Knoflook **133**
Dipsaus met citroen en knoflook 203
Garnalen met knoflook en gember 130, *130*, **130**
Gestoomde zaagjes in witte wijn en knoflook 182, *182*
Knoflookmarinade 205, *205*
Knoflookmayonaise 112
Pijlinktvis met knoflook en Parmezaanse kaas 200, *200*
Spaanse makreel met knoflookboter 131
Tonijnsalade met knoflookmayonaise 112, *113*
Vis met een korstje van knoflookkruim *266*, 267
Kokhaan *zie* Kokkel
Kokkel *21*
Kokosnoot
Pompoensoep met kokos en garnalen 45, *45*
Snapper, gepocheerd in kokosmelk 184, *185*
Komkommer
Bieslookrolletjes met sashimizalm en komkommer 73
Garnalen met zoete komkommerazijn 217, *217*
Gebarbecuede zalmmoten met een zoete komkommerdressing 201
Japanse garnalensalade met komkommer 71
Koolvis *13*
Koolvis, zwarte *zie* Koolvis
Koraalforel *19*
Koude visschotel 158
Koud roken 220
Krab
Chili-krab *148*, 149
Gefrituurde krab 163, *163*
Gevulde krab 288, *288*
Krabcakejes met avocadosalsa 87, *87*
Krab met strepen 95, *95*
Krabsalade met mango 116, **116**, *116*
Maïssoep met krab en koriander 43, *43*
Mangrovekrabben **149**
Nori-rolletjes met krab en garnalen 68
Pittige krabsalade met tomaat 59, *59*
Quiches met krab en lente-uitjes 264
schoonmaken 28
Krab, blauwe zwem- *21*
Krab, mangrove- *21*
Krab, Noordzee- *21*
Kreeft *22*
Homard à l'américaine 138
Kreeftensoep 40, *41*
Kreeft mornay 208, *209*
Kreeft thermidor 208, **208**, *209*
Kreeft uit de oven 262–263
schoonmaken 26–27
Kreukel *zie* Alikruik
Krokante visfilets 131, *131*
Krokant gebakken viscurry 132, *132*
Kroketten
Stokviskroketjes met Skordalia 161
Viskroketten 86, *86*
Kruidenmayonaise 199
Kuit, kabeljauw- *17*
Kuit, snotdolf- (kaviaar) *18*
Kuit, zalm- *18*

L
Laksa **42**
Laksa van zeevruchten 42, *42*
Langoest *22*
Langoestine *21*
Laos **275**
Lasagna met vis 232, *232*
Leng *16*
Limoenen **195**
Beerkreeftjes met limoen-korianderboter 216, *216*, **216**
Garnalen met limoen en zoete chilisaus 199
Garnalensalade met papaja en limoendressing 101, *101*
Gestoomde forel met limoenboter 188, *188*
Limoenboter 188
Limoen-hollandaisesaus 210
Limoen-korianderboter 216
Limoen-pepermarinade *204*, 205
Sint-jakobsschelpen met limoen-hollandaisesaus 210–211

M
Maïssoep met krab en koriander 43, *43*
Makreel, gerookte *16*
Makreel, goud- *16*
Makreel, Spaanse *16*
Maleise viscurry 274, *274*
Mango
Beerkreeftjes met mangosaus 175, *175*
Krabsalade met mango 116, **116**, *116*
Mangrovekrabben *21*, **149**
Manhattan-chowder 49, *49*
Marineren en bedruipen 204–205
Marron *22*
Mayonaise
Dillemayonaise 170, 226
Garnalen met dillemayonaise 226, *226*

Knoflookmayonaise 112
Kruidenmayonaise 199
Oesters met sesamzaad-mayonaise 89, *89*
Tonijnsalade met knoflookmayonaise 112, *113*
Mediterrane vissoep 36, *36*
Mediterrane oesters 89, *89*
Mierikswortelsaus 212
Mollusca 9
Montpellierboter 129, *129*
Mossel *22*
Mosselen *22*, **244**
Gevulde mosselen 84, **84**, *85*
Ingelegde mosselen/sardines 108, *109*
Italiaanse mosselsoep 52, *53*
Mosselen in twee sauzen 262, *262*
Mosselen met citroengras, basilicum en witte wijn 178, *178*
Mosselen saganaki 90, *90*
Mosselsalade met saffraandressing 102, *103*
Roken 221
Romige mosselsoep 39
Schoonmaken 30
Sjalotten-azijndressing, voor mosselen 215
Spaghetti en mosselen in een saus van tomaten en verse kruiden 240, *240*
Thaise mosselen 68, **68**, *69*
Mosterdsaus 62
Moules marinière 80, *80*
Mul *zie* Rode mul
Murray kabeljauw *13*

N

Nasi goreng 253, *253*, **253**
Noordzeekrab *21*
Noorse kreeft *zie* Langoestine
Noorse kreeftjes met kruiden en cidersaus 217
Nori
Nori-kruimcoating 145, *145*
Nori-pakketjes met garnalen en noedels 66, *66*, **66**
Nori-rolletjes met krab en garnalen 68
Nori-rolletjes met tonijn en zalm 72, *72*
Zalm in nori met pasta 167, *167*

O

Octopus *22*
Gemarineerde octopus met zoete chili-dressing 81, *81*
Geroosterde babyoctopus 219, *219*
Ingelegde octopus 109, *109*
Octopus in rode wijn 279, **279**, *279*
schoonmaken 31
Oester, Angasi- *22*
Oester, Japanse *22*
Oester, rots- *23*
Oesters 88–89, **215**
Carpetbag steak 146, *146*
Gember-sojaoesters *88*, 89
Gember-wasabisaus, voor oesters 215
Japanse oesters 159
Lossnijden 28
Mediterrane oesters 89, *89*
Oesters Kilpatrick 89, *89*
Oesters met mornaysaus 88, *88*
Oesters met sesamzaad-mayonaise 89, *89*
Oesters met zalmkuit en crème fraîche 89, *89*
Oesters New Orleans 142–143
Oesters Rockefeller 88, *88*
Romige oestersoep 50
Timbaaltjes van sint-jakobsschelpen met romige oestersaus 183, *183*
Verse oesters met dragon 68, *69*
Omelet Arnold Bennett 83, *83*
Ovenschotel van vis en bulghur 267

P

Paella *244*, 244–245
Pannenkoekjes met kaviaar 79
Paprika-aïoli
Vis met aubergine en geroosterde paprika-aïoli 157, *157*
Pelser *zie* Sardines
Picadadressing 218
Picadasaus 258
Pijlinktvis *23*, **110**
Gebarbecuede inktvis 218
Gefrituurde pijlinktvis *134*, 135
Gemarineerde inktvis 139, *139*
Hete Balinese pijlinktvis 136, *136*
Inktspaghetti 232–233
Inktvisinkt **233**
Pijlinktvis met knoflook en Parmezaanse kaas 200, *200*
Pijlinktvis met sint-jakobsschelpen en chermouladressing 110–111
Pijlinktvis met zout en peper 160, *160*
Pijlinktvis op z'n Grieks 293, *293*
Schoonmaken 30
zie ook Calamari
Pijnboompitten **231**
Pikante vis met groente uit de oven 292, *292*
Pikante vismoten 272, *272*
Pikante visspiesjes 206
Pikante yoghurtmarinade 204, *204*
Piri piri-garnalen 202, *202*
Platkopharder *13*
Pocheren 10
Pompoensalade met garnalen en rucola 101
Pompoensoep met kokos en garnalen 45, *45*
Prei
Zalm met prei en camembert 125, *125*
Zeeforel met een prei-kappertjessaus 213, *213*

Q

Quenelles van zeevruchten 174, *174*
Quiche met zeevruchten 256

R

Regenboogforel *19*
Regenboogforel met citroen en kruiden 212, *212*
Reuzengarnaal *23*
Rijstvermicelli **239**
Risotto
Saffraanrisotto met garnalen 236, *236*
Visrisotto 230, *230*, **230**
Visrisotto met citroensap en kruiden 245, *245*
Rivierkreeft *23*, 105

Pikante rivierkreeftjes 196
Zeevruchtensalade 105
Rode mul *17*, 102
Rode mul in tomaten-olijvensaus 156, *156*
Rode-mulpakketjes 211, *211*
Roerbakken
Geroerbakte calamaris met groene peper 146–147
Geroerbakte garnalen en sint-jakobsschelpen 121, *121*
Geroerbakte verse tonijn met sperziebonen *148*, 149
Rog *18*
Rogvleugels met bruine boter 140, **140**, *141*
Roken, vis en mosselen 220–221
Rolmops 109, *109*
Romige mosselsoep 38
Romige oestersaus 183
Romige oestersoep 50
Romige sint-jakobsschelpen 140, *141*
Romige visravioli 246–247, *247*
Romige vissoep 37, *37*
Roodbaars *17*
Roodbaars, kleine *17*
Rotsoester *23*
Rouille 48
Rozemarijnspiesjes met tonijn 207, *207*
Ruwe schol *zie* Schar

S

Salade
Caesar Salad 107
Garnalensalade met papaja en limoendressing 101, *101*
Gemarineerde vissalade met Spaanse peper en basilicum 111, *111*
Gerookte forel met warme sambal- en frambozen-dressing 106, *106*
Hawaiiaanse vissalade 106
Japanse garnalensalade met komkommer 71
Krabsalade met mango 116, **116**, *116*
Mosselsalade met saffraandressing 102, *103*
Pompoensalade met garnalen en rucola 101
Salade niçoise 100, *100*
Spaanse zeevruchtensalade 117
Thaise noedelsalade 115, *115*
Tonijnsalade met knoflook-mayonaise 112, *113*
Tonijnsalade met witte bonen 115
Warme garnalensalade met rucola en feta 107, *107*
Zalmsalade met sperziebonen 114, *114*
Zalmsalade met venkel 110, *110*
Zeevruchtensalade *104*, 105
Salsa verde, voor sint-jakobsschelpen 215
Sardines *18*, **112**
Gebarbecuede sardines 223, *223*
Gevulde sardines 91, *91*
Ingelegde mosselen /sardines 108, *109*
Sardines met gegrilde groenten 278, *278*
Zoetzure sardines 112, *113*
Sashimi 72–75
Sauzen
Bechamelsaus 242
Beerkreeftjes met mangosaus 175, *175*
Calamaris met chili-pruimensaus 122, *123*
Citroen-botersaus 196
Citroen-mosterdsaus 162
Citroensaus 212
Cocktailsaus 128, *128*
Garnalenburger met cocktailsaus 154
Gember-wasabisaus, voor oesters 215
Gepocheerde botfilets met een saus van witte wijn en oesters 189, *189*
Gepocheerde snapper met een saus van verse tomaten 172, *173*
Gepocheerde visfilets in dillesaus 185
Gepocheerde zalmfilet met hollandaisesaus 171, *171*
Gerookte vis in witte saus 177, *177*
Mosselen in twee sauzen 262, *262*
Mosterdsaus 62
Noorse kreeftjes met kruiden en cidersaus 217
Picadasaus 258
Rode mul in tomaten-olijvensaus 156, *156*
Romige oestersaus 183
Sauzen 128–129
Sofritosaus 258
Spaghetti en mosselen in een saus van tomaten en verse kruiden 240, *240*
Tartaarsaus 128, *128*
Texaanse barbecuesaus 205, *205*
Thaise koriandersaus, voor garnalen 215
Tomatensaus 238, 262
Vis met dille en citroen-botersaus 196, *196*
Witte saus 177, *177*, 262
Witte-wijnsaus 129, *129*
Zeeforel met een prei-kappertjessaus 213, *213*
Zoete pikante saus 204, *205*
Zonnevis met garnalen en romige dillesaus 152, *152*
Scallop, Bay *23 zie ook* Sint-jakobsschelpen
Scampi *23*
Scampi in een broodkorstje 122, *123*
Noorse kreeftjes met kruiden en cidersaus 217
Scampo *23*
Schar *13*
Schelvis *14*
Chowder van gerookte schelvis 38, *38*
Gerookte schelvis **83**, 177
Gerookte schelvis in romige saus 176
Schelvis Duglese 268–269
Schol *17*
Citroenvis 151
Gepocheerde botfilets met een saus van witte wijn en oesters 189, *189*
Schol, ruwe *zie* Schar
Schotse houtsnip 62
Schotse schol *zie* Tongschar
Sesamzaadcoating 145, *145*
Singapore-noedels 239, *239*
Sint-jakobsschelpen **222**
Brochettes van sint-jakobsschelpen 222, *222*
Ceviche van sint-jakobsschelpen 105
Geroerbakte garnalen en sint-jakobsschelpen 121, *121*
Gestoomde sint-jakobs-schelpen 187, *187*
Pijlinktvis met sint-

- jakobsschelpen en chermouladressing 110–111
  - Romige sint-jakobsschelpen 140, *141*
  - Salsa verde, voor sint-jakobsschelpen 215
  - Schoonmaken 31
  - Sint-jakobsschelpen in ham 159
  - Sint-jakobsschelpen met balsamicodressing 92, *93*
  - Sint-jakobsschelpen met citroen-kruidenboter 223
  - Sint-jakobsschelpen met limoen-hollandaisesaus 210–211
  - Sint-jakobsschelpensoep 54, *54*
  - Spiesjes van garnalen en sint-jakobsschelpen *198*, 199
  - Timbaaltjes van sint-jakobsschelpen met romige oestersaus 183, *183*
  - Warme garnalensalade met rucola en feta 107, *107*
- Sjalotten-azijndressing, voor mosselen 215
- Skordalia, stokviskroketjes met 161, *161*
- Snapper *18*, **280**
  - Gepocheerde hele snapper 172, **172**, *173*
  - Gepocheerde snapper met een saus van verse tomaten 172, *173*
  - Hele snapper op z'n Thais 273, *273*
  - Snapper, gepocheerd in kokosmelk 184, *185*
  - Snapperpasteitjes 295, *295*
- Snoek *17*
- Snotdolfkuit (kaviaar) 18
- Soep met zalmballetjes, heldere *46*, 47
- Soepterrine uit Dieppe 47, *46*
- Sofritosaus 258
- Spaanse makreel *16*
  - Spaanse makreel met knoflookboter 131
- Spaanse peper
  - Calamari met chili-pruimensaus 122, *123*
  - Chili-krab *148*, 149
  - Garnalen met limoen en zoete chilisaus 199
  - Garnalenmoes met maïs en zoete chili 60, *60*
  - Gemarineerde inktvis 139, *139*
  - Gemarineerde octopus met zoete chilidressing 81, *81*
  - Gemarineerde vissalade met Spaanse peper en basilicum 111, *111*
  - Gerookte forel met warme sambal- en frambozendressing 106, *106*
  - Gestoomde visfilets met gember en Spaanse peper 179, *179*
  - Hete Balinese pijlinktvis 136, *136*
  - Pakketjes met zalm en chilisaus 181, *181*
  - Pikante rivierkreeftjes 196
  - Pittige krabsalade met tomaat 59, *59*
  - Thaise vis met zoete Spaanse-pepergelei 124, *124*
  - Venusschelpen in sambalsaus 137, *137*
- Spaanse zeevruchtensalade 117
- Spaghetti alle vongole 240–241
- Spaghetti en mosselen in een saus van tomaten en verse kruiden 240, *240*
- Spaghetti marinara 238, *238*
- Spaghetti-vispakketjes *248*, 249, **249**
- Sperziebonen
  - Geroerbakte verse tonijn met sperziebonen *148*, 149
  - Zalmsalade met sperziebonen 114, *114*
- Spiering *20*, **135**
  - Gefrituurde spiering *134*, 135
  - Spieringfritots 138, *138*
- Spiesjes
  - Barramundaspiesjes 202–203
  - Citroengrasspiesjes met garnalen 219
  - Pikante visspiesjes 206
  - Rozemarijnspiesjes met tonijn 207, *207*
  - Spiesjes van garnalen en sint-jakobsschelpen *198*, 199
  - Tandoori-visspiesjes 213
  - Visspiesjes met maïssalsa 200
  - Zoetzure visspiesjes 197, *197*
- Staartvis *zie* Zeeduivel
- Steenschol *zie* Tongschar
- Stokvis *zie* Gedroogde kabeljauw
- Stokviskroketjes met Skordalia 161, *161*
- Surf 'n' Turf 162, *162*
- Sushi 72–5
- Sushirijst 74

T

- Tagliatelle met garnalen en room *248*, 249
- Tandoorivismoten 224, *225*
- Tandoorivisspiesjes 213
- Taramasalata 58, *58*, **58**
- Tarbot *20*
- Tarpon *15*
- Tartaarsaus 128, *128*
- Tempurabeslag 135
- Texaanse barbecuesaus 205, *205*
- Thaise garnalencurry 283, **283**, *283*
- Thaise garnalenomelet 96, *96*
- Thaise gebakken noedels met garnalen 252, *252*
- Thaise groene viscurry 275, *275*
- Thaise koriandersaus, voor garnalen 215
- Thaise marinade *204*, 205
- Thaise mosselen 68, **68**, *69*
- Thaise noedelsalade 115, *115*
- Thaise viscakejes 70, *70*
- Thaise vis met zoete Spaanse-pepergelei 124, *124*
- Tijgergarnalen *23*, **165**
- Tomaat
  - Brasem met een tomaten-kaaskorstje 287, *287*
  - Gepocheerde snapper met een saus van verse tomaten 172, *173*
  - Pittige krabsalade met tomaat 59, *59*
  - Rode mul in tomaten-olijvensaus 156, *156*
  - Spaghetti en mosselen in een saus van tomaten en verse kruiden 240, *240*
  - Tomatencoulis 174, 286
  - Tomatensaus 238, 262
- Tom Yum Goong 44, *44*
- Tongschar *15*
- Tong Véronique 190, *190*
- Tonijn
  - Geroerbakte verse tonijn met sperziebonen *148*, 149
  - Farfalle met tonijn, champignons en room 233, *233*

Fusilli met tonijn, kappertjes en peterselie 237, *237*
Nori-rolletjes met tonijn en zalm 72, *72*
Ovenschotel van tonijn en witte bonen 259, *259*
Portugese verse tonijn 140
Rozemarijnspiesjes met tonijn 207, *207*
Tonijnkoekjes 64, *64*
Tonijn met sojasaus en honing 226
Tonijn met tapenade 206, *206*
Tonijn met zuring hollandaise 127, *127*
Tonijn mornay 260, *261*
Tonijnsalade met knoflookmayonaise 112, *113*
Tonijnsalade met witte bonen 115
Tonijn, geelvin- *20*
Trekkervis *15*
Trevalla *12*
Tweed Kettle (gepocheerde zalm) 176–177

U
Udon-noedels **51**

V
Venusschelpen *21*
Spaghetti alle vongole 240–241
Venusschelpen in sambalsaus 137, *137*
Verse oesters met dragon 68, *69*
Verse tonijn, Portugese 140
Verse tonijn met sperziebonen, geroerbakte *148*, 149
Verse zalmtartaar 82, *82*
Vietnamese garnalenloempiaatjes 92, **92**, *93*
Vinaigrette 105
Vis
bereiden 10–11
kiezen 8
pekelen 220
roken 221
schoonmaken en fileren 24–26
zie ook Zeevruchten
Vis à la meunière 153, *153*
Vis bakken 11
Vis barbecuen 10
Visbouillon 34–35
invriezen 35
Visburgers met aardappelpartjes 154, **154**, *155*
Vis conserveren 108–109
Viscurry uit Bombay 272–273
Vis en papillote *266*, 267
Visfilets roken 221
Vis frituren 11
Vis grillen 10–11
Vis in de oven 10
Vis in een zoutkorst *284*, 285, **285**
Vis in gemberbouillon 178
Viskroketten 86, *86*
Vis met aubergine en geroosterde paprika-aïoli 157, *157*
Vis met een korstje 216
Vis met een korstje van kaas en kruiden 120
Vis met een korstje van knoflookkruim *266*, 267
Viskoekjes *198*, 199
Vismoten
Gebarbecuede zalmmoten met een zoete komkommerdressing 201
Pikante vismoten 272, *272*
Tandoorivismoten 224, *225*
Vis op Indiase wijze 184
Vispakketjes 271, *271*
Vispastei 260, **260**, *261*
Vis pocheren 10
Visragout 76–77
Visrisotto 230, *230*, **230**
Vis roerbakken 11
Visrolletjes 150, *150*
Visschotels 158–159
Vissoep, Franse 52, **52**, *53*
Vissoep met noedels 50, *50*
Visspiesjes met maïssalsa 200
Vis stomen 10, **179**
Vis stoven 11
Visstoofschotel met venkel en krieltjes 263, *263*
Vistaartjes met kruiden 270, *270*
Visterrine 286, *286*
Vis-tempura 135
Vis Wellington 291, *291*
Vleet *zie* Rog
Vruchtensaus, zalmmoten met 164, *164*

W
Wan tan-soep 44–45
Wan tan-vellen **97**
Warehou *20*
Warm roken 220
Warme visschotel 158
Waterkastanjes **67**
Wijde mantel *23 zie ook* Sint-jakobsschelpen
Wijting *20*
Wijting, King George *20*
Witte saus 177, *177*, 262
Witte-wijnsaus 129, *129*
Wulk *23*

Z
Zaagjes *23*
Zalm, Atlantische *18*
Zalm, gerookte *18*
Zalmkuit *18*
Zalm **47**, **235**
Aardappelkoekjes met gerookte zalm 153
Bieslookrolletjes met sashimizalm en komkommer 73
Frittata van zalm en pasta **234**, 235
Gebakken zalm met gremolata 147
Gebarbecuede zalmmoten met een zoete komkommerdressing 201
Gepocheerde zalmfilet met hollandaisesaus 171, *171*
Gerookte zalm in dilledressing 68
Gerookte zalm met fettucine 237
Gerookte zalm met pasta 241, *241*
Heldere soep met zalmballetjes *46*, 47
Japanse zalmpakketjes 186, **186**, *186*
Nori-rolletjes met tonijn en zalm 72, *72*
Oesters met zalmkuit en crème fraîche 89
Pakketjes met zalm en chilisaus 181, *181*
Tweed Kettle (gepocheerde zalm) 176–177
Verse zalmtartaar 82
Zalm-bieslookrol 61, *61*
Zalm met prei en camembert 125, *125*
Zalmmoten met vruchtensaus 164, *164*
Zalmmousse 94
Zalmrillettes 94, *94*
Zalmsalade met sperziebonen 114, *114*
Zalmsalade met venkel 110, *110*

Zalm met dilleroom 227, *227*
Zalm uit de oven 294
Zalm-citroencannelloni *234*, 235
Zalm in nori met pasta 167, *167*
Zalmkruimeltaart 281
Zarzuela *258*, 258–589
Zeebaars *18*
Zeebrasem **273**
Zeebrasem met een tomaten-kaaskorstje 287, *287*
Zeeduivel *16*
Zee-egel *23*
Zeeforel *19*
Zeeforel met een prei-kappertjessaus 213, *213*
Zeekarper *12*
Zeekat *21*
Zeekreeft *22*
Zeeoor *21*
zeevruchten
bereiden 10–11
bewaren 9
kiezen 8–9
zie ook vis
Zeevruchten, laksa van 42, *42*
Zeevruchtenburrito's 276, *277*
Zeevruchtenfajita's 147, *147*
Zeevruchten mornay 280, *280*
Zeevruchtenpasteitjes 180–181, *179*
Zeevruchtensalade *104*, 105
Zoete balsamicodressing, voor beerkreeftjes 215
Zoete chilidressing 81
Zoete pikante saus 204, *205*
Zoete Spaanse-pepergelei 124
Zoetwaterkreeft *zie* Rivierkreeft
Zoetzure sardines 112, *113*
Zoetzure visspiesjes 197, *197*
Zonnevis *15*, **131**
Zonnevis met garnalen en romige dillesaus 152, *152*
Zuring hollandaise, tonijn met 127, *127*
Zwaardvis *19*, **224**
Cajunzwaardvis 224, *225*
Zwaardvis met paksoi 126, *126*

DANKBETUIGING

KOKS: Miles Beaufort, Anna Beaumont, Anna Boyd, Wendy Brodhurst, Kerrie Carr, Rebecca Clancy, Bronwyn Clark, Michelle Earl, Maria Gargas, Wendy Goggin, Kathy Knudsen, Michelle Lawton, Melanie McDermott, Beth Mitchell, Kerrie Mullins, Briget Palmer, Justine Poole, Tracey Port, Kerrie Ray, Jo Richardson, Maria Sampsonis, Christine Sheppard, Dimitra Stais, Alison Turner, Jody Vassallo

RECEPTEN: Roslyn Anderson, Anna Beaumont, Wendy Berecry, Janelle Bloom, Wendy Brodhurst, Janene Brooks, Rosey Bryan, Rebecca Clancy, Amanda Cooper, Anne Creber, Michelle Earl, Jenny Grainger, Lulu Grimes, Eva Katz, Coral Kingston, Kathy Knudsen, Michelle Lawton, Barbara Lowery, Rachel Mackey, Voula Mantzouridis, Rosemary Mellish, Kerrie Mullins, Sally Parker, Jacki Passmore, Rosemary Penman, Tracey Port, Jennene Plummer, Justine Poole, Wendy Quisambing, Kerrie Ray, Jo Richardson, Tracy Rutherford, Stephanie Souvilis, Dimitra Stais, Beverly Sutherland Smith, Alison Turner, Jody Vassallo

FOTOGRAFIE: Jon Bader, Paul Clarke, Tim Cole, Joe Filshie, Andrew Furlong, Chris Jones, Andre Martin, Luis Martin, Reg Morrison, Andy Payne, Lynsday Ross, Hans Sclupp, Peter Scott

STYLISTEN: Marie-Hélène Clauzon, Georgina Dolling, Kay Francis, Mary Harris, Donna Hay, Vicki Liley, Rosemary Mellish, Lucy Mortensen, Sylvia Seiff, Suzi Smith

De uitgever bedankt de volgende bedrijven voor hun hulp bij de fotografie voor dit boek:
The Bay Tree Kitchen Shop, Australië;
Bertoli Olive Oil;
Breville Holdings Pty Ltd, Australië;
Chief Australia;
MEC-Kambrook Pty Ltd, Australië;
Orson & Blake Collectables, Australië;
Royal Doulton Australia Pty Ltd, Australië;
Ruby Star Traders Pty Ltd, Australië;
Southcorp Appliances;
Sydney Fish Market Pty Ltd, Australië;
Villery & Boch Australia Pty Ltd, Australië;
Waterford Wedgwood Australia Ltd, Australië.